改革开放以来
中国高等教育发展研究

——以宁波为例

陈园园 著

HIGHER
EDUCATION
RESEARCH

ZHEJIANG UNIVERSITY PRESS
浙江大学出版社

目　录

绪　论

一、题旨

（一）研究背景

习近平总书记在北京大学120周年校庆时发表重要讲话,做出了"教育兴则国家兴,教育强则国家强"的科学论断,强调高等教育是一个国家发展水平和发展潜力的重要标志。教育是培养人的伟大事业,关乎公民素质的高下,决定国家各项事业的兴衰,其重要性不言而喻。高等教育作为科技第一生产力和人才第一资源的重要结合点,在国家发展中具有十分重要的地位和作用。[①]教育不单是一种义务,更是一种个人与国家的责任。优先发展教育事业,成为全社会的普遍共识与行为。新中国成立后,以毛泽东为核心的第一代中央领导集体,就把教育作为建立新政权和发展社会主义各项伟大事业的重要依靠。进入现代化建设新时期之后,邓小平阐明了进行现代化建设必须依靠科技,必须把教育摆在优先发展的"战略地位"思想。20世纪90年代以来,以江泽民为核心的第三代中央领导集体,继承和发扬毛泽东、邓小平"尊师重教"的重要思想,作出了实施"科教兴国"的伟大决策。"科教兴国"战略的制定和实施,是对十一届三中全会以来,我们党所探索和实践的新的社会主义建设发展战略的系统总结、深化和发展。[②]进入新时代,改革开放和社会主义现代化建设在促进人的全

[①] 胡锦涛.在庆祝清华大学建校100周年大会上的讲话[N].人民日报,2011-04-25(1).

[②] 中华人民共和国教育部.共和国教育50年(1949—1999)[M].北京:北京师范大学出版社,1999:147.

面发展和社会全面进步方面对教育和学习提出了新的更高的要求。教育事关国家发展,事关民族未来。

改革开放之后,党中央和国务院接连召开了三次全国教育工作会议,就落实优先发展教育,实施"科教兴国"战略等重大问题作出决定,相继颁行了《中共中央关于教育体制改革的决定》《中国教育改革和发展纲要》《面向21世纪教育振兴行动计划》等一系列教育法律、法规,落实了教育优先发展的战略地位,加深了人们对优先发展教育重要性的认识。在教育体制改革日益深化的今天,办好人民满意的教育,必须系统回答和解决"培养什么人、怎样培养人、为谁培养人"这一根本问题。这是关系到民族生存、国家兴旺发达的重大战略问题。在探索高等教育改革的过程中,我们要对历史进行不断的反思,总结改革开放以来我国在高等教育发展中的经验和教训,以期更好地指导对当今高等教育发展问题的探讨。正如意大利哲学家克罗齐所言:"一切真历史都是当代史。"①历史的思考无疑是立足于解决现实问题的,尤其对中国这个具有五千年文化底蕴的国家来说,更须如此。探讨高等教育与经济、社会、文化的交互关联,构筑教育优先发展的体制与机制,探寻教育发展的未来路径,都具有重要的现实意义,这既关系教育优先发展的条件问题,也关系优先发展教育的目的问题。目前,我国正面临着建设成为富强、民主、文明、和谐的社会主义强国的历史使命。要完成这一伟大使命,高素质人才是决定性因素。高等学校是培育高素质、创新型人才的摇篮,是实现中华民族伟大复兴的中坚力量。因此,研究高等教育注定成为历史的必然应答,也是时代赋予史学家的强烈使命。

(二) 研究意义

宁波地处浙东,是中国历史上人文荟萃之地,教育传统源远流长。宁波历史上曾办过官学、私学、书院等,具有兴学重教传统。高等教育可以追溯至1906年(光绪三十二年),宁波法政学堂的开办,揭开了宁波现代高等教育发展的序幕。改革开放以来,宁波地方高等教育体制机制创新也走在全国前列,本书选

---

① [意]贝奈戴托·克罗齐.历史学的理论和实际[M].傅任敢译.北京:商务印书馆,1982:2.

择宁波高等教育发展作为研究对象,原因如下。

首先,研究区域教育发展成为现行教育研究中的一大热点。目前学界研究中国高等教育的论著可谓汗牛充栋,硕果累累,但研究浙江东部地区高等教育的成果并不多见,且多是民办高等教育方面的研究,研究不够细致深入。从20世纪90年代起,研究区域社会史学渐见繁盛,构成中国社会史学研究的热点路向。区域史研究成果的丰富多样和千姿百态,对于史学研究传统取向的转换、研究问题的深入展开和基本研究格局的改变,具有显而易见的作用。通过区域教育的个案研究,探寻中国教育现代化转型,正是区域教育史学研究之意义所在。基于此,系统、深入梳理改革开放以来宁波高等教育的发展脉络,探讨宁波高等教育发展中的若干重要问题,凝炼其发展个性特征,总结其经验教训,预测其未来发展,可以在一定程度上填补学界研究之不足,具有较高的学术价值。

其次,有助于深化对浙江东部地区高等教育的认识。宁波是浙东地区的教育大市之一,从宁波走出来的院士数量颇多,且在国际学界都具有较大影响力,如屠呦呦等。其教育有何特色?为何会出现如此丰硕的教育成果?在"教育兴国"战略思想的指引下,以宁波高等教育为研究个案有助于我们深化对东部地区高等教育的认识,探寻高等教育可持续发展之路径。这既有典型的理论价值,又有重大的现实意义。

再次,改革开放以来宁波高等教育发展道路曲折。改革开放以来,宁波社会经济发展迅速,人民生活水平不断提高。宁波高等教育由于历史的种种原因,一直得不到发展,基础相当薄弱,与经济发展和社会进步不相适应。至1998年底,全市只有五所高校,在校学生数为1.25万人,毛入学率为8.8%,落后于当年浙江省的8.9%和全国的9%。①尤其是在改革开放初期,当时宁波经济基础薄弱,教育设施简陋,很多高校因师资、设备短缺等原因被迫停办。在如此困境下,宁波人民仍能在宁波地方党和政府的领导下艰辛探索,走出困境。这不但可以为今天进一步探索宁波高等教育发展提供历史借鉴,而且可以增强宁波"教育强市"的自信心。宁波高等教育发展已成为中国高教发展的一个缩影。

---

①宁波市教育局.2001年宁波市高等教育发展报告[Z].2002:12.

由于独特的地域、文化的复合作用,宁波高等教育在其发展进程中呈现出鲜明的个性特征,使其在浙江地区乃至在全国教育史上具有重要地位。客观、公正地总结宁波高等教育的经验,评价其社会作用,领悟其现实启示,进而为当前如火如荼进行的宁波现代化教育事业给予理性的建议与冷静的思考,这既是历史学研究的使命,也是本书研究主旨之所在。

最后,研究改革开放以来宁波高等教育发展,深入了解推进宁波高等教育发展的因素以及高等教育对科技、经济、社会发展的推动作用,可以充分证明高等教育作为"科技第一生产力"和"人才第一资源"的重要结合点这一论断的科学合理性,有助于深化对教育根本地位的认识,从而促使各级政府部门加大对教育的经费投入,将教育置于"优先发展"的战略地位不动摇。

二、研究时限及概念界定

(一)研究起讫年限的界定

书中研究主体宁波高等教育发展指的是改革开放以来宁波地区认真贯彻党的教育方针和政策,有组织地统筹高等教育发展的过程,在这一发展进程中,宁波高等教育经历了恢复调整时期、体制改革时期、深化改革时期、内涵发展时期四个阶段。本书研究的具体时间起始于1978年,即党的十一届三中全会召开后,然而,历史的发展是持续不断的,宁波高等教育在改革开放前已具有一定的基础。因此,为了全面客观地了解发展历史,本书研究的时间上限会延至改革开放之前。本书研究的时间下限为党的十九大胜利召开之后的2018年。2017年召开的十九大是一次具有划时代意义的伟大会议。党的十九大报告指出,优先发展教育事业。建设教育强国是中华民族伟大复兴的基础工程,必须把教育事业放在优先位置,加快教育现代化,办好人民满意的教育。党的十九大标志着中国高等教育步入了新阶段,进入新时代。当然,为了探讨十九大对宁波高等教育的影响,本书将考察时间下延至2018年。

（二）概念的界定

1. 高等教育

对于高等教育的定义,不同的历史时期、不同的国家、不同的学者有不同的理解。早期英国将高等教育界定为培养绅士的精英教育,而培训专业技术人员的教育并不属于高等教育。1962年联合国教科文组织对高等教育作出如下定义:"高等教育是指大学、文学院、理工学院和师范学院等机构所提供的各种类型的教育,其基本入学条件是已完成中等教育,入学年龄一般为18岁,学完课程后授予学位、文凭或证书,作为完成高等教育的凭证。"《大英高等教育百科全书(1978年版)》也作出了类似界定,将高等教育定义为"最低入学资格是完成中等教育或具有同等学历水平"。[1]《实用教育大词典(1998年版)》的解释则更为全面:高等教育是建立在中等教育基础上的各种专业教育,程度上一般分专科、本科和研究生,教学组织的形式有全日制的和业余的,面授的和非面授的,学校形式的和非学校形式的等等,高等教育一般担负着培养各种专门人才和开展科学研究的双重任务,实施高等教育的机构通常是大学、学院和专科学校。

我国1998年通过的《中华人民共和国高等教育法》所作的界定如下,"高等教育是指在完成高级中等教育基础上实施的教育"。这种定义概括性强而且表述简洁,是广义的高等教育。潘懋元教授等学者将高等教育界定为"以大学为主的专业教育",即狭义理解上的高等教育。广义的高等教育具有更为丰富的内涵外延,也能更准确地理解高等教育大众化的真实含义,但由于各种成人教育、非学历职业教育的统计资料难以获取,国家反映高等教育发展的各种矩量指标大多依照狭义高等教育的概念进行统计。本书的实证分析需借助统计资料,故采用的高等教育包括在普通高中或职业高中基础上到各类普通高等学校、民办高校等机构接受教育的所有教育。

2. 区域高等教育

区域高等教育即地方高等教育,是由省、自治区和直辖市所属的各类高等

---

[1] 黄裕钊.广东省高等教育与区域协调发展研究[D].武汉:华中师范大学,2005:12.

教育的总体概括。本书以宁波为主要研究区域范围,因此,本书所提到的区域高等教育是指宁波市区普通高等教育机构,包括全日制大学、独立学院、高等专科学校和高等职业学院等。

3. 制度、教育制度与制度变迁

从我国最古老的书《尚书》开始,就有了对制度的记载。号称"三礼"的《周礼》《仪礼》《礼记》,就对夏、商、周三代的礼乐文化作了大量描绘和评述。《礼记》中有这样的记载:"故天子有田以处其子孙,诸侯有国以处其子孙,大夫有采以处其子孙,是谓制度。"《辞海》(1989 年版)中对制度的解释有三种:①要求成员共同遵守的、按一定程序办事的规程,如工作制度、学习制度。②在一定历史条件下形成的政治、经济、文化等各方面的体系,如社会主义制度、资本主义制度。③旧指政治上的规模法度。《现代汉语词典》(2017 年版)对制度有两种解释:①要求大家共同遵守的办事规程或行动准则。②在一定历史条件下形成的政治、经济等方面的体系。根据人们使用制度的习惯,通常我们还会从狭义制度和广义制度两个维度来理解制度。我们可以把狭义的制度定义为:由一定社会组织机构制定的,以一定的政策或法规形式表现出来的比较稳定的政策性、法律性规范。狭义的制度具有正规性、强制性、明确性、稳定性等特征,一般是以政策、规章、条例、法令、法规等规范性文件的形式表述出来,以一定的社会强制力来保证实施。与狭义的制度概念相对应,广义的制度可以定义为:一定的政策性、法律性规范以及这种规范实施状态的统一体,包括概念系统、规范系统、组织系统和设备系统等构成要素。

教育制度是一个非常宽泛的概念。从广义上理解,教育制度是根据国家的性质所确立的教育目的、方针和开展教育活动的各种机构(包括教育行政管理机构及各类教育机构)体系和运行规则的总和。按照这种理解,事实上一整套教育法规就是关于中国教育制度的整体的宏观的法律表述。狭义的教育制度通常指有组织的教育和教学的机构体系及各级教育行政组织机构。1995 年《教育法》具体规定了我国实行学校教育制度、九年义务教育制度、职业教育制度和成人教育制度、教育考试制度、学业证书制度、学位制度、扫除文盲教育制度、教育督导制度和教育评估制度。《中国大百科全书·教育卷》对教育制度作了两种解释:①指根据国家的性质制定的教育目的、方针和设施的总称;②指各种教育机构的系统。事实上,我们宽泛地理解教育制度时,不仅指国家有关教育活动的政策法律规范,还包括相关的教育思想、教育组织体系、教育设施设备。

制度变迁是指创新主体为实现一定的目标而进行的制度重新安排或制度结构的重新调整,它是制度的替代、转换、交易与创新的过程。关于制度变迁理论,在下文的理论基础这部分内容中将具体阐述,在此就不另赘述。值得指出的是,本书引用新制度经济学的概念,不仅仅是为了借鉴它的分析体系,更重要的是"变迁"与"创新""改革"等词存在意义上的差别。首先,教育制度变迁是一个更宽泛、上位的概念,它不仅包括了教育制度创新的意义,还包括了教育制度的转换、替代的方式;其次,变迁是一个中性的概念,制度变迁有的并不是创新,有的可能是制度的移植,也有可能是无效制度的反复;再者,制度变迁的概念更能客观地讲述制度的一种动态的事实反映。

4. 教育投资效益理论

教育投资效益指的是一国或地区教育投入的人力、物力、财力的数量与教育产生的社会成果的比较,即教育投入与教育投资的社会经济产出之间的比较,教育投资效益也被称为通过前期教育投资所获得的间接的经济效益或者是社会经济效益。教育活动的进行,教育事业的发展,需要投入一定量的人力与物力,其货币表现就是我们所说的教育投资。没有投入就没有产出,教育的产出不是实际物质而是受教育者所获得的劳动能力,这也是教育的直接产出,通常以各级各类学校培养的各种熟练程度不同的劳动者和专门人才来表示。劳动者接受了教育培训,其劳动生产率自然也就提高了,将其投放到社会经济领域,势必带来国民收入的增长。教育所引起的国民收入增加的总量,除去教育投资之后的盈余即是教育投资的社会净收益。教育投资的社会经济产出(间接产出)与教育投入之比,即为教育投资的社会收益率,也就是教育投资经济效益的相对量。与物质生产领域投资的经济效益相比,教育投资的经济效益具有长效性、多效性等特点,对于教育投资者而言具有强大的吸引力。然而,经费短缺仍然是制约当前我国高职教育持续快速发展的关键因素,针对这一情况,我们应该更加明确教育投资效益的长效性和多效性的特点,从而争取更多的社会力量加入高职教育建设中来,开拓经费筹措途径,实现办学主体的多元化,使我国的高职教育稳步、持续地发展。

5. 高等教育的功能

(1)经济功能。教育对经济发展的作用表现在为经济活动提供再生产的劳动者和再生产的科学技术。高等教育通常与一些一线、基层的工作岗位密切相关,在经济市场中的经济功能日益凸显。首先,通过对劳动者进行教育与培训,提高劳动者的专业知识与专业技能,把普通的劳动者培养成能够从事复杂生产劳动且掌握专门技术技能的劳动者。其次,高等教育通过其科研工作,创造出新的技术、新工艺和新设备,从而提高劳动生产效率,形成直接的生产力,创造更多的物质财富和经济价值。

(2)社会功能。社会稳定是社会发展的重要前提,大力发展高职教育能够促进社会的发展和稳定。随着社会经济的快速发展,产业结构不断升级、调整,对高素质高技能型人才的需求日益强烈。目前,我国劳动力素质普遍偏低,要使我国经济保持持续健康的发展态势,就必须通过教育,尤其是要通过高职教育,提高劳动者素质,充分挖掘我国14亿人口的人力资源。

(3)文化功能。教育本质是文化的传承。胡锦涛同志在清华大学100周年校庆上曾说,高等教育具有保存文化和传播文化的功能。对先人的文化成果的传承是推动文明不断进步的前提条件。我国的高等教育为适应社会现实发展需要,应在通过不断增设新专业和新课程,传递新知识、新信息和新技术的同时,面向校园、社会举办各种职业培训活动以及开展职业教育,通过高等教育这一媒介向社会传播和推广先进知识和优秀传统文化。

6. 高等教育与区域经济协调发展

高等教育和区域经济都是区域社会体系的子系统,作为社会体系的组成要素,它们之间并不是没有关联、各行其是的,相反,高等教育与区域经济发生千丝万缕的联系。随着知识经济社会的到来,区域经济对区域高等教育的影响越来越大,起的作用也更加突出,区域高等教育也日益成为推动区域经济发展的关键因素,所以说高等教育与区域经济两者之间协调发展是它们增强各自竞争力和提高发展水平的前提条件。本书中的高等教育与区域经济协调发展并不是指两者一定要同步发展,而是指结合区域的经济发展战略、经济规模、产业结构等的实际需求,合理制定区域的高等教育发展规划并合理调整区域高等教育的空间结构、科类结构、层次结构、形式结构等,从而使高等教育和区域经济能够形成一种彼此制约,相互适应并相互促进的内驱动力。在此驱动下,区域高等教育要通过调整以实现自身的规模、结构、质量等各要素的协调,去为区域经济的全面发展提供服务;另一方面,经济的整体发展水平的提升和产业结构的优化则能对区域高等教育的发展起到巨大的支撑作用。

7. 高等教育与区域经济协调发展的理论基础

(1)三螺旋理论

三螺旋模型利用生物学中有关三螺旋的原理来解释在社会发展中大学、企业和政府之间的相互依存关系,是目前分析大学、企业和政府三者间关系的主流模型。三螺旋理论是纽约州立大学社会学系教授亨利·艾兹科维兹和阿姆斯特丹科技发展学院的教授罗伊特·雷德斯多夫提出的有关企业、大学和政府在区域经济发展中的互动关系理论。三螺旋理论认为,在知识经济时代,高等学校、企业和政府是经济发展的核心力量,特定区域内高校、企业和政府之间产生螺旋式互动,而他们之间的互动关系直接决定了该区域经济发展的模式及成败。

三螺旋理论对于高等学校、企业与政府三者之间的互动关系的构建区别于以前的以支配或受支配为主要特征的国家干预主义模式和以互不干涉、松散连接为特征的自由主义模式,是首次将高校、企业、政府放在一个平台上,认为三者是完全平等和独立的主体,高校利用自身的资源优势与企业建立类似人员培训和技术开发等项目的合作,政府则利用自身的信息资源优势为高校和企业的发展提供服务。由此可看出三螺旋理论的核心价值就是将具有不同价值体系的高校、企业、政府在区域经济发展上统一起来,形成知识领域、制造领域和行政领域的有机组合,从而促进高校、企业和政府三者间的共同发展。

(2)高等教育的外部规律理论

教育外部规律理论是高等教育与区域经济协调发展的理论基石,1980年潘懋元先生提出教育的两个基本规律:一是教育内部关系基本规律,是指教育作为一个系统,它的内部各个因素或各系统之间的相互关系的规律,简称教育内部基本规律;二是教育外部关系基本规律,是指教育作为社会大系统的一个子系统,它与整个社会系统中的其他子系统——主要是经济、政治、文化系统之间的相互关系的规律,简称教育外部规律。教育外部规律理论包含两个方面的意思:一方面,教育的发展必然要受它所处社会的经济、政治、文化的制约;另一方面,高等教育对经济、政治、文化的发展又具有反作用,它推动或制约经济、政治、文化的发展。高等教育与区域经济的互动研究视角正是从教育外部规律理论延伸而来的。一方面,高等教育作为区域社会的重要组成部分,它必须对地方经济的发展变化做出积极的反应,满足地方经济发展的需要,同时不断调整高等教育自身的管理机制、专业设置、资源利用等各个方面。另一方面,区域经济的发展规模水平及产业结构状况都会极大地制约或促进区域内高等教育的发展。高等教育遵循教育外部关系规律,主动适应区域经济发展的需要,积极地为区域经济发展服务,区域经济的发展程度与高等教育有着非常密切的利益关系。

(3) 区域竞争力理论

区域竞争力指的是在经济全球化过程中一个国家或地区经济的国际竞争力。在国际竞争力的要素构成中,科技竞争力和国民竞争力占据核心竞争地位,而这两项要素的多数指标直指教育,尤其是高等教育的发展,由此,区域竞争力理论认为发展高等教育是提升区域竞争力的必经之路,作为知识创新、技术创新、能力创新重要源泉的高等院校,在区域经济发展竞争中也受到越来越多的关注。

我国较早对区域竞争力理论进行系统化研究的是王秉安教授和他的同仁,他们应用微观经济学的原理进行宏观经济的研究,完善了区域竞争力的概念,从国家竞争力理论和应用拓展到不同级别的区域竞争力理论与应用研究。王辑慈[1]和郑杰等认为企业集群与区域竞争力有重大联系。陈秋月也参照了波特的钻石理论建立了区域经济竞争力比较方法和模型。

---

[1] 王辑慈.关于企业地理学研究价值的探讨.[J].经济地理,1992(4).

（4）高等教育的非均衡发展理论

"非均衡"是经济学中的一个术语,它原义是指在市场发展不完善、价格体系不灵敏的条件下所达到的一种平衡,完全绝对的均衡是不存在的。经济学的"非均衡"是指不存在完善的市场机制和灵敏的价格体系的条件下所达到的市场均衡。非均衡发展理论主要包括以下几方面的内容:一是区域产业结构、产业布局决定区域经济的发展水平;二是区域创新以及区域内的劳动力素质是影响区域经济均衡发展的非常重要的两个要素;三是要加强区域之间的合作,实现资源的充分利用,以达到区域间的均衡发展。

经济学中的非均衡发展理论应用到教育领域,即高等教育非均衡发展理论。首先是经济、政治、文化等外部因素导致高等教育发展的非均衡性。经济发展水平的不同导致对人才需求量、规格与结构等的不一致,导致区域高等教育人才层次结构与专业结构的不平衡。其次是高等教育的布局和专业设置等内部因素导致高等教育发展的非均衡性。因此,为调节这种不均衡,区域经济积极支持地方高等教育的发展是迫切的现实需求,高等教育的发展水平要与地方经济发展水平相适应,这对区域经济自身发展以及地方高等教育的进步来说,都是富有积极意义的。

8. 教育、人力资本与经济增长

教育,在一般的词语意义上,是泛指改善人的思想品性、增进人们知识技能的一切社会行为或活动。在现代社会经济中,既包括学校的正规教育和各种形式的非正规教育,以及旨在提高组织成员工作绩效的知识传授、技能训练和行为引导的培训等。在现代教育活动中,从其所涉及的业务内容来看,主要包括四个方面:科学文化教育、专业技能教育、社会人文教育、人生价值教育。这些基本内容也充分显示了教育在人力资本形成方面的主导性功能。

教育对经济增长的重要作用并不是一开始就受到人们的普遍重视。第一次产业革命之前,教育通常被视为一种纯消费的事情,人们还没有认识到教育对经济增长的促进作用。最早研究教育投入与贡献的是威廉·配第(1676)。他认为通过教育或培训而掌握一定"技艺"的人所从事的复杂劳动能比没有"技艺"的人所从事的简单劳动创造更多的价值。

此后大约200年的时间内,英国经济学家亚当·斯密为其集大成者,在《国富论》(1776)中论述资本和劳动的关系时,既把劳动与资本相并列,又把人的劳动看成资本,其观点认为:在某些劳动中,需要非凡的技巧和智能,这种技能的获得,常需要经过多年的训练,须受教育,须进学校,须做学徒;人们通过接受教育学习某种技能、掌握技术的支出是一种可以获取利益、得到回报和赚取利润的投资。同时,亚当·斯密还将资本划分为流动资本和固定资本两部分,并论述了工人通过教育或培训所获得的特殊技能可以看成是社会的固定资本。这基本形成了人力资本的概念,并阐明了教育或培训对人力资本形成和提高的重要作用。

直到19世纪,法国的萨伊(1803)、英国的穆勒(1848)、德国的李斯特(1841)相继对教育及教育投资与人力资本相关的问题进行了探讨,并提出了一些极具价值的思想。萨伊探讨了任何专业技术人员的专业化都需要通过长时间和代价很高的训练才能形成,所需要长期教育和才能的工作及需要普通高等教育的工作比不需要那么多教育的工作有更多的报酬,任何需要特殊的教育和训练取得的技能,只要具有生产效用,都可以视为资本。这里所提到的效用既可理解为为人们带来一定的满足,也可理解为促进经济的发展。穆勒重点论述了教育及教育投资对人力资本的形成及其补偿规则。李斯特在"精神资本"概念下强调了教育对人力资本及国家生产力的重要地位和作用,并认为所有关于下一代的教育都可以促进国家未来生产力发展。

马克思在《资本论》中提到"劳动生产力是由多种情况决定的,其中包括:工人的平均熟练程度、科学的发展水平和它在工艺上的应用程度……"而其中工人的平均熟练程度需要依靠培训或训练才能提高,科学的发展水平需要依靠教育才能得到发展,而科学发展水平在工艺上的应用程度则体现了知识如何应用,如何将知识转化为生产力方面的问题。事实证明,在科学发展水平的应用方面不仅需要大量高层次知识分子、大量研发人才,也需要大量的将各种技术转化为具体新技术产品的技能型人才。

随后英国经济学家阿尔弗里德·马歇尔(1890)出版的《经济学原理》综合了当时各家学说,提出了在大学中理论学习和在工厂中进行实践练习相结合的指导思想。而且,他还进一步阐明了教育的基本作用,即教育能够刺激人的智力,使人们养成研究的良好习惯。最后得出结论,教育对人力资本的投资具有极大的经济价值。这里所谈到的经济价值即可理解为由教育对社会所带来的经济回报,对经济的促进作用或对经济增长产生的影响。以马歇尔为代表的人力资本思想也形成了新古典学派的人力资本理论。

对于人力资本的计量研究,在20世纪30年代就有一些统计学家和经济学家已经开始进行。例如,都柏林等(1930)在研究人寿保险合理购买量的衡量指标中估算了人力资本的个人收益现值,首次就教育和专业训练分别对医生、工程师、律师、商业人士等为提高人力资本所付出的成本与所获得的价值(收益)进行了估算。奈特(1944)集中考察了经济增长中教育和专业训练所积累的生产知识的社会存量增进对克服收益递减的作用。

但作为一个完整的理论分支,人力资本理论真正的学术源头是于20世纪50年代末60年代初在解释"增长剩余"的学术背景下正式开始的,并在其后几十年中在学术界和社会中产生持续的影响。例如,索罗(1957)利用美国1909—1949年的时间序列数据,对美国经济增长的研究表明,在所有经济增长中,只有1/8来自资本和劳动的贡献,而其余7/8来自外生变量的影响,即在社会生产函数中传统的资本和劳动都无法解释的那部分"剩余"。针对"剩余",索罗的新古典模型认为,应包含如技术进步、管理效应、知识进步、要素流动等,并提出技术进步是该"剩余"产生的根本原因。索罗从这里间接地指出了教育对经济增长的贡献。但索罗模型的缺陷恰恰是将技术进步假设为外生因素,没有对其原因进行进一步分析研究。

舒尔茨正式提出的人力资本理论,实际上最开始是把"增长剩余"归结为人力资本贡献。他在《教育的经济价值》(1963)中专门阐述了教育与人力资本投资对经济增长的作用。舒尔茨在《论人力资本投资》中研究美国1929—1959年间教育投资与经济增长的关系时,其结论表明,国民收入中部分"增长剩余"大约是增加总额的3/5,其中受益于教育方面对人力资本投资的部分收益,低限约为这部分增量的3/10,高限则大于这部分增量的1/2。而在劳动工资中,有的是来自工人增加教育所得的收益。同时,舒尔茨在对发展中国家的观察和研究中也得出经济快速增长的关键在于学校教育所获得的知识和技能以及在健康教育等方面的投资。

与舒尔茨同时作为人力资本论的开创者和代表人物的还有加里贝克尔,其代表作《人力资本:特别是关于教育的理论与经验分析》(1964),已成为西方人力资本理论的经典。贝克尔将人力资本观点发展为以人力资本收入函数确定劳动收入分配关系的一般理论,并为此提供了坚实的微观经济分析基础,构建了人力资本理论基本构架。其主要贡献表现在:(1)深入分析了正规学校教育和在职培训的支出与收益在人力资本形成中的地位和作用,以及企业、职工、学生等主体的人力资本投资决策行为,具体使用方法为年龄收入曲线、收益率计算方法以及边际收益衡量等。例如,人们决定是否进行接受正规教育或在职培训等方面的人力资本投资,是由这些投资的边际成本与边际收益相比较而得出的。(2)将人力资本形成的地位、作用和投资问题引入家庭,并将家庭视为人类自身生产的基本单位。其中,贝克尔将成本效用分析引入家庭孩子抚养的数量、质量,在自身或孩子身上的人力资本投入的成本、收益等。

1971年诺贝尔获奖者库兹涅茨在解释经济增长的原因时认为,知识存量的组织、劳动生产率的提高、结构变动这三个因素都与劳动者素质有直接的关系,因此,劳动者素质无疑是经济增长的重要因素。

20世纪80年代以来,发达国家经济增长出现了连续衰退现象,发展中国家也出现了经济减缓的倾向,整个世界经济出现了一系列新的矛盾和问题。美国经济学家罗默、卢卡斯和英国经济学家斯科特等根据各国的经济情况,运用新的数学工具,相继建立各种内生经济增长模型,逐渐形成新增长理论,使人力资本对经济增长的应用分析进入一个新阶段。罗默认为专业化的人力资本是经济增长的主要因素,人力资本自身所形成的递增收益能带动资本和劳动等其他投入要素产生递增收益。卢卡斯则进一步将人力资本分为一般人力资本和专业人力资本,专业人力资本既可以从接受专门的教育与培训中获得,也可以通过边干边学进行积累。总之,内生经济增长理论认为人力资本可以提高生产效率,进而促进经济增长率的提高,因此,一国的人力资本存量越多,则其人力资本生产率越高,经济增长越快。

关于教育与人力资本、经济增长的理论发展过程,大致经历了古典学派、新古典学派、一般理论和新增长理论几个阶段。经过舒兹、贝克尔、罗默、卢卡斯等经济学家的长期探索,该理论对其他领域也产生了重要影响并得到了广泛应用,如劳动经济学、教育经济学、人口经济学、企业管理理论等。近年来,关于教育与经济增长的研究也呈现出百花齐放的状态,并出现了不同的观点。

国外其他学者如李普赛特认为教育可以提高人力资本的水平并能够促进政治和谐、减少暴力和政治局势更加稳定。柯林斯认为教育成为经济增长的最关键的因素仅仅代表了我们对于教育与经济增长习惯的观点。教育投资对经济增长的巨大贡献主要体现在亚洲一些国家。吉桑等认为已经实现工业化的国家,他们能够成功地实现工业化主要应归功于教育的发展,教育的发展直接促进了人均劳动生产率的提高和人口增长率的降低。沃夫认为经济增长依赖于不断增长的才能、创新、知识、技能和经验。在现代经济环境中,拥有才能、创新、知识、节能和经验等又可以带来大量的机会和更多的回报。因此,教育的获取又成为经济增长的重要促进因素,用在学校受教育时间来衡量人力资本积累,并比较了人力资本积累、开放的贸易政策、公共职能对经济增长的贡献。其研究结论表明对于经济增长而言,发展人力资本与提供公共职能一样重要,而且教育可以促进人力资本的积累、公共职能的提高和贸易政策的更好利用。

陈和峰就中国经济增长的来源问题对29个省区市进行了调查,并采用1978—1989年的数据,建立了相应的理论模型,进行了实证研究。其结论表明民营企业、高等教育和开放的国际贸易对经济增长具有明显的促进作用。

国内部分学者(沈坤荣、熊俊顺、林荣日等)认为教育对经济增长具有显著的促进作用。朱镜德认为在我国经济转型期间,高等教育的发展有利于缓解城市化进程中低级劳动力过度拥挤以及边际劳动生产率过低的矛盾,能够支持经济可持续增长。毛盛勇、刘一颖用人力资本理论和柯布道格拉斯生产函数,基于1999—2007年分地区高等教育劳动力的面板数据,计算分析了高等教育劳动力(接受过大专及以上学历教育的劳动力)对中国经济增长的贡献。结果表明:高等教育劳动力对经济增长的贡献呈递增趋势,表现出明显的区域差异,东部贡献率最高,中部次之,西部最低。随着时间的推移和人力资本积累效应的逐步显现,高等教育劳动力对经济增长的贡献程度将会越来越大,高等教育仍有较大发展空间。还有众多学者(王善迈、夏建刚、柳博、刘林等)也从不同的角度论证了教育对经济增长的促进作用。

金芳等依据我国高等教育投入经费的不同来源(包括:国家财政性投入、社会捐资和集资、社会团体和公民个人办学经费投入、学杂费和其他投入)与经济增长的相应数据,利用向量自回归模型和脉冲响应函数方法对我国教育投入多元化与经济增长之间进行了关联性研究。其结论与萨克斯顿结论相同,即高等教育投入对经济增长的作用机制分别体现在人力资本推动和物质消费拉动两方面。高等教育通过人力资本对经济增长的影响是一种长效机制,同时具有时滞性。在短期内,高等教育投入尤其是政府的投入对消费有一定程度的拉动作用,但也会减少在其他方面的支出;从长期来看,随着人力资本的形成与作用的发挥,对经济增长的推动作用也日趋明显。

三、学术史回顾

(一)中国高等教育史研究

"宁波高等教育发展历程"的研究首先是具有纵向历史性的,而且是与中国高等教育的改革与发展息息相关的,所以"中国高等教育史"文献自然就是研究"宁波高等教育发展历程"的首要文献基础与来源。1982年,蔡克勇所著的《高等教育简史》是我国第一部专门论述高等教育历史的专著,该书在丰富史料的基础上,简明扼要地对高等教育发展的进程进行了阐述。第九章第二节为"中华人民共和国的高等教育",终止时间为20世纪70年代末期。1983年,熊明安编写了我国第一部"中国高等教育史"著作《中国高等教育史》,该书重视古代高等教育的研究,涉及新中国高等教育的仅是第十一章"中国共产党领导下的高等教育"第五节"中华人民共和国成立后高等教育发展概述",一千余字,十分简略。而在1988年该书再版时,全书完全没有了新中国高等教育的内容。刘一凡的《中国当代高等教育史略》(1991)共十章,前七章以我国高等教育重大事件为轴论述新中国高等教育的发展历程,从新中国高等教育制度的建立写到高等教育体制改革,时间跨度为1949—1989年。郑登云、余立编写的《中国高等教育史》(1994)分为上下两册,以历史概述与专题研究相结合的形式编排,既展现历史发展,又选择每个发展阶段的重大历史事实和教育制度的重大变化进行专题研究,观点与材料统一,论从史出。

郝维谦、龙正中主编的《高等教育史》(2000)名为"高等教育史",但内容上是"中国高等教育史",比较全面、系统地研究了1949—1999年新中国高等教育发展和改革的历程,全书共九章,从近代高等教育的缘起与拓展写到1999年第三次全国教育工作会议为止。潘懋元主编的《中国高等教育百年》(2003)分历史、体制、理念3编,共22个专题,从不同角度考察了19世纪末期以来中国高等教育的演变情况。但是准确地说该书是一个由22篇论文构成的论文集,并未就中国高等教育的宏观整体发展历程进行系统探讨。田正平、商丽浩所著的《中国高等教育百年史论》(2006)的第一部分探讨中国高等教育制度的变迁,且探讨范围是1862年同文馆创办到民国时期,并未涉及新中国的高等教育制度变迁,但其深入地考察了变迁的背景、变迁的特点、变迁的经验与教训等等,在方法上值得借鉴。董宝良所著《中国近现代高等教育史》(2007)梳理了1862—1999年这一百多年间我国高等教育的历史。著作以中华人民共和国的成立为分水岭,1949年以前为近代教育史,1949年后为现代教育史。值得一提的是,该书史论结合,跨度大且论述系统,是论述我国近现代高等教育发展历史的力作。

刘海峰、史静寰主编的《高等教育史》(2010)上篇为中国高等教育史,其中第七章为"中华人民共和国的高等教育",跨度为1949—2004年,分为社会主义高等教育的创建和曲折发展、"文化大革命"时期的高等教育、改革开放后的高等教育的改革发展。郝维谦的《中华人民共和国高等教育史》(2011)研究的是中华人民共和国成立60年来中国高等教育事业发展改革的历史。其主要内容包括:中国高等教育各个发展阶段的政治、经济和社会背景,教育指导思想与党和政府发展高等教育的方针、政策,中国高等教育重要的教育决策、会议和规章制度,中国高等教育重要的教育事件、教育活动,等等。

一部新中国高等教育史在很大程度上就是一部新中国高等教育改革发展

史,所以较长时间跨度的"新中国高等教育改革发展历程"研究就是"改革开放以来宁波高等教育发展历程"研究的又一重要文献基础与来源。

1986年刘道玉等所著的《高等教育改革的理论与实践》,是武汉大学教师、干部和学生自十一届三中全会以来,陆续撰写的有关高等教育改革和比较教育研究文章的汇集,共43篇,其中前33篇是关于中国高等教育改革与实践的文章。这些文章涉及高等教育改革的诸多层次,但多是就某一时期某一方面改革进行探讨,并未涉及较长一段时间的改革发展历程。

20世纪90年代以来,涌现了一批关于中国高等教育改革与发展的著作。季明明主编的《中国高等教育改革与发展》(1994)涉及高等教育宏观体制改革、高等教育结构的调整、高等学校招生和毕业生就业制度改革、高等学校内部管理体制改革、高等学校教育教学改革、高等学校科技工作的改革与发展和高等学校教师队伍管理制度改革等内容。不过该书所涉及的诸多改革层面没有明显的时间纵向性、发展性,而主要是以存在问题、改革意义、改革内容的模式呈现。吴玉金等主编的《改革和发展中的中国高等教育》(1996)通过对我国高等教育1949—1957年、1958—1965年、1966—1976年、1977—1984年、1985—1991年、1992年至今的各个阶段的发展进行分析,较为全面系统地研究了新中国成立以来我国高等教育在曲折中前进的历程及其宝贵的经验教训和进一步深化改革的思路。

方惠坚、范德清主编的《中国高等教育的改革与发展》(2001)第一章概述新中国成立到1999年我国高等教育的发展历程,其余各章为"高等教育的经济特性、问题及改革方向""我国高等教育的办学、管理体制和结构""高等教育投资"等,更像是一部涉及高等教育诸多方面的"高等教育学"著作,体现"改革发展"的内容很少。应望江主编的《中国高等教育改革与发展30年(1978—2008)》(2008)时间跨度为1978—2008年,涉及我国高等教育诸多层面的改革与发展,比如高校教育管理体制、办学体制与办学类型、规模与结构、学位制度、招生与毕业生就业制度、高校内部管理体制和教育质量保障等等。

中国高等教育学会策划组编的《改革开放30年中国高等教育发展经验专题研究》(2008),通过对我国高等教育事业30年取得的巨大成就与经验进行全面系统、客观准确、重点突出的总结研究,力求"全景式"地描绘、简述中国高等教育改革发展的全过程。该书涵盖内容十分丰富,而且大多数篇章既有历程概述,又有问题分析和经验反思,是不可多得的关于我国高等教育改革发展的力作。

别敦荣、杨德广主编的《中国高等教育改革与发展30年》(2009)是一本全面反映我国高等教育改革与发展30年所取得成就、总结经验、展望未来的专著。该书采用两条线,一条线总结30年发展和成就,作者的基本思想就是客观地反映事实,对30年取得的成就尽量用客观事实来反映;另一条线展望和预测未来,所以每一章后面都有展望,尽管篇幅不长,但分量不轻,而且预测与展望总体符合现实,反映趋势。

王英杰、刘宝存主编的《中国教育改革30年——高等教育卷》(2009)是"中国教育改革30年"丛书之一,全书共十章,对于我国高等教育改革的研究既分门别类,又具有纵向历史性、发展性,既全面又深入,包括高等教育事业的发展、高等教育理念的变革、高等教育管理体制改革、高等教育投资体制改革、高等教育办学体制改革等内容。娜木罕所著的《中国高等教育改革回顾与展望》(2010)分为总论和分论两部分。总论部分从结构、质量、规模、效益等方面论述了改革开放以来我国高等教育的嬗变和发展;分论部分则从中国高等教育管理体制、中国高等教育招生考试制度、中国高等教育收费制度、中国大学生就业制度改革、学位制度及国际交流与合作等方面阐述了我国高等教育的发展变化与方向。

论文方面:《中国高等教育》杂志编辑部撰写的《半个世纪的探索与辉煌:共和国高等教育发展历程回眸》(1999)将新中国成立50年来的我国高等教育发展分为三个阶段:一是清基创业,初步建立新中国高教体系;二是改革开放,探索中国特色社会主义高等教育的发展道路;三是迎接挑战,把充满生机活力的社会主义高等教育全面推向21世纪。萧允徽《中国高等教育十年改革发展回顾与思考》(2005)认为十年来,党和政府在推进中国高等教育改革和发展的历程中,实现了三大突破:第一,实现了教育思想观念的根本转变;第二,实现了高校管理体制的大调整;第三,实现了高校办学规模大发展。王洪才、张静的《中国高等教育30年改革历程回顾》(2008)以公平和效率为主线探讨改革开放30年我国高等教育的改革发展历程,而没有以时间或大事件为节点来划分阶段以探讨历程。周远清的《大改革 大发展 大提高——中国高等教育30年的回顾与展望》(2008)回顾改革开放30年我国高等教育的改革发展的历史性阶段,总结为"大改革、大发展、大提高"。

赵俊芳的《中国高等教育改革发展60年的历程与经验》(2009)对新中国成立60年以来我国高等教育的改革发展进行了历程回顾与经验总结。该文将我国高等教育这60年的改革发展历程分为四个阶段,即奠定基础期(1949—1965)、挫折困顿期(1966—1976)、恢复振兴期(1978—1998)和快速发展期(1999年至今),总结了60年发展历程的四个特点,即后发追赶式发展、政府主导的管理模式、"内外轮值"的扩张路径和严进宽出的培养方式。

黄陈跃《改革开放30年我国高等教育发展研究》(2010)将改革开放以来我国高等教育的发展历程分为三个阶段,即恢复与建设阶段(1977—1988)、改革与发展阶段(1989—2001)及跨越与提高阶段(2002年至今),将我国高等教育发展的主要经验总结为"开放是前提、改革是关键、质量是中心和理念是先导"四个方面,指出我国高等教育发展的四大趋势:高等教育的市场化,高等教育的终身化,高等教育的国际化,高等教育的多元化。

巩在暖、刘为民等的《中国高等教育60年发展历程与成就》(2010)将新中国高等教育的发展历程划分为探索阶段(1949—1967)、停滞破坏阶段(1966—1977)、恢复发展阶段(1978—1998)和快速发展阶段(1999—2009)四个阶段,并总结了我国高等教育60年的辉煌成就。李金温、春卉的《我国高等教育发展的历程及未来发展趋势》(2010)以1862年为始,把我国高等教育一百多年的历程划分为七个历史阶段,其中第五个阶段(1949—1957),这一时期我国高等教育呈现出的一个典型特征是以苏联为榜样;第六个阶段(1958—1977),这个时期我国高等教育进入了一个拒绝借鉴任何国外"模式"的时期;第七个阶段(1978年至今),即高等教育跨越式发展的阶段。

张雪蓉在《建国60年中国高等教育历史变迁述评》(2010)中指出,60年来,我国的高等教育发生了前所未有的变化和历史性的转型,呈现出三个时期不同的内容和表现。第一个时期是新中国成立初期,构建社会主义全新的教育体系的实践;第二个时期是"文化大革命"10年;第三个时期是改革开放30年,高等教育实现了跨越式的历史转变。此文对我国高等教育发展历程的述评与反思是比较少有的。张华星硕士学位论文《新时期我国高等教育改革与发展研究》(2012)以改革开放为时间起点,我国的高等教育经历了恢复调整、全面深入和跨越式发展三个阶段:1977—1985年为恢复调整阶段;1985—1998年为深入改革阶段;1999年至今为跨越式发展和提高阶段。此文总结了四大成就,即高等教育体制改革成绩显著,实现"精英教育"向"大众化教育"的跨越,高等教育整体实力逐步提高,高等教育综合效益不断提升。

翼连贵《关于我国高等教育的历史回顾与未来发展的思考》(2014)将新中国成立至今的高等教育发展历程分为八个时间段,进行了比较简略的梳理。文章认为:中国高等教育60多年的发展历程呈现"马鞍型"发展,两个高峰点分别是1960年和2006年。毕宪顺、张峰在《改革开放以来中国高等教育的跨越式发展及其战略意义》(2014)中指出,1978年以来,中国高等教育经历了两个跨越式发展阶段和两个稳定发展阶段。两个跨越式发展阶段,以外延发展为主:1978—1985年,以恢复高考为起点和标志的跨越式发展阶段;1999—2005年,以"大扩招"为起点和标志的跨越式发展阶段。在两个跨越式发展阶段之后,中国高等教育分别进入了两个相对稳定的内涵发展阶段:1986—1998年及2006年至今。文章在总结中国高等教育跨越式发展的基础上进行了战略性思考。

(二)区域教育史研究

区域史研究历来都是史学研究的重要内容。著名地方史专家隗瀛涛曾说过:"由于中国幅员广阔,各地区的经济、政治、文化发展不平衡,区域特征各异,史学家日益感到划分若干易于把握的区域空间,进入深入研究,是推动全国通史、断代史、专门史向深度和广度进展的一个有效途径。"[1]从20世纪70年代起,台湾"中研院"负责组织"中国现代化区域研究"课题研究计划,该课题研究范围

---

[1]隗瀛涛.四川近代史稿[M].成都:四川人民出版社,1990:1.

包括湖北、湖南、山东、江苏、河北、四川、上海、广东等十个区域,其研究时限是1860—1916年。该研究影响颇大,在区域史研究中占有重要位置。区域教育史研究早在20世纪30年代渐成气候,例如沈莆侯于1931年编撰的《浙江教育史略》就是第一部浙江教育史,该书清晰描述了清末至民国浙江省教育发展概貌;黄炎培的《清季各省兴学史》(1930)记述了当时各省兴办一些新式学堂;刘伯骥的《广东书院制度沿革》(1939)开创了广东书院研究之先河,该书曾在台湾再版,尽管有些更早期的史料尚未发掘,但仍不失为研究广东书院发展之珍贵史料。

20世纪90年代以后,随着区域文化研究的升温,区域教育史研究逐渐成为热点,可谓硕果累累。代表性的研究成果有:浙江大学田正平先生主持的国家重点课题"中国教育近代化研究",课题选取湖北、浙江两省为样本重点进行研究。与此同时,许多涉及地方教育的文章也相继发表,例如,王雪华的《晚清两湖地区的教育改革》(《江汉论坛》,2002年第7期)、袁澎的《新疆教育近代化的转型与整合》(《新疆教育学院学报》,2003年第1期)、张羽琼的《论清末贵州教育改革及其影响》(《贵州师范大学学报(社会科学版)》,2003年第3期)等,这些文章的发表大大丰富了教育史学界的研究成果。在"九五"时期,周玉良教授主持国家级课题"中国地方教育史研究",该课题分为若干子课题,深入开展了对地方教育史的研究,在全国范围内掀起了研究地方教育史的热潮。其中,比较典型的代表作品有:刘仲华、王岗主编的《北京教育史》,杨新益、梁精华、赵纯心等主编的《广西教育史》,傅九大主编的《甘肃教育史》,李喜平主编的《辽宁教育史》,熊贤君主编的《湖北教育史》,张楚廷、刘欣森、孟湘破、周秋光、莫志斌等主编的《湖南教育史》(1~3卷),阎国华、安效珍主编的《河北教育史》,赵宝琪、张凤民主编的《天津教育史》,吴洪成、李定开、唐智松等主编的《重庆教育史》(1~3册),陈贤忠、程艺主编的《安徽教育史》(上、下),李东福、宋玉岫、杨进发主编的《山西教育史》等等都已面世,这些论著把区域教育史研究推向了一个新的高度。另外,李国钧教授承担"区域教育的历史研究",出版了大型系列学术著作《区域教育的历史研究》,上述研究成果以特定区域的教育为研究对象,从政治、从经济、文化等多个不同视角,展现该区域的教育发展历程,研究方法独特,研究视角新颖,堪称区域教育研究之典范。

近年来,一些硕士、博士论文也以特定的区域或特定的大学作为个案研究,研究视角新颖。相关研究成果主要有:许小青的《从东南大学到中央大学——以国家、政党与社会为视角的考察(1919—1937)》,文章"以国家、政党与社会为视角,考察 20 世纪 20—30 年代东南大学和中央大学的早期历史,探讨这所大学从地方性大学到首都最高学府的变化轨迹,试图分析社会变迁中的政治与文化之间的相互关系"。戚庭跃的《西南联合大学教学管理体制研究》,该文试图运用教育管理学的基本理论,"结合抗日战争的时代背景,探析西南联合大学教学管理体制的形成与运行,阐述西南联合大学教学管理体制的特点及影响,全方位、多视角研究西南联合大学的历史功绩和现实意义"。李朝军的《大学毕业生统一分配制度研究(1950—1965)——以上海为中心的历史考察》,从影响就业制度的纵向、横向两个方面,描述了 20 世纪初至 60 年代中期上海市就业制度及管理体系的基本状况。饶爱京的《江西民办高等教育发展研究——经济欠发达地区的视角》,该文从历史、地理、政治、文化、教育等诸多维度,探讨了江西民办高等教育发展的潜在区域比较优势,指出:"要实现潜在优势向现实的转变还需地方政府、民办高校、国内市场三方相互作用。"石维军的《1977 年恢复高考制度研究——以江苏省为个案》,该文选取江苏省为研究个案,运用实证分析法,从历史学角度探讨当年恢复高考事件的出台过程、实施程序等诸多方面,以期对该事件有一个清晰、完整的把握。以上硕士、博士论文对特定学校与特定区域的教育研究,研究视野独特,研究方法多样化,有些论文中还使用大量以前没公开使用的档案文献、资料汇编,并提出一些颇为新颖的观点,大大充实了该领域的学术研究。

(三)宁波教育史研究

有关宁波教育研究的著作,有辜筠芳的《宁波教育史》(浙江大学出版社2011 年版),书中对宁波的教育史古代部分、近代部分和现代部分进行论述,该书梳理了从远古到当代至"文革"结束的宁波教育发展的脉络,总结了各个历史时期的经验教训,为进一步研究改革开放以后的宁波教育史提供了学术基础。

傅璇琮《宁波通史》(1～5卷)(宁波出版社2009年版)全书采取通史体例,从政治、经济、文化、教育、军事、社会、民族等方面,系统诠释了宁波地方发展史,其中也涉及宁波的高等教育。

出版的宁波教育统计资料及文史资料,主要有宁波市教育委员会编《宁波市教育志》(浙江教育出版社1996年版),该志上溯至宁波各种教育的起源,下止于1990年底,从书院、学堂、幼儿教育、小学教育一直到高等教育、成人教育以及特殊教育,为各类教研人员研究教育和编撰史志提供了翔实的资料。此外,《宁波市海曙区教育志》(浙江科学技术出版社2012年版)、《江东区教育志》(2014年)、《鄞州教育志(1978—2008)》(中国文史出版社2016年版)、《镇海县教育志》(1993)、《宁波统计年鉴》(多卷本),全面反映了宁波市经济和社会发展情况,是研究宁波高等教育发展的重要工具书。还有《宁波市文史资料》也是研究宁波高等教育的重要资料。

除此之外,余起声编的《浙江省教育志》(浙江大学出版社2004年版)、邵祖德的《浙江教育简志》(浙江人民出版社1988年版)、张彬的《浙江教育史》(浙江教育出版社2006年版)等。这些著作均对近代宁波高等教育发展情况做了论述,介绍了宁波高等教育的发展阶段和各时期的概况、学校数量、办学规模、学制和课程等基本问题。

关于宁波高等教育发展研究的论文主要有:彭拥军的《高等教育发展的良性互动——宁波高教发展侧记》(2004),指出宁波市经济的迅速发展对宁波的高等教育发展提出了新的要求和提供了强大的经济基础,对高等教育人才产生了更大的吸纳能力。高等教育的迅速发展改善了宁波的城市品位、投资环境,高校成为宁波的人才培养基地和高层次人才的引力场,高等教育的发展也成为城市发展和经济增长的积极促动力量,成为实现高等教育从奢侈品到生活必需品转化的纽带。余斌的《宁波高等教育研究》(厦门大学2006年硕士论文),该论文以宁波高等教育大众化进程为案例,通过对宁波高等教育发展历程和现状分析,肯定了其发展成效,并对发展中所存在的问题进行了客观剖析;通过对宁波高等教育发展模式中的科学理念和策略的研究,总结其发展经验;通过借鉴国外发达国家高等教育发展经验,启示宁波发展高等教育实践,并从国内先进城市的高等教育发展实践中找差距,确定发展的努力方向;通过构建宁波高等教育的发展理论,结合宁波实际,确立了今后发展的基本原则;最后,就如何使宁波高等教育健康持续发展,提出相应的对策建议。

俞松坤的《宁波高等教育发展特色及成因探析》(2007),指出了1999年以来,宁波实现了高等教育跨越式发展,建立了特色鲜明的区域高等教育体系,创造了许多"全国第一"。宁波高等教育实现快速发展的原因在于地方政府的重视与推动、地方经济社会的快速发展和敢于创新的精神。宁波高等教育要实现内涵发展和提升发展,必须处理好数量与质量的关系、巩固与提升的关系、"好"与"快"的关系、当前与长远的关系。陈新的《构建高质量、大众化、服务型的区域高等教育体系——宁波高等教育发展的战略思考》(2010),指出研究和思考宁波高等教育面临的发展背景、所处的发展阶段,在此基础上分析和总结宁波高等教育的发展经验,结合宁波高等教育发展的特征与存在的问题,站在宁波高等教育对区域经济发展的贡献度、对社会文化生活的贡献度、对高等教育自身发展的贡献度等视角来看,宁波高等教育发展的战略目标是:构建高质量、大众化、服务型的区域高等教育体系。

陈君静、吴莉的《教会教育与近代宁波社会》(2010),近代宁波教会学校经历了初创、发展、成熟、蜕变四个时期,形成了较为系统的教会教育体系。教会学校不自觉地引进近代西方的教育模式,对近代宁波社会产生了一定的影响,是宁波早期城市近代化进程的推动力之一。吴莉的《基督教和宁波教育卫生事业研究(1842—1949)》(宁波大学硕士论文2010年),指出宁波是近代基督教早期传教的重点区域之一。基督教教会在宁波创办各类学校、医院等教育、医疗、卫生事业,在自我调适中发展。教会所传播的异质文化进入宁波,与传统中国文化产生冲突与融合,一定程度上影响了宁波民众社会观念和风俗的变迁,对宁波社会近代化进程产生重要影响。潘莉的《近代以来的宁波职业技术教育》(2013),指出宁波的具有现代意义的职业技术教育发轫于近代,具有较强的地域特色。近代以来宁波职业技术教育发展的特点:职业技术教育发展不稳定不平衡;开创了兴办女子职业技术教育的先河;办学方式统筹兼顾,多种多样;职业技术教育多层次、多形式、多门类;立足宁波经济发展特点,为宁波的发展提供服务;课程内容、教学方法现代化。近代以来的宁波职业技术教育在推动宁波近代化、发展地方经济、解决生计等方面具有十分重要的意义。张菊霞的《近代宁波职业教育发展嬗变及其特征研究》(2014),指出宁波的职业教育在近代工商业发展需求及清政府的教育改革背景下发端于1904年,历经清末实业教育新生期(1904—1911)、民国前期职业教育发展期(1912—1936)和民国后期职业教育困境及恢复期(1937—1949)三个发展阶段,先后共创办35所实业学堂(职业学校)。该研究梳理各阶段职业学校发展状况,总结近代宁波职业教育具有办学门类多样、专业设置特色鲜明、私人参与职业学校办学积极和注重实践教学等特征。庄丹华的《民国时期金贸产业发展对宁波职业教育的影响——以宁波公立甲种商业学校为例》(2016),从近代商贸、金融业的发展与宁波公立甲种商业学校办学实践之间的关系出发,深入剖析产业发展对学校专业建设的影响,提出人才培养的建议,以作为当下加强职业技术人才培养、进一步发展职业教育的借鉴。谢秀琼的《近代宁波职业教育的发展历程及其特征》(2017),以1906—1949年期间的宁波职业教育发展历程为研究对象,将近代宁波职业教育发展史分为发轫、快速增长、稳定发展与步履维艰求生存四个阶段。对其演变历程进行梳理分析发现,近代宁波职业教育发展具有如下特征:经历了先快后缓、实业教育向职业教育的转变,与社会发展、国民生计保持紧密联系,女子职业教育走在时代前列等。

赵风波、沈伟其的《构建学业评价体系:跨境高等教育发展的关键——基于宁波诺丁汉大学的案例》(2014),该文科学合理的学业评价体系对于大学生的能力提升具有密切关联,亦有助于大学生自主学风的形成。因此,构建学业评价体系也必定成为跨境高等教育深度发展的关键。宁波诺丁汉大学是我国跨境高等教育的典范,强调以能力提升为办学导向,致力于推进学生的自主学习。基于对宁波诺丁汉大学制度文本分析和学生访谈调研,发现该校本科生的学业评价体系正在发挥关键的作用。目前,该校本科生的学业评价体系不仅拥有科学合理的制度依据,而且学业评价的内容主要落脚于口头表达能力、批判思维能力、团队合作能力的提升。同时,该校学业评价的方式,采用全英文的评价要求,使用全过程的评价策略,主观题为重的评价形式,有效确保了评价目的的实现。此外,该校还致力于推进学业评价体系的监督机制以确保评价的科学性和公正性。这种与国内传统大学迥异的本科生学业评价体系,或许能为我国其他大学的教学实践改革提供启示。汤蓉、尹辉的《地方行业特色型高校工程教育国际化问题研究——以宁波市为例》(2018),针对宁波市高职院校中地方行业特色型高校工程教育国际化存在的国际化办学制度、办学视野、师资队伍建设等问题,提出搭建政策国际平台、科研国际平台与师资国际平台等相关建议。辜筠芳的《基于历史的宁波地区师范院校转型升级研究》(2018),回顾并分析了20世纪90年代中期至21世纪初期宁波地区师范类院校结构性调整及其存在的问题,例如:师范性弱化;教师资格考试制度"应试"弊病引起的新教师准入瑕疵;高校教师教育专业建设方面的滞后,等等。基于宁波师范教育发展的历史成功经验,提出必须坚持历史唯物主义思想,从宁波教育的特殊性和高等师范院校建设的内在规律出发,制定转型发展对策,主要包括:转变服务面向、调整办学理念、聚焦转型发展内容。杨颖斐的《宁波地方高校教育国际化问题研究》(2018),宁波地方高校教育国际化仍存在教育国际化理念缺乏、教育国际化发展不平衡、国际化办学投入不足且来源单一、国际化办学监督机制缺失等四大瓶颈,亟需通过加强政策支持、探索教育国际化新渠道、提高国际化办学投入、创建国际化办学监督机制等措施,来破解以上瓶颈制约,助力城市国际化再上新台阶。

四、研究思路与研究方法

(一)研究思路

本书研究的思路是以辩证唯物主义和历史唯物主义做指导,以文献史料为依据,以"改革开放以来"为时间依据,紧紧围绕"宁波高等教育发展"这一中心课题,通过对改革开放以来宁波高等教育的历史演进,宁波高等教育办学定位,宁波高等教育与区域经济、浙东文化的双向互动,宁波高等教育体制机制创新,宁波高等教育发展的个性特征及存在的问题等方面的全面探析,宏观勾勒出宁波高等教育发展脉络,整体把握宁波高等教育发展规律,科学预测宁波高等教育的发展趋向,以期在新的时代背景下对解决高等教育问题提供理论参考与政策借鉴。基于此,在对宁波高等教育的研究中,首先要阐明改革开放之前宁波高等教育发展的历史背景,这是宁波高等教育发展的历史根基;全景式展现改革开放以来宁波高等教育的历史演进,为我们展现高等教育改革与发展波澜壮阔的历史画卷;阐述宁波高等教育与区域经济发展、浙东文化之间的互动关联,这是高等教育发展规律使然;运用比较分析法,将改革开放前后宁波高等教育发展情况进行纵向比较,以期揭示宁波高等教育在不同阶段的发展态势;同时,还将宁波高等教育发展情况与邻近的杭州、上海两市进行横向比较,揭示出宁波高等教育的独特发展个性;接着,探析改革开放以来宁波高等教育取得的绩效,既有宏观成效,又有微观绩效。当然,宁波高等教育在发展中也存有诸多问题,笔者特意选取宁波本科院校的办学定位、人才培养等问题进行探析,以期为宁波高等教育的发展提供经验借鉴和现实启迪。

(二)研究方法

本书以唯物史观为指导,结合多学科进行综合研究。与其他学科相比,历史学是一门方法多样的学科,因为"任何事物都有历史,而历史学研究的对象又包括了人类社会中发生过的一切事情,因此历史学家常常必须闯进其他学科领域中去"。[1]多学科交叉研讨的方法为史学的创新发展提供了更为深广的学理根基。本课题兼具历史学、教育学、社会学、经济学等多学科的特征,通过历史与现实相结合、分析与归纳相结合、调查问卷与田野访谈相结合等研究手段,收集、整理、分析资料,以期得出科学、可信的结论。具体来说,主要运用的研究方法如下。

1. 历史文献法

没有第一手资料,就很难进行历史研究。文献分析法是史学研究的主要方法,当然也是本论文首选的研究方法,旨在陈述事实、厘清真相、剖析背景、评说

---

① [美]伯顿·克拉克.高等教育新论:多学科的研究[M].王承绪,徐辉,郑继伟,等译.杭州:浙江教育出版社,2001:23.

意义。为了搜集写作资料，笔者曾多次赴浙江省档案馆、浙江省图书馆、宁波市档案馆、宁波市图书馆以及市内主要高校进行资料搜集，并对相关文献资料进行分析、归纳与整理，形成了本书研究的理论基础和信息资源库。

2. 比较分析法

"没有比较的思维是不可思议的，如果不进行对比，一切科学思想和所有科学研究都是不可思议的。"比较法主要包括：历时性与共时性比较，它们都是区域研究中不可或缺的研究方法。首先，将宁波高等教育在不同发展阶段进行历时性比较；接着，将宁波高等教育与临近的杭州、上海等市进行共时性比较，从而凝炼、归纳出宁波高等教育独特的发展个性与发展规律。

3. 口述史研究法

按照学术界流行的观点，"口述历史指的是由准备完善的访谈者，以笔录、录音或录影的方式，收集、整理口传记忆以及具有历史意义的观点"。口述史学对历史学科研究的重要性是不言而喻的，口述历史可以提供诸多细节，弥补档案文献资料的不足。笔者曾多次深入宁波高等学校和街道社区，拜访教育领导，采访高校师生，对话普通居民。他们对宁波高等教育的真知灼见和真切心声，大大丰富了论文的写作内涵，为本书的写作提供了重要的口述史料。当然，口述历史也有当事人记忆不准确及当事人有意避讳某些敏感问题而造成对历史失真之弊病。

4. 图表统计法

图表统计法也是本书采用的重要方法。它具有准确、直观、明了的特点，能使历史研究趋于严谨和精准。在课题研究中，结合宁波高等教育实际，运用图表统计法，注意从观察、调查中获得翔实可靠的数据资料，并将定量分析与定性分析相结合、宏观和微观相结合、历史与现实相结合，以期使课题研究建立于客观、真实、科学、可靠基础之上。

五、创新之处与不足

本书是在汲取前辈研究的基础上完成的,受惠于当今史学界对该问题研究的最新成果。就创新而言,本书主要体现在如下方面。

(1)研究视角的创新。本书选取宁波市的高等教育为研究对象。截至目前,学界对浙江高等教育的研究多集中于大城市,研究宁波地区高等教育的论文则相对较少,本课题研究以期填补以往研究之缺憾。

(2)研究内容的创新。本书是以宁波高等教育为视角展开论述的。本书设置了若干与经济、政治、文化有逻辑关联、有时代价值的教育问题:宁波高等教育发展的历史轨迹、宁波高校办学定位、宁波高等教育与区域经济、浙东文化的双向互动、宁波高等教育的体制机制创新等等。

(3)采用多学科相结合的研究方法。在现代社会,历史学与很多学科结下不解之缘。因此,本书从历史学、政治学、教育学、社会学等多学科视角,并运用历史文献法、比较分析法、调查访谈法、图表统计法,研究改革开放以来宁波高等教育40年的发展轨迹,不同于已有的教育思想史或教育政策史研究,在研究方法上有一定的创新。

(4)在材料运用上的创新。任何一项史学研究,材料的掌握是最重要的,否则,便成为无米之炊、无本之木。本书运用档案原始资料以及口述史料等第一手材料,并结合对历史事件的亲身经历者访谈、问卷调查来展开研究,藉以做到有史有论,论从史出,避免课题研究成为"空中楼阁"。

但是,由于笔者知识结构的缺陷及自身研究水平有限,课题研究也存在明显不足:(1)中文资料掌握不够全面。由于宁波高等教育历经的时间跨度长,涉及的学校广,触及的问题多,因而资料的掌握难免出现疏漏。(2)外文资料使用相对不够。本书在写作时虽然使用了一些译著,但外文原始资料利用还是显得有些单薄。这些缺憾与不足有待在今后的进一步研究中加以弥补和完善。

第一章
改革开放以来宁波高等教育的历史演进

　　宁波素被誉为"文教之邦",历史悠久。宁波教育源远流长,重教兴学世代相承。据《后汉书》载,早在东汉时,宁波境内已有学宫。唐开元间建州学,及宋、元、明、清各朝,书院、学塾遍布城乡,教育长盛不衰,人文荟萃,贤哲辈出。宁波的近现代教育发端亦早。然而,宁波教育的大众化阶段的开始,则是在中华人民共和国成立之后。20世纪80年代,宁波开始广泛开展以职业技术教育为主要内容的多层次、多格局教育的新阶段。进入90年代,"科教兴市"在全市逐步形成共识,宁波的高等教育更有了突飞猛进的发展。本章主要是对宁波高等教育发展的历史生态以及改革开放以来宁波高等教育发展的历史进程进行全景式考察。在研究中,以中共中央的教育决策为宏观背景,详细描述宁波高等教育发展错综复杂而又丰富多彩的曲折历程。教育既是社会变迁的条件,又是社会变迁的结果和反映。作为宁波教育子系统的高等教育,随着改革开放多年政治、经济、文化的发展变迁,历经了恢复发展(1978—1985)、探索改革(1986—1998)、深化改革(1999—2009)及内涵发展(2010—2018)四个历史时期。

第一节　改革开放前宁波高等教育发展的历史概况

一、新中国成立之前宁波高等教育的曲折发展

任何学者,倘若不了解过去的历史,他就不能真正领悟现代历史。历史学的真正价值在于:"如果你想要知道你要去哪儿,它帮助你了解你曾去过哪儿。"①英国教育家阿什比也说过,任何类型的大学都是遗传和环境的产物。因此,我们研究改革开放以来宁波高等教育发展,理应先要了解宁波高校的历史发展。历史经验反复证明:"人才之兴,在开学校。"②宁波高等教育的近代化萌芽与其开埠通商后的社会变化息息相关。中英《南京条约》签订后,宁波作为第一批开埠通商的沿海城市,较早地与西方文化有了更深入的接触,为了适应资本主义工商业的发展和新学制的要求,宁波的有识之士还积极创办实业类学校,以培养政法、农业、工商管理等专业人才。1904 年,清政府颁布的《奏定学堂章程》(即"癸卯学制")统一学制,明确规定全国学堂分为 3 段 7 级,为传统教育走向近代教育奠定了重要基础。关于实业教育,癸卯学制强调,"农工商各项实业学堂以学成后得治生之计为主,最有益于邦本",令各省从速办理。

同治十年(1871),宁波府知府边葆诚在府治左边同知署旧址建立"孝廉堂"(书院性质)。光绪三十二年(1906),改为法政学堂。招收府属举人、贡生、生员、监生及师范、中学毕生,课以政治法律,以培养立宪人才(学生以监生、附生、分附候选县丞、师范毕业生为多)。经费来源为"孝廉堂"专款及府属各县协款。修业期限三年,学费全免。只收入学费 2 元、每学期膳费 15 元、讲义费 8 元、杂费 2 元。课程有:人伦道德、政治学、大清律、法学通论、理财原论、民法、刑法、宪法、行政法、商法、裁判所构成法、国际公法、世界史、世界地理、算学、格

---

① [美]伯顿·克拉克.高等教育新论:多学科的研究[M].王承绪,徐辉,郑继伟,等译,杭州:浙江教育出版社,2001:49.
② 梁启超.变法通议[M].上海:中华书局,1936:10.

致、日文、体操等。监督(校长)由知府延聘,月俸50元。第一任负责人为孙振麟,第二任为陈星庚,后为张寿镛、沈祚延。初期教员有:贺绍章、陈彰寿、徐令誉、章述波(许泉)、张敬胜、陈土迏及日本人平原贞治。稍后有监学周骏彦,教员陈时夏、范贤芳、徐象先、魏炯、王芝望及日本人平井三郎。民国元年(1912),法政学堂改为四明专门学校,除法政外,亦设商科、银行科,注重英文,以便应用。商科教员为张晋(上海南洋公学商科毕业),银行科教员为杨贻诚(南洋公学工科毕业)。因专门学校属于大学一级,薪水特大,每小时2元(当时省立中学每小时1元),假期停发。1908年,法政学堂第一期毕业生有王序贵等16人。此后,学生有毛绍遂、忻壹、屠时逊、蒋锡侯、陈积澍、林炳常、吴祥风、缪德渭等,多在法政界工作或做律师。银行科毕业生洪兆熊、严燮皆任银行行长。民国三年(1914)1月,地方士绅陈时夏、邬子和等创议将四明专门学校改为商业学校,定名为宁波公立甲种商业学校,呈请浙江省教育厅批准备案。这样新旧混杂中的文化碰撞、融合,使得宁波法政学堂成为转型时代的独特历史样本,也为宁波高等教育的开启留下了深刻的历史烙印。这一时期宁波的高等教育除了宁波法政学堂外,还有在宁波的部分教会学校设置大学预科课程,如1912年江北岸泗州塘斐迪学堂改为斐迪学校,设初中、高中、大学三部,共有8个班级,其中5至8班为大学预科班,有学生200余人。学生预科毕业,可以由学校免试保送上海圣约翰大学或其他教会大学三年级就读。斐迪学校所办大学预科开设时间较短,到1927年预科停办。

民国时期宁波高等教育的发展是停滞的。1922年北洋政府颁布了"壬戌学制",宁波在浙江省教育司的直接领导下,各项教育事业都有了一定程度的发展,但这一时期并没有高等教育学校在宁波设立。1927年南京国民政府成立,在抗日战争全面爆发前十年,宁波由于社会秩序稳定,教育投入有所增加,教育管理渐趋完善,基础教育、职业教育都有了长足的发展,而高等教育并没有发展。抗战全面爆发后,宁波许多学校被迫内迁;随着抗战的结束、内战的爆发,宁波的各类教育事业陷入停滞的境地。1949年新中国成立,宁波的高等教育事业也迎来了新生。与宁波高等教育相对停滞的发展状况相比,宁波的职业教育

的数量、种类一直都走在浙江省前列，如表1-1所示：[①]

表1-1 宁波职业学校一览（1904—1949）

序号	创办时间	校名	创办人	地址	科别
1	1904年	育德农工小学堂	卢洪昶、陈屺怀	西门盘诘坊一所，江东忠介街广福庵一所	农、工
2	1905年	宁波府师范学堂	张美翊、陈训正向知府俞兆藩建议	湖西月湖书院	师范
3	1906年	宁波法政学堂	边葆诚	今解放北路91号大院内北侧	法政
4	1906年	甬东商业学堂	（不详）	江东百丈街东城小学	商业
5	1907年	宁波两等商学堂	（不详）	宁波城区君子营	商业
6	1907年	初等商业学堂	镇海商界	邑庙侧	商业
7	1908年	汝湖初等农业学堂	谢宝书	余姚泗门镇南谢村	蚕业科
8	1911年	锦堂中等农业学堂	吴锦堂	慈溪	农业、蚕业
9	1912年	宁波公立中等工业学校	宁波临时军政分府	江北岸泗洲塘	工科
10	1912年	宁属县立女子师范学校	宁属六邑人士集议	月湖竹洲（原辨志精舍和真隐观旧址）	师范
11	1912年	宁波师范学校	张美翊、陈训正	湖西月湖书院址	师范
12	1914年	宁波公立甲种商业学校	陈时夏、邬子和等	今解放北路91号	商科
13	1918年	余姚女子工业学校	陈毓芬	余姚城内	轻工
14	1919年	植智商业学校	（不详）	宁波城区肖家巷	商科
15	1919年	樊氏便蒙乙种商业学校	樊氏	镇海县	商科
16	1920年	务本商业学校	陈仲衡	城区税关前董孝子庙	商科
17	1922年	乙种商业学校	（不详）	城区冷静街轫初小学高小部	商科
18	1922年	私立宁波女子职业学校、幼稚师范	（不详）	（不详）	师范
19	1925年	宁波私立华美医院高级护士职业学校	美国基督教浸礼会	望京路5号	护理
20	1927年	四明女子工读学校	（不详）	（不详）	
21	1927年	余姚私立诚意商业学校	（不详）	余姚泗门蔡元房东	商科

---

①张菊霞.近代宁波职业教育发展嬗变及其特征研究[J].职教通讯,2014(13).

续表

序号	创办时间	校名	创办人	地址	科别
22	1931年	武岭初级农业职业学校	蒋介石	奉化溪口	农科
23	1932年	国文专修学校	(不详)	江北引仙桥5号	国文
24	1933年	镇海县立初级商科职业学校	(不详)	镇海县	商科
25	1935年	省立宁波高级水产职业学校	(不详)	(不详)	水产
26	1937年	宁波国医专门学校	俞佐宸、吴涵秋、董庭瑶等	北郊路137号	国医
27	1938年	鄞县私立电声无线电技术补习学校	(不详)	中正北路115号(今解放北61号)	无线电报
28	1939年	鄞县私立诚信商科职业补习学校	(不详)	旗杆巷	商科
29	1944年	鄞县私立屠氏竞进商业学校	屠氏	竹林巷	商科
30	1945年	宁海县初级农业职业学校	谢景祁、谢景郊、谢舜民	宁海县古渡乡文正书院旧址	农科
31	1946年	鄞县县立中心医院附设护士训练班	(不详)	宁波市县学街120号医院内合并后迁至宁波市广济街56号	护士、医士
32	1947年	鄞县私立育群初级商业补习学校	(不详)	华夏巷	商科
33	1947年	慈溪私立保黎医院附设保黎高级护士职业学校	慈溪保黎医院	慈溪保黎医院合并后迁至宁波市广济街56号	护理
34	1948年	鄞县私立崇实商业补习职业学校	(不详)	云石街35号	商科
35	1949年	宁波私立无线电工程学校	陈觉民	桂芳巷光华小学;后迁至解放北路96号屠氏义庄旧址,实验室设在中山西路40号	无线电工程、通讯科

新中国成立前,宁波35所职业院校中,商业学校有14所,在各类学校中所占比例最大,其次师范类学校有5所,工科类学校、医护学校、农科类学校各4所。据调查显示,1900年,宁波城内和城乡人口为30万,有12万受雇人员。其中,60%受雇于商业,30%受雇于农业,10%受雇于杂业(塾师、和尚、占卜者、

医生、仆役和厨师)。在商业人口中,商行雇员即占了40%。[1]这反映了当年宁波商业经济的繁荣及其对商业人才的需求之大,因此近代宁波职业学校以商科为最多,其次是师范类学校。1922年之后,宁波中学综合制下的师范教育附设在普高,因此师范教育受到严重削弱。直至1931年之前,才有一定的发展。此前,宁波基础教育的发展急需教师,为弥补师资短缺状况,宁波一些属县,如慈溪、余姚等,就开始设立简易的师范讲习所培养教师。1931年4月,当时的浙江省教育厅制订了整理师范教育方案,提出两种整理办法:(1)颁布县市立师范讲习所科目学分暂行标准,整理提高讲习所办学质量;(2)颁布补助县市师资训练机关暂行办法,使已有一定质量和规模的县市师训机关获得省款补助。由此,宁波开始对各讲习所、中学内设的师范科等加以整顿。是年,设立鄞县县立乡村师范学校、省立锦堂学校(1933年改称省立锦堂乡村师范学校),以及余姚县复办的县立师范讲习所。至1932年,宁波有师范学校、师范讲习所5所,师范生达到232人,教职员49人。这也为新中国成立后宁波高等教育首先以师范类学校作为起步提供了基础。

其他如农科类,光绪三十四年(1908),余姚泗门镇谢宝书邀集66人入股,筹得银元13040元,创办余姚汝湖农校,并亲自任堂长,注重培养农业科技人才。学校办学,一来重视师资队伍建设,曾出资派教师陶善松赴日大阪农学院求学;二来重视教材建设,除了引用现成的《水产学大意》《农业经济法规》教材外,还自编许多适合本校的教材,如《裁渠法》《养蚕学讲义》等;三来重视实践教育,专门辟出柴房三间,供桑蚕科学生实习之用。宣统二年(1910),吴锦堂把锦堂高等学校改为初等蚕科实业学校,添设四年简易科,增收蚕桑科学生128名,并为附近农村办起了为期3个月的短期蚕桑训练班。宣统三年(1911),吴锦堂注资锦堂学校,并扩充学校设施设备,将其改为锦堂农业中学堂,设农科、蚕科两大专业,学制为预科两年、本科三年,招生规模320人。学校聘请奉化前清廪生江起鲲为监督(校长),以及学有专长的学者担任教师,培养了不少农业专业人才,如著名农学家卢守耕、童玉民、包容等。

---

① 竺菊英:近代宁波商业发展述评[J].商业经济与管理,1995(1):65.

　　还有工科、医护等不同类别的学校在专业设置方面也很有特色,如工业类学校,以鄞县县立高级工业职业学校为例,科别有金工科、建筑科、土木科、机械科、汽车道路科;医学类学校,以宁波私立华美高级护士职业学校为例,主要为护士科。各学校在专业设置上都根据各自的发展优势有重点地进行人才培养。

　　蒋介石曾在其家乡溪口创办武岭初级农业职业学校。蒋介石童年时代,奔走于溪口、葛竹、榆林、畸山下、岩头等地私塾求学,深感乡村儿童就地求学困难。他在踏上仕途之后,就想在家乡溪口办一所较为像样的完全小学。奉化溪口武岭学校,是蒋介石创办的一所中等学校。1931年3月在小学基础上增设农科,命名为"奉化私立武岭初级农业职业学校",聘张恺(四川人,金陵大学农学士)为农职部主任兼农事试验场场长。学制四年,招收高小毕业生。起初三年除学习基础文化课外,着重学习作物、森林、园艺、畜牧、蚕桑、遗传育种、土壤肥料、植物保护、农业经济和农业加工等课程。每天下午多为实验实习或生产劳动,学习育苗、种植、扦插、嫁接、修剪、解剖、畜禽阉割或农产品加工等操作技术,并定期从事养蚕、造林等实践。最后一年分赴农场、牧场、园艺场或农业试验单位,从事实际工作。1932年8月2日,《宁波民国日报》刊登了武岭学校农业中学招生简介。学生除本地青年外,多来自鄞县、新昌、嵊县、宁海、象山、慈溪、余姚、上虞、诸暨、天台、定海,也有来自外省的,范围甚为广泛。1934年将初级农校改为高级农校,校名经呈请政府批准,亦改为"奉化私立武岭农业职业学校"。学制由四年改为五年,前四年学习文化、专业课,最后一年是生产实习。1935年1月,蒋介石返回溪口故乡,亲自为该校手书"礼义廉耻"四字,作为校训。当时国民党军政要人大多到过这所学校,毕业学生由于学校有专业技能,加上当时蒋氏政治上的影响,这所职业学校在社会上有一定影响。这也是教育受政治影响的重要表现。

　　在近代宁波的高等教育中到处都可以看到宁波帮商人的身影。在近代经济转型的过程中,传统的教育体制从内容到形式都无法满足社会需求,"所用非所学,所学非所用"的现象导致了"人才奇缺"的窘境。为了培养适应资本主义经济的新式人才,一些有识之士对中国传统教育进行了认真的审视和反思,并且积极建构适应近代中国的新教育体制,从而引申出深具内涵的"学战"意识。

从御侮图强、求富这个角度看,"学战"比"兵战""商战"更进一层,作为一种改良社会的重要手段,它既是对世界工业文明冲击的积极回应,也是近代国人探索国家民族出路的希望所在。19世纪末的"戊戌变法"和20世纪初的"新政"改革就部分反映了"学战"的思想,虽然具有较大的局限性,但极大地促进了中国近代的教育改革。如果说从"兵战"到"商战"标志着近代商人的崛起和经济近代化历程的开始,那么从"商战"到"学战"则意味着教育的近代化已蹒跚起步。近代新式学校的兴办需要大量的人力和物力,朝野上下均认为,必须打破依靠政府办学的思维和惯例,下放办学自主权,多渠道开发财源。在这种形势下,有着相对优厚财力的近代宁波帮商人必然走上教育改革的舞台,成为社会办学一股不可或缺的力量。近代宁波帮商人多从事各项实业事业,为了培养实业人才,促进地方经济发展,各项职业教育成为他们捐资助学的重要领域,所以宁波近代的职业教育在宁波帮商人的大力支持下有了较大的发展。

综上所述,新中国成立前宁波的高等教育发展相对滞后,但该地职业教育的繁荣反映了宁波作为最早开埠通商之地,其教育也深受社会环境的影响。宁波繁荣的职业教育也为新中国成立后宁波高等教育的发展提供了基础。

二、新中国成立初宁波高等学校的接管、改造与组建

1949年新中国成立,成为中国社会变革的一道分水岭。随着新政权的建立,教育领域的革故鼎新势在必行。新中国成立初是国民经济恢复时期。在这个时期,宁波市教育工作的主要任务是继续完成民主革命的遗留任务和为恢复发展国民经济服务,实现从半殖民地半封建教育向新民主主义教育转变,有计划、有领导、有步骤地对旧教育进行了接管、清理、整顿和改造,确立中国共产党在教育领域的领导地位。由此,宁波市政府在高等教育事业的发展上,加强对师生的政治思想教育,坚持教育"为工农服务、为生产建设服务"的方针,改革旧的教育制度,进行初步的教育教学规章的建设,通过贯彻执行团结、教育、改造知识分子的政策,加快新型人民教师队伍建设,从而深刻地改变旧教育的性质和功能,使教育真正回到人民的手里。1949年5月25日宁波解放,5月28日中

国人民解放军华东军区宁波市军事管制委员会成立,下设文教部,车文仪任部长。文教部与当时浙江省人民政府宁波专员公署下设的文教局共同负责宁波市的教育接管工作。

1949年5月始,宁波市军管会先后接管省立宁波高级工业职业学校、鄞县县立商业职业学校和省立宁波医院高级护士职业学校。同时,登记备案私立崇实商校(1954年改为私立崇实中学,1956年为政府所接收)、私立无线电工程学校(1952年停办)。同年9月,鄞县县立商业职业学校更名为宁波市财经学校。1950年9月,在奉化溪口创办宁波农业技术学校。宁波市军管会在接管国立、省立、县立及乡镇政府办的公立学校过程中,一般先由学校所在地的军管会派出工作组或军代表、联络员到学校宣传新教育政策,团结学校的师生员工,进行调查研究,在摸清学校政治、思想、组织、经济等情况后,再由军管会或人民政府召开全校师生员工大会宣布接管,其中以组建学校领导班子或建立由师生员工代表组成的校务委员会为重点。由于当时采取的"维持现状、训练干部、了解情况、稳步改造"的方针符合教育事业的特点和学校的实际情况,所以深受广大教职员工的拥护、支持与配合,接管工作顺利进行。

1949年秋,宁波市人民政府先后接管了宁波市内原有的师范学校,并针对原有师范学校量多质低、设置过于分散、办学水平不高的情况,对师范学校进行了合并调整。镇海、慈溪、奉化、余姚4所简易师范学校分别并入各县县立中学。象山县县立简易师范学校停办,鄞县县立师范学校并入浙江省慈溪锦堂师范学校,宁海县县立简易师范学校改为宁海中学师范部。后来,随着宁波教育事业的发展,又重新恢复和举办了一些初级师范学校和初级师范短训班以应对教育事业发展的急需。1950年,宁波各县附设在中学的师范部、班全部并入省立锦堂师范学校。1956年9月,宁波市根据浙江省教育事业发展需要,建立了宁波师范专科学校,首任党支部书记兼副校长苏滋禄,初期只设中文科,学制2年,学生140多人,教职工30人左右。

新中国成立前宁波市高等学校中私立学校和教会学校占有一定的比例,从1951年开始,为彻底肃清帝国主义文化影响,宁波市政府根据政务院《关于处理接受美国津贴的文化教育机构及亲教团体的方针决定》和教育部《关于处理接受美国津贴的教会学校及其他教育机关的指示》的要求,收回宁波市多所高等学校,1951年2月,省立宁波医院高级护士职业学校和慈溪保黎医院高级护校合并为省立宁波医院医事技术学校。后该校于1952年9月和私立华美护校合并为宁波卫生学校。

宁波市高等学校的接管、接办工作与浙江省高校的整顿、调整工作紧密结合,也与当时国家的工作重点息息相关。从1953年到1956年,是新中国有计划地进行大规模经济建设,逐步实现工业化及完成"三大改造"的时期。在这个期间,浙江省教育战线的主要任务是贯彻过渡时期总路线,为社会主义改造和大规模的经济建设服务,为实现工业化争取培养更多的工业人才。在教育指导方针上,党和政府提出了培养社会主义全面发展的新人,实施全面发展教育的方针,采取了学习苏联教育经验的举措。"院系调整"是新中国成立初期教育领域"以苏为师"的一个重要标志。从1951年底开始,中央按照苏联经验对全国高等院校分批进行调整。当时的高等学校存在着严重问题:在地区分布上很不合理;师资设备分散,使用极不经济;系科庞杂,教学不切实际,培养人才不够专精;学生数量更远不能适应国家当前工业建设的迫切需要。高等学校存在的问题,使其难以适应当时国家大规模经济建设对人才之需要,高等学校尤其是工业院校的调整势在必行。1951年11月,中央人民政府召开了全国工学院院长会议,讨论工学院的具体调整方案。全国工学院院系调整方案是20世纪50年代初期我国政府制定的第一个院系调整计划,是我国有计划的大学体制改革的出发点。在全国院系调整的大背景下,1950年3月,省立宁波高级工业职业学校迁往杭州,和杭州部分学校合并为浙江工业干部学校。经过上述调整,宁波工业技术学校消失在历史长河中,直至1960年创办宁波工学院。这也体现了浙江当时"以培养工业建设人才和师资为重点,发展专门学院"的教育方针。

从宁波市高等学校的改造、组建的历程中,我们可知,新中国成立初宁波市高等学校经历了对旧体制的摒弃与新体制的建立,并最终确立了以马克思主义为指导的新的教育方针。1949年《中国人民政治协商会议共同纲领》中对文化教育政策的规定是:"中华人民共和国的文化教育是新民主主义的、民族的、科学的、大众的文化教育。人民政府的文化教育工作应当是以提高人民文化水平,培养国家建设人才,肃清封建的、买办的、法西斯的思想,发展为人民服务的思想为主要任务。"并指出要对文化教育方面"有计划、有步骤地改革旧的教育制度、教育内容和教学法"。1951年政务院颁布的《关于改革学制的决定》中对我国各类教育的学制作了详细的规定,依此宁波市确立了各类职业技术学校的培养方案,并将原高级职业学校一律改为中等技术学校。在教学内容上,取消"公民""军训"等课程,设立"新民主主义论""社会发展史""中国革命常识"等马克思列宁主义(简称马列主义)和毛泽东思想的课程;废除了课程中体现封建的、买办的、法西斯思想的教学内容,使得课程内容与国家建设的实际相联系。在招生制度上,1950年,甬、沪、杭三地的13所公立、私立大专院校组成联合招生委员会,设立专点统一招生。1952年院系调整后,实行全国统一考试招生的办法。①在宁波高等学校的教师培训上,1951年起,宁波市教育部门在全市高等学校教师中广泛开展思想改造运动,并经常组织教师进行政治学习,引导高等学校教师学习有关新教育的政策文件、方针、教育者的责任,了解社会发展的规律,认识社会主义、共产主义是社会发展的趋势,认清封建买办主义思想、法西斯思想对人民的毒害和亲美、崇美奴化思想的危害和根源,消除帝国主义、封建主义和官僚资本主义三大"敌人"的影响;促使广大教师能够自觉接受马列主义理论的指导和中国共产党的领导,提高改造思想的自觉性和主动性。同时还组织教职工参加"土地改革""抗美援朝""镇压反革命"等爱国运动,使他们在实践中得到锻炼,体会到人民力量的伟大,从思想感情上有所转变,真正地提高了政治觉悟,逐步地成为工人阶级的一部分。通过对教师实施思想改造,学校教师学习马列主义、毛泽东思想的热情空前高涨,呈现出一片新气象,为进一步落实新中国确立"为工农服务,为生产建设服务"的教育总方针创造了有利条件。这个阶段,宁波市顺利地完成了高等学校的社会主义改造,初步建立起了高等学校的社会主义教育制度。

---

①张彬.浙江教育史[M].杭州:浙江教育出版社,2006:673.

三、宁波高等教育的"大跃进"

1958年，中央人民政府在全国范围内开展的"大跃进"运动，深刻影响着这一时期宁波高等教育事业的发展。1957年"一五"计划提前完成，激发了全国人民在短时期内彻底改变我国落后面貌的自信心。1958年召开的八大二次会议通过了"多快好省地建设社会主义"的社会主义建设总路线。这条总路线虽有其正确的一面，却忽视了客观经济规律，助长了急躁冒进的"左"倾错误的泛滥。具体到教育层面，教育领域也不甘"落后"，掀起了"大跃进"狂潮。1958年党中央、国务院联名发布《关于教育工作的指示》，表达出教育"大跃进"的强烈愿望："大力发展中等教育和高等教育"，"我们将以15年左右的时间来普及高等教育"①。在此背景下，宁波高等教育迅猛发展，由1956年的一所增加到四所。这四所院校分别是宁波师范专科学院、宁波医学院、宁波农学院、宁波工学院。宁波高等教育在这一时期实现跨越式发展的途径主要有：

首先，将基础较好的高等学校提升为高等院校。1958年浙江省为贯彻当年党中央下发的《关于教育工作的指示》，教育厅鼓励各市形成工、农、医、师门类齐全的高校体系。为适应当时各地中等教育事业大发展的需要，浙江各地市均大力发展师范教育。1958年宁波市将基础较好的宁波师范专科学校升格为宁波师范学院。原宁波师范专科学校只设中文科，学制2年，学生140余人，教职工30人左右。改为宁波师范学院后设中文、数学二系（学制4年）及生化科（学制2年）。同年开办夜大学和专科函授。1959年，宁波市政府将镇海师范专科学校、鄞县师范专科学校并入宁波师范学院，此后增设中文、数学二科。同年宁波体育专科学校并入，设体育专修科。1960年，宁波师范学院增设物理、化学、生物、外语、体育五系。至此，宁波师范学院设置系科已由初办时的一个科增至六个系科，在校学生由开创时的百余人骤增到1000余人。还有，宁波卫生学校在两年内实现了办学规格上的两级跳，1958年宁波卫生学校升格为宁波医学专

---

① 中共中央、国务院关于教育工作的指示[R].人民日报，1958-09-20.

科学校,1960年宁波医学专科学校升格为宁波医学院。

其次,将原有高等教育资源充分挖潜、整合。1950年9月,宁波市政府创办浙江省立宁波农业技术学校。1958年8月,浙江省立宁波农业技术学校改为宁波地区农业专科学校。1960年暑期,宁波农科所、农具研究所并入宁波地区农业专科学校,学校升格为宁波农学院。此时,宁波农学院下设4个专业,学生近千人,教职员200余人。宁波市政府对宁波农学院颇为重视,中共宁波地委副书记周效儒兼任该校校长。

再次,增设新学院。1960年1月,宁波市筹办宁波工学院,并于当年9月10日开学,创办之初有教职员86人,含专任教师38人;设机械、化工、电机、船舶等4个系,有动力机械制造、通用机械制造、海洋化工、无机物化学、电机制造、电器制造、船舶制造、船机制造等8个专业,其中海洋化工专业为国内首建。而机械系还设实习工厂,有车、刨、钻等机床。从专业设置上来看,宁波工学院专业设置齐全,并在某些学科设置上成为全国首创。在学制上,宁波工学院设有四年制本科、五年制大专及三年制中专。首届招收本科214人、大专140人、中专118人。该校在培养目标上也与国家的政治形势相契合,培养"又红又专的技术员"。

总体上来讲,自1958年开始的"大跃进"运动,使宁波市高等教育事业获得了跨越式增长,弥补了宁波市高等教育发展进程缓慢的缺陷。截至1960年,宁波高等院校共有教职工472人,其中专任教师164人、在校学生1120人,与1956年宁波仅有一所高等院校——宁波师范专科学校,教职工22人、专任教师11人、在校学生147人相比,有了跨越式发展。[①]但当时宁波市高等教育事业发展过快,忽视了教育自身的客观发展规律,夸大了人民群众的主观意志和主观努力的作用,超越了国家、集体、群众的承受能力,使得高等教育事业内部的数量与质量的矛盾显得十分突出。

这一时期宁波高等教育的"大跃进"不仅呈现在高等学校数量的快速增长上,还呈现在高等教育的教学内容和教学方法的改革上。其中具有代表性的就是1958年在全国范围内开展的"教育革命"。"教育革命"主要是指对当时的教

---

①宁波市教育委员会.宁波市教育志[M].杭州:浙江教育出版社,1996:219.

育管理体制、教学计划等学校自身的教育改革,其指导思想是贯彻中央提出的"教育为无产阶级政治服务,教育与生产劳动相结合"的方针,"使受教育者德育、智育、体育几个方面都得到发展",主要是想纠正教育脱离生产、脱离实际,忽视党的领导和思想政治教育等教条主义的倾向。同时,在客观上批判了长期统治中国教育的轻视劳动和劳动人民等阻碍受教育者的个性、素质、创新精神发展的教育思想。宁波市的"教育革命"活动主要通过将教育与生产劳动相结合、将生产劳动正式纳入学校课程计划等方式予以推进。如宁波工学院学生每周需要劳动2天。"教育革命"批判了脱离政治、脱离劳动、脱离实际和忽视中国共产党领导的资产阶级教育思想,进行了教育方针的大辩论,破除了对资产阶级专家教授的迷信,并以学生为主体进行了教学改革。它对改变以往教学中存在的脱离政治、脱离生产、脱离实际的倾向,改变高度集中统一的管理体制,进行全党全社会办教育的实验是一次有益的尝试,取得了不少积极成果,也为以后的教育改革提供了可供借鉴的经验。但"教育革命"中也存在着生产劳动越搞越多,社会活动越搞越频繁,停课也越来越普遍的现象,严重扰乱了正常的教学秩序,使教育质量下降。再者,在学校工作中过多搞政治运动和不适当地采用了群众运动的方法,也阻碍了学术领域中出现的生动活泼的局面。1960年6月后,工农业生产的"大跃进"所造成的各种困难开始显现,难以继续维持庞大的教育事业。

由于"大跃进"、人民公社化等运动的发展,全国遭遇了新中国成立以来最严重的经济困难。中央从客观实际出发,制定了"调整、巩固、充实、提高"的"八字方针",对社会主义的建设事业进行了调整。由于在"大跃进"环境中进行的高等教育"大跃进"明显超出了当时国民经济的承受能力,学校的急剧增加引起师资、校舍、教学设备等方面的供给困难,教育战线也不得不开始进行调整。按照1960年年底全国文教工作会议精神,1961年,浙江省委作出《关于安排当前教育工作的决定》,指示各市对所辖范围内的各类教育事业进行调整,在高等教育的调整中要注意合理布局。此后宁波市开始对文化教育事业进行调整,力争正确处理好文化教育事业与生产发展的关系,以及在文教事业建设中质量和数量、政治和业务的关系,解决好教育事业发展过快、战线过长、占用劳动力过多的问题。当时的调整工作遵循"八字方针"，紧紧围绕"控制学校数量，提高教学质量"两个中心，宁波市教育事业的调整工作有效开展。1961年3月宁波工学院因专业教师、仪器设备缺少，从4个系缩减为2个科，8个专业减为2个专业，更名为宁波工业专科学校。1962年7月停办。1961年宁波医学院改名宁波医学专科学校，1962年6月因师资设备等条件不足被撤销，所有教师及仪器设备并入宁波卫生学校。1961年宁波农学院改为宁波农业专科学校，同年8月撤销溪口分部，并停办大专，改称宁波农业学校。宁波高等教育中基础较好的宁波师范学院也于1962年停止招生，1963年改为宁波地区教师进修学院。[①]通过调整和整顿，宁波市高等教育基本上纠正了盲目发展所造成的混乱现象，使教育发展与当时的经济发展基本相适应。不可否认，在调整中也存在高等学校和中等专业学校压缩过多的问题，如撤销了1958年前建立的已有一定办学基础的宁波师范学院。

在贯彻落实"八字方针"期间，1961年9月15日，中央正式发布《教育部直属高等学校暂行工作条例（草案）》，共60条，后来也被简称为"高校60条"。"高校60条"总结了新中国教育工作的经验，特别是学习苏联过程中的教条主义和"大跃进"等的教训，重申了教育必须在中国共产党的领导下，高等学校要建立教学、生产劳动、科研三结合的教育体制，高等学校要加强各级学校的思想政治工作，对学生进行思想政治教育，树立为人民服务的思想。这一时期建立思想政治教育管理体制成为高等教育的重要内容。早在1957年，为加强党对高等教育的领导，毛泽东提出德、智、体全面发展的教育方针，特别强调"现状需要加强思想政治工作"。1958年发布《对高等学校政治教育工作的几点意见》强调，马列主义基础的中心内容是莫斯科会议宣言指出的九条普遍规律，政治经济学和辩证唯物主义与历史唯物主义要从阶级斗争、革命形势、党的任务和具体教育对象出发，重点讲授党的重要方针、政策、任务，毛主席的著作和国内外时事等，要求不分年级一律每周有三四个小时的政治课，课前一律印发讲义。浙江省按照相关要求于1958年发布《关于进一步加强学校党的领导，加派一批干部

---

①宁波市教育委员会.宁波市教育志[M].杭州:浙江教育出版社,1996:211.

担任学校领导工作和教学工作的指示》,中共宁波地委副书记周效儒兼任宁波农学院校长。宁波市高等院校和中等学校都建立了党的基层组织,开设了马克思主义课程,并成立工会和共青团基层组织。

1961年"高校60条"颁布后,宁波高等学校在部分学校裁撤、调整后恢复了正常的教学秩序,正确处理教学与生产劳动的关系、教学与政治学习的关系。在教学时间内,也强调保证师生的业余活动时间。在保证教学时间的基础上,各高等学校又开始改革教学内容和方法,注重加强学生基础知识、基础理论的教学和基本技能的训练,增加学生实际操作的机会,严格实验标准,以此来提高学校教学质量。为保证以上"以教学为主"的措施顺利实施,各高校还制定了许多教学规章制度,如修订了"暂行学则""考试考查规程"以及学生升学、留级、退学、毕业等制度,保证了教学质量的提高。在落实"高校60条"的过程中,浙江省政府改革了高校领导与管理体制。按照"高校60条"中规定的高校实行"党委领导下的以校长为首的校务委员会负责制"的要求,各高校开始实行党委和行政分工,党的权力集中在学校委员会一级,高校校长是国家任命的学校行政负责人,对外代表学校,对内主持校务委员会和学校的日常工作,系主任和行政部门的职能也随之得以加强。校内的管理方面,本科学校实行三级制,即院(校)、处(系)、科三级,专科学校实行校、科两级制。宁波市高等学校的管理体制也随之进行了改革。这一时期,宁波市政府坚决落实党的知识分子政策。宁波市各高等学校通过学习和贯彻"高校60条"进一步加强对知识分子的团结工作,如对1957年以来受过批判的教师和学生进行甄别,替大多数"右派"分子摘去了"帽子"。各类学校对知识分子的工作安排也做了合理的调整,以发挥他们的特长,支持他们从事教学和研究工作。与此同时,各校还加强了对青年知识分子的培养和工作支持。

四、"文革"中的宁波高等教育

从1966年5月中共中央政治局扩大会议通过的《中国共产党中央委员会通知》(即《五一六通知》)起,十年"文化大革命",使整个国家陷入空前的浩劫之中,国民经济到了崩溃的边缘。教育领域在"文化大革命"期间所遭受的破坏,在教育史上是罕见的。宁波教育战线的大多数大、中、小学校学生和许多教职员工卷入了运动;学校各级党政组织瘫痪,领导干部和教师遭到批判斗争;大、中院校数年停止招生,高、中级人才的培养出现断层;校舍、校产惨遭破坏,国家财产蒙受巨大损失。1966年"文化大革命"开始,宁波地区教师进修学院停止招生。

1968年,宁波市革委会政工组教育革命办公室在《关于工厂管理城市中小学的规划方案报告(讨论稿)》中指出:工厂管理学校,主要由工厂对学校进行政治上的管理,实施无产阶级的政治领导;成立以工人为主体,解放军参加,并配有师生代表的三位一体的教育革命领导小组,以主持日常工作,领导学校"斗、批、改"活动的开展。厂革委会派出副主任或常委担任领导小组组长,且任实职,并派少而精的工宣队进校。工宣队主要负责同志任革命领导小组组员;小学和近郊区的学校,可吸收街道干部和贫下中农代表参加革命领导小组。宁波高等学校也照此执行。

在高等学校的招生上,1966年6月13日,中央发布的《关于改革高等学校招生考试办法的通知》中就指出:以前高等学校的招生考试方法基本没有跳出资本主义考试制度的框架,不利于贯彻中央和毛主席提出的教育方针,不利于更多地吸收工农兵革命青年进入高等学校。这种考试体制需要改革。同时决定,从1966年起要求招生工作推迟半年。6月18日,《人民日报》发表社论:"改革招生考试制度是彻底清算资产阶级教育路线的一个突破口。"7月24日,中共中央、国务院发出《关于改革高等学校招生工作的通知》,提出从本年起,高等学校招生工作下放到省、自治区、直辖市办理。高等学校招生,取消考试,采取推荐与选拔相结合的办法。1969年,浙江省高等院校和中等专业学校改为招收有3年以上实践经验,年龄在20岁左右,有相当于初中文化程度的青年职工、上山下乡知识青年及退伍军人入学,采取自愿报名、群众推荐、领导批准和学校复查相结合的办法招收。宁波中等师范学校自"文革"一开始,就停止招生,1970年,与宁波唯一——所具有高校性质的宁波教师进修学院合并,承担培训中学教师的任务。1973年起,合并后的宁波师范学校恢复招生,对象是高中毕业生,学制2年,开设中文、数学、物理、化学等专业,培养初中教师,并在奉化、鄞县、慈溪、余姚、象山等地设置教学点或分校。1971年2月,宁波农业学校与宁波林业学校合并,改称宁波地区农林学校。在学制上,1973年起,根据浙江省颁布的《浙江省中小学教学计划(试行草案)》的规定,"中等专业学校学制也由原来的3～4年减少为2～3年,或者只进行短期培训",以培养初中教师为主的具有高等院校性质的宁波师范学校学制缩短为2年。

十年的"文革"给宁波市的高等教育带来了巨大的损失,学校可以随意停办、撤销,高等教育发展没有规划,支离破碎,教育脱离了国民经济发展的轨道。随着党的十一届三中全会的召开,宁波的高等教育迎来了新的发展时期。

第二节 改革开放以来宁波高等教育发展的历史进程

历史是不能割裂的。改革开放前宁波高等教育的发展是改革开放之后高等教育发展的历史根基与历史条件。改革开放前宁波高等教育经历了曲折的发展过程,"文化大革命"十年对宁波高等教育造成了严重灾难,阻碍了宁波教育的发展,造成了宁波人才的严重匮乏。1978年党的十一届三中全会召开,确立了改革开放、建设社会主义强国的任务,宁波的高等教育在恢复教育秩序的基础上重新起步。改革开放后的宁波高等教育经历了恢复发展时期(1978—1985)、探索改革时期(1986—1998)、深化改革时期(1999—2009)及内涵发展时期(2010—2018)。

一、宁波高等教育的恢复发展时期(1978—1985)

(一)清除左倾错误,打破思想禁锢

"文化大革命"所奉行的极左路线在教育战线影响甚广,宁波高等教育的拨乱反正不是一蹴而就之事,它需要在思想层面上进行深刻的反思。

首先,推翻"四人帮"炮制所谓的"两个估计"。"四人帮"以"两个估计"为依

据,对新中国成立以来所形成的教育制度、教育方针、教育政策进行全面否定,影响极其恶劣。事实证明:要想获取清"左"攻坚战的胜利,必须首先破除"两个估计"的思想束缚。1977年8月,刚刚恢复工作的邓小平主动申请抓科教工作。8月8日,邓小平做了《关于科学和教育工作的几点意见》的讲话,史称"八八讲话"。邓小平的讲话,对教育领域的拨乱反正,推翻"两个估计",做出了重大决策。9月19日,邓小平做了《教育战线的拨乱反正问题》的讲话,再次重申:"'两个估计'是不符合实际的。我们现在的人才,大部分还不是十七年培养出来的?"①10月,中共浙江省委召开全省教育工作会议,传达学习邓小平同志关于《教育战线的拨乱反正问题》的指示。11月19日,省委宣传部又召开了教育工作座谈会,进一步揭批"四人帮"炮制"两个估计"罪行,宁波组织收听了大会实况广播,掀起了声势浩大的狠批"两个估计",清除"文化大革命"在教育战线的错误影响的高潮。1979年3月,中共中央做出撤销中发〔1971〕44号文件转发的《全国教育工作会议纪要》的决定,推翻了"两个估计",为教育事业的进一步发展奠定了思想基础、政策环境。

其次,开展"真理标准"讨论,进一步解放思想。1979年1月4日至22日,浙江省委召开六届二次全体扩大会议,传达贯彻党的十一届三中全会精神。随后,1979年2月2日至9日,宁波地委召开部、办、委、局和直属单位负责人会议,传达贯彻党的十一届三中全会精神,全面落实党的政策、认真处理历史遗留问题等工作。会上宣布为在"文化大革命"中受迫害的9位干部平反,撤销地委有关错误文件12件。2月4日至13日,宁波市委召开常委扩大会议,传达贯彻党的十一届三中全会精神,部署全面落实党的政策,认真处理历史遗留问题,进一步巩固和发展安定团结的政治局面等工作。与会人员解放思想,发扬民主,对市委工作提出了许多建设性的批评和建议。会议要求各级党组织和广大党员、干部、群众,响应十一届三中全会的号召,及时地、果断地搞好工作重点的转移,鼓足干劲,群策群力,为建设现代化的社会主义国家,为加速把宁波建设成为社

---

① 《中国教育年鉴》编辑部.中国教育年鉴(1949—1981)[G].北京:中国大百科全书出版社,1984:51.

会主义现代化城市而努力奋斗。会议期间,为100多名部局级以上干部清除了"文化大革命"中强加给他们的污蔑与不实之词,销毁了1万多份错误处理的"审查"材料。4月21日至29日,地委召开思想理论讨论会,学习十一届三中全会文件和邓小平在全国理论工作务虚会议上的重要讲话,解决对三中全会以来的形势和党的方针政策的认识问题。会议用3天时间讨论了真理标准问题。

(二)确立"尊重知识、尊重人才"的社会观念,全面落实知识分子政策

"文化大革命"对宁波高等教育的破坏,造成了各类人才的极度匮乏。全面拨乱反正,恢复社会经济发展,需要大量的人才。人才是根本。知识分子作为特殊的社会群体,是科学技术和文化知识的开拓者和传播者,在国家民族伟大复兴的征途中发挥着不可替代的作用。人才的培育与社会对知识分子的态度密切相关。在新中国成立以来很长的一段时间里,对知识分子的政策时而正确,时而偏离,摇摆不定,没有连贯性,对知识分子打击很大,也不利于国家建设事业发展。

1977年9月,邓小平在谈话中,以高度的政治勇气,做出"'两个估计'是不符合实际的"结论,匡正教育工作的指导思想。1978年,邓小平提出"科学技术是生产力"的论断,凸显知识分子在现代化建设中的作用,他肯定:"近几年来,从中央到地方,到农村党支部,有越来越多的同志,懂得知识和人才的重要,懂得教育的重要。"①十一届三中全会后,全国的大环境有助于高等教育的发展。宁波在这种氛围下采取了一系列的举措,贯彻落实知识分子政策,改善教师待遇,提高教师地位。

首先,大胆任用人才,提高教师的政治地位。

20世纪50年代中期以来,宁波教育系统的教职员工,频繁遭受政治运动的冲击,造成大量的冤假错案,其中受害者中相当一部分人是学有所专、教有所长的教学骨干或者行政工作骨干。十一届三中全会后,党对知识分子的政策实现历史性转折,重新走上马克思主义的发展轨道。平反冤假错案,提高教师的政

---

①中共中央文献编辑委员会.邓小平文选(第二卷)[M].北京:人民出版社,1993:121.

治地位和社会地位,激活教师工作的积极性、主动性和创造性。列宁说过:"不提高人民教师的地位,就谈不上任何文化。"宁波市教育行政部门和高等学校将选拔优秀教师担任领导工作,作为落实知识分子政策的一项重大任务来实施。同时高等学校各级党组织还在教师队伍中开展党建工作,吸收一大批先进分子参加到党的行列,壮大了党在高等教育战线的力量,知识分子"入党难"的问题有了根本的变化。由《关于我市知识分子工作的检查情况和今后意见的报告》可知:宁波市知识分子在"文革"期间被立案审查的193人的冤假错案已全部平反,对被错划为右派的161人全部作了改正,对反右倾中被错误处理的106人也全部作了纠正;1979年以来,509人参加了中国共产党;768人担任了各级领导职务,其中32人担任了局级以上领导职务;对428名用非所学、专业不对口的科技人员作了调整,发挥了他们的业务特长;641人晋升和套改了业务技术职称;解决了851人夫妻长期分居两地和身边无子女的问题。[1]宁波市各级党组织在落实党的知识分子政策方面做了大量工作。广大知识分子也从内心体会到党是信任、依靠和关心他们的,因而对党的十一届三中全会以来的路线、方针、政策更加拥护,积极为社会主义现代化建设做出贡献。

其次,加大教育的财政投入,提高教师的经济地位。

20世纪80年代后,宁波市地方财政安排教育经费每年都在增长:1978年宁波教育经费支出353.3万元,比1966年增长44.41%,比1977年增长10.86%;1982年宁波市教育经费支出645.9万元;1983—1985年市教育经费支出年均递增31%;1985年教育经费支出8126.2万元,其中地方财政拨款占总额的16.57%。教育的发展需要一支数量够、质量高的教师队伍。宁波一方面注意发展和加强师范教育培养和补充新的师资;另一方面积极组织在职教师进修,提高他们的文化、业务水平,同时通过大量引进高职称、高学历人才,充实高等教育的师资队伍。1977—1979年,浙江省根据党中央和国务院的决定,三次调整了教师的工资,宁波市按照省里的要求,在地方财政相对困难的情况下,给高

---

[1]中共宁波市委党史研究室.中共宁波市委文件选编(1978.12—1983.12)[M].北京:中央文献出版社,2015:277.

校教师提高工资,教师经济地位偏低的状况有所改善。除此之外,宁波还解决腾退54户知识分子近2000平方的"文革"挤占房问题。

再次,恢复教师职称评定制度,提高教师的社会地位。

1978年,党中央和国务院决定恢复高校教师职务评定工作,宣布原来确定和提升的教授、副教授、讲师、助教一律有效。浙江省高等学校"坚持标准,保证质量",按照国务院《关于恢复和提升教师职务的决定》,1978年11月宁波市制定了《宁波市科学技术人员定职提职条件暂行规定》,特别指出文教等科技人员的定职提职参照该规定执行。宁波市对高校教职工职称评定的各项通知,对教职工的职称评定工作的高度重视,有利于调动教师的积极性、主动性、创造性,使得人尽其才,各得其所。此外,浙江省在1979年、1980年先后多次评选、表彰大批先进教师、优秀教师工作者,宁波市有多名教师入选,同时宁波市也组织了多次优秀教师的评选,从奖励机制上解决教师的工作、学习和生活问题,促进尊重人民教师的社会风气的形成。

(三) 恢复正常教育秩序,加快高等教育发展

为了尽快结束"文革"对高校教学秩序造成的混乱,使学校工作走上健康发展轨道,1977年浙江教育部门就采取措施整顿学校,恢复正常的教学秩序。

1. 恢复统一高考制度

高等学校统一招生考试制度在"文革"一开始就被废止,1970年开始的推荐上学制度,出现"各地招生工作中不同程度的'走后门'现象"。推荐制度不仅败坏了"社会风气",而且造成各条战线"人才奇缺",造成了我国的科技和教育水平落后欧美国家,科研人员只相当于美国的六分之一,苏联的四分之一。1977年邓小平复出后,第一件大事就是恢复高考制度。1977年浙江省按照国家要求恢复了高考,宁波的高等学校也恢复文化课统一考试。随着宁波高等教育统一招生考试制度的全面落实,宁波市在校大学生人数逐年增加。1978年宁波在校大学生数为0.10万人,1980年为0.25万人,1985年为0.27万人。

2. 恢复正常的教学秩序

随着清左的深入进行,人们对整顿教学秩序的重要性认识更为深刻,认为

建立正常的教学秩序,是办好教育、提高教育质量不可或缺的前提。采取整治教育秩序的举措有:首先,1978年起宁波市按照浙江省的要求执行教育部修订后的《全国重点高等学校暂行工作条例(实行草案)》《高等学校学生学籍管理暂行工作条例》。这对学校的整顿起到了指导作用,逐步建立了政治工作制度、教学工作制度及后勤工作制度等必要的规章制度。其次,在各高等学校组织教师修订教学计划,重视基础课程教学,恢复教学研究机构。1980年11月,浙江省教育厅召开全省教研室工作会议,讨论制定了《浙江省各级教研室暂行工作条例(试行草案)》,12月颁发试行。宁波市按照《条例》要求,各高校教研人员深入学校和课堂,了解教学情况,分析教材教法。最后,加强思想政治教育。粉碎"四人帮"以后,宁波市高等学校认真清理错误影响,正确分析新时期青年思想特点,改善和加强学生思想政治工作。1978年浙江省委宣传部举办全省高校马列主义理论课教师暑期备课会,宁波市各高校也派代表参会,开展"实践是检验真理标准"问题的讨论。1979—1981年,宁波市高校教师参加了浙江省教育厅连续数次的学习会,学习了全国高校4门政治理论课教师暑期讲习会精神,拨乱反正,学习马列主义、毛泽东思想。各校普遍重视对学生思想状况的调查分析,坚持疏导方针,采取多种渠道、多种形式,把思想政治教育寓于教学和丰富多彩的活动中。宁波高校学校领导除反复动员全体教师要做到教书育人,关心学生思想进步外,还进行了如下一些教育活动:一是组织和推动学生利用假期和结合实习进行社会调查,把普及卫生、农业知识和工业技术等为人民服务的活动经常化。二是通过学校团组织和学生会,有领导地组织文艺、音乐、书法、摄影、科技等课余社团,办讲座、搞竞赛、出刊物,扩大知识面,陶冶高尚情操。三是把解决思想问题与解决实际问题结合起来,努力改善学生的学习、生活条件。

3. 恢复、新建一批高等院校

十一届三中全会以后,教育被列为经济发展的战略重点之一,宁波的高等教育事业进入新的发展阶段。1978年5月,国务院正式批准恢复宁波师范专科学校后,又增设中文科、数学科、物理科、化学科和英语科,学制为3年。1984年3月,教育部批准宁波师范专科学校改为宁波师范学院。1985年3月,浙江省人民政府同意恢复宁波师范学院附设夜大学,当年开始,已有中文、政史、化学、英语4个专业招生,学制3年。1986年,根据浙江省教育委员会的安排,宁波师范学院开始招收中文、政史、英语、数理4个专业的春季校外教学班,学制2年,共招两届。根据教育为社会主义现代化建设服务的方针和高等师范教育的特点,师院办学的指导思想是:为中等教育服务,培养德、智、体全面发展的合格的中学教师,倡导树立教师严谨教学、学生刻苦学习、干部职工勤奋工作的校风。学院的教学改革,加强实践性教学环节,注意教学内容更新,加强能力考核,加强第二课堂活动,加强外语教学与计算机教学,加强现代化的教学手段的利用,以此来适应中等教育结构改革和普及九年制义务教育的需要。宁波师范学院建院以来,为省、市(主要为市)培养了大量的中学师资,截至1988年暑假,毕业学生总数已达9400多人,其中很多人已成为业务骨干。1985年第一次教坛新秀评比,宁波师院毕业生获得市级教坛新秀23名,获得省级教坛新秀8名,占宁波市获奖总人数的三分之二。1987年宁波市第二次教坛新秀评选,师院毕业生获市级教坛新秀30名。

1976年11月,宁波地区农林学校改办为宁波地区农学院。1977年11月改名浙江农业大学宁波分校。1984年11月,改办为浙江农村技术师范专科学校。当时学校设有机电、农学和动物饲养三个系,开设电工电子、机械、农机、农业与生物、园艺特产、畜禽与经济动物饲养六个专业。学制三年,面向全省招生。全校80年代有教职工314人,其中高级职称16人,中级职称79人,在校学生917人。学校设有25个基础课、专业基础课和专业实验课,约8070件(台)仪器设备,还有计算机室、电化教室等,并附设实验机械厂、农场、畜禽饲养场、园艺场和中草药圃等实验场地。图书馆藏书16万余册,年订各种中外期刊1200余种。建校以来,特别是1977年恢复高考招生制度后,连续四年招收的农业机械和农学两个专业499名本科生,有20人考取硕士研究生,其中9人获得硕士学位后,又考取博士研究生。如美国康奈尔大学的余志宏,美国威斯康星大学的章贤品,美国乔治亚大学的王荣福,美国堪萨斯州立大学的陈增坚、蒋继明,英国纽卡斯尔大学的干国辉;中国南京农业大学的杨荣华,中国华南农业大学的陆华中、中国农科院的田汉勤等。

1983年2月,为适应宁波大规模开发建设的需要,经浙江省政府批准而创立的宁波高等专科学校,是一所以工科为主的综合性地方大学,隶属宁波市人民政府领导。宁波高等专科学校的前身为宁波大学(筹)。1983年2月23日,宁波市委、市政府决定成立宁波大学筹备领导小组,由市委副书记王学正和副市长陈阿翠兼任正副组长,市科协主席王兴廉任副组长并主持日常工作。5月11日,浙江省政府正式发文批准学校规模为在校生500人。按照省市领导"边筹建、边办学"的指示精神,学校于当年9月招收建筑工程、经济管理两个专业123名新生,9月24日开学。宁波市委任命沈达为校党委书记,王兴廉为校长。校址暂借在市少年体校。地方办学受到各级领导的重视和支持,教育部确定该校为联邦德国援助我国合作建设四所高专项目之一,为了加强和发展同联邦德国高等职业技术教育的友好合作,经浙江省时任省长薛驹提议,浙江省政府决定,学校更名为宁波高等专科学校。随着宁波大规模开发建设对人才需求的提高,浙江省政府又于1984年2月批文,同意学校规模扩展为在校生2000人,并按此规模对基建总体规划作全面布局,由浙江省、宁波市共同拨款建造校舍,当年8月破土动工。1985年9月,学校从市少体校迁到新址。经过发展,80年代,该校教职工307人,其中具有副教授、高级工程师以上高级技术职称23人,讲师、工程师、经济师、会计师、助理研究员等中级技术职称98人。在校学生1022人。全校已建立建筑工程、化学工程、电子技术、机械工程、经济管理和秘书六个系,设置建筑工程、化学工程、机械工程、电子技术、工业企业管理、财务管理、秘书和服装工程(等)八个专业,学制均为三年。学校还开展了多种形式的成人教育,先后举办了全半日制和业余学习各类培训班、进修班17期,为城乡企业、单位培训了各种专业技术人才和管理人才。

浙江水产学院宁波分院创建于1985年8月。为了适应沿海城市的进一步开放,加速宁波市的经济发展,更多地培养应用型人才,充分利用宁波港口和水产业的优势,1985年浙江省人民政府发文,决定在宁波建立分院,学生暂定为500人。1986年秋季面向全省及其他一些省市单独招生,同年10月5日正式开学。浙江水产学院宁波分院是一所省属高等院校,主要培养水产和航运等方面的高级技术人才和管理人才。浙江水产学院宁波分院建院初设有水产养殖系、航海系。水产养殖系设淡水渔业和海水养殖两个四年制本科专业,航海系设海洋船舶驾驶 3 年制专科专业。80 年代在校学生 158 人,教职工 76 人,其中正副教授 10 人,讲师、工程师 14 人,已形成了以教授、讲师为骨干的教学科研队伍。

浙江工学院宁波分校于 1979 年初经浙江省委批准创办,属三年制大学专科,设电子、化工、机械、棉纺织工程四个专业。1979 年 2 月,招收走读生 147 人,设 4 个班级,有教职员工 30 余人。1980 年,根据调整方针,分校停止招生,经宁波市工交办公室和浙江省轻工业厅协议,并报请浙江省人民政府批准,在浙江工学院宁波分校的师资、设备基础上建立浙江省纺织工业学校。1982 年 2 月,浙江工学院宁波分校 147 名学生毕业,浙江工学院宁波分校历史结束。

4. 确立教学、科研的中心地位

在"文革"中,要么是以"阶级斗争"为中心,要么是"以劳动取代教学"为主课,始终没有把教学、科研摆在整个教育的中心位置。百年前,蔡元培先生在《就任北京大学校长之演说》中开宗明义提出其大学理想:"大学者,研究高深学问者也。"[1]钱穆先生也指出:"人才之培养,系惟大学教育之责。……社会各方面各部门种种事业之推动支持,均有赖于适当之人才。"[2]邓小平多次告诫我们:"科学技术人才的培养,基础在教育。"[3]1978 年 3 月和 4 月,党中央相继召开全国科学大会和全国教育工作会议,邓小平在全国教育工作会议上斥责"四人帮"对教育事业的严重破坏。之后,宁波高校认真总结经验教训,明确提出:将教学放置在学校工作的中心,同时积极开展科研工作,否则,必将造成教学秩序的混乱,贻误人才的培养。这是宁波教育工作指导思想的一次重大转变。高等院校应当把科研作为其工作的一个重要方面,这一点是确定无疑的。与此同时,还要摆正教学和科研之间的关系:教学和科研是培养高级人才的两个方面,两者不是对立的,而是相辅相成的。因为优秀教师的培养必须经过科学研究训练,科研工作也可以提升教学质量。如 20 世纪 80 年代宁波师范学院科研机构设有

---

①潘懋元,刘海峰.中国近代教育史资料汇编(高等教育)[G].上海:上海教育出版社,2007:825.
②钱穆.文化与教育:改革大学制度议[M].上海:生活·读书·新知三联书店,2009:61.
③何东昌.中华人民共和国重要教育文献(1976—1990)[M].海口:海南出版社,1998:1601.

黄宗羲研究室、蒋介石研究室、语言文学研究室和高分子化学研究室。研究课题有：佛学和唐宋文学研究、黄宗羲研究、蒋介石研究、浙东现代作家研究、宁波方言研究、高分子化学研究、基础数学与应用研究、理论与应用物理研究、电子技术应用研究、计算机应用研究等。学院每个学年举办一次全院性的科研论文报告会。学院公开出版的科研专著、发表和交流的学术论文及科研成果已逾900项，有的获得省级科研奖，有的在国际专题学术讨论会上交流。1986年10月，宁波师院作为主持单位之一在宁波召开国际黄宗羲学术讨论会，参加会议的有来自美国、联邦德国、日本、加拿大、澳大利亚等国家和地区及我国各大中城市的代表160多人。

宁波高等专科学校在专业设置上，坚持面向地方，以开设急需的、具有地方特色的短缺专业为主，主动为宁波经济、科技和社会发展服务，并针对职业技术教育的特点和未来工作的需要，学校在教学上强调应用，注重实践动手能力的培养和训练。该校教师积极参加科学研究，承担科研项目，其中一些项目获部、省成果奖。如电子系工程师周伯杨参加的"卫星导航/奥米加组合导航接收机"集体项目，获1983年电子工业部科技成果二等奖；建工系副教授陈永龙参加的"TYZ-1000天井钻机研制"集体项目，1983年鉴定为冶金工业部科技成果二等奖；三维研究所工程师李刚等参加的"炮兵立体模拟训练器"集体项目，获1984年济南军区军训改革一等奖；建工系建筑师陈贤焜设计的"成组家具设计方案"，获1983年省创新设计竞赛一等奖。学校坚持德、智、体全面发展的教育方针，在教师中开展教书育人活动，对学生加强思想政治教育，严格教学管理，认真执行奖励制和淘汰制。化工系副教授杨小权被评为1986年度省级高校教书育人优秀教师。在1984年5月全省大学生"振兴中华每一寸土地"演讲比赛中，经管系学生徐晓芸获三等奖；在1985年7月全省高校中国象棋比赛中，经管系学生王定华获男子组冠军；1987年11月，该校首次组队参加全省第六届大学生田径运动会，夺得金牌2块、铜牌23块，获女子组团体总分第5名，秘书系学生姚娟芬获女子组跳高、跳远"双冠军"。学校对学习成绩优秀的学生颁发奖学金，对违反校规校纪和学习成绩不合格的学生坚决按《学则》办理。学生毕业时，坚持全面质量考核，把德、智、体综合测评的总成绩作为择优推荐录用的依据。在国际交流方面,学校同联邦德国建立友好的合作关系。1985年4月,省人民政府与北莱茵—威斯特法伦州政府签订了"关于合作建设宁波高等专科学校协议书";1985年9月,学校又同亚琛高等技术学院结为友好学校。省、州协议规定:五年内,德方为该校提供30名赴德进修(一年)教师的奖学金(已派遣了15名,其中10名学成回校工作),无偿援助学校建立电子计算机中心和建材实验室(已有5批设备、共58件先后运抵,经安装调试投入使用,合计74.6万马克,折合人民币约142.63万元);赠送一套现代化印刷设备。四年多来,学校接待了前来访问、讲学的德方学者、专家24批,计58人次;邀请、聘请了4名德籍教师和实验员来校授课和帮助指导工作。学校也派遣了5名校、系领导去德考察。学校还同加拿大蒙特罗亚尔学院、香港中文大学等院校建立了校际交往关系。

浙江水产学院宁波分院设立的海洋船舶驾驶专业是1986年新建的专业,它填补了航运系统的短缺层次,创建之初已初具规模。该校设有航海教研室、船艺教研室、仪器教研室、中心实验室以及有关学科的7个实验室,并经常组织教师对进口导航设备进行维护和修理,从而填补了浙江省航运业研究方面的空缺。该校水产养殖系教职工进行教学与科研相结合,承担了农牧渔业部及浙江省科委、浙江省教委、浙江省水产局等部门和单位的13项研究课题。其中有香鱼人工繁殖及苗种培育技术研究、锯缘青蟹的繁殖技术研究、对虾配合饵料研究、对虾微粒饵料研究、养殖鳗鲡鱼病防治研究、水蚯蚓的生物学及养殖技术研究,多齿围沙蚕的繁殖研究等。其中香鱼人工繁殖、对虾微饵研究等已通过鉴定,并分获别得省科技成果四等奖、省水产局技术推广三等奖、省科委一等奖。

浙江农村技术师范专科学校为开展职业技术教育研究和信息交流,建立职业教育教研室,并成立了职业技术教育研究学会。机电系副教授吴华贤的《手扶拖拉机运输组织合理运输速度与装载量的试验研究》一文,1986年获浙江省自然科学论文二等奖。农学系副教授金惠芬的《玉米杂种与其亲本胚胎发育过程ATP酸性磷脂酸与杂种产量和性状的相关性》一文在1987年8月北京召开的国际生物化学会议上与各国专家进行交流。金惠芬主持的"玉米杂交优势与胚胎发育初期能量代谢相关研究"课题,获得当年国家自然科学基金的资助。动物饲养系主任严允勉主持的宁波市农业局"浙东白鹅"继代选育研究课题的第一阶段有关"浙东白鹅"标准化研究于1987年8月通过省级专家鉴定,并由省标准局发布施行。

综上所述,截至1985年宁波市有普通高校4所,即宁波师范学院、宁波高等专科学校、浙江农村技术师范专科学校、浙江水产学院宁波分院。

二、宁波高等教育的探索改革时期(1986—1998)

经过拨乱反正,高等教育秩序得以复建。高等教育秩序恢复之后的首要任务就是进行教育体制改革,以期让教育按照教育自身发展规律运行发展。因而,此阶段最大的亮点就是教育体制改革,"让教育成为真正的教育",不为政治所左右。1985年中央颁布《中共中央关于教育体制改革的决定》,强调了高校招生计划和毕业分配的改革以及扩大高校办学的自主权。1988年,高等教育工作会议总结了改革开放以来高等教育取得的成绩,并强调高校要进一步发挥潜力,办出特色和水平,为社会输出大批素质优良的人才,并把竞争机制引入高校,提升高校办学效益。以此为标志,宁波高等教育进入探索改革发展时期。

(一)教育体制改革的背景

改革开放以来,教育事业虽然有了发展,但还不能适应改革开放的形势,同经济建设、社会发展的需要很不相适应。如果进一步从"三个面向"的高度来看,从"四化建设"对人才的巨大需求来看,从世界范围内高新科技革命对教育提出的要求和影响来看,教育亟待进行改革。新的科学技术革命使人类拥有的知识总量飞速增长,从而对教育提出更高的要求,教育改革势在必行。那么教育改革为何要从体制改革入手?时任教育部部长何东昌在全国教育工作会议上也作了明确阐释。首先,经济体制、科技体制改革的深入开展,要求教育体制改革与之相适应。经济、科学技术、教育的体制改革互相配套、互相促进才能推动四化建设的前进。其次,教育体制问题,是一个全局性的问题。不改革体制,教育事业的发展和改革将是十分困难的。还有,教育体制上存在的弊端,已到了非改革不可的地步。现行的教育管理体制,对高等学校统得过死,使高校缺乏积极性、主动性和活力。[①]《中共中央关于教育体制改革的决定》提出了高教改革的四个主要内容,包括:高校招生与分配工作,扩大高校办学自主权,高校后勤服务工作的改革,教育经费上实行"两个增长"。具体而言:(1)实行三种招生办法:国家计划招生,并对部分行业和边远地区实行定向招生;用人单位委托培养;计划外招收自费生。(2)关于扩大高校办学自主权问题,《决定》明确规定了高校在执行国家政策、法令、计划的前提下,有七项办学自主权。如:有权在计划外接受委托培养学生和招收自费生,有权调整专业服务方向,有权进行科学研究和技术开发,有权提名任免副校长,有权开展国际的教育和学术交流等等。同时,规定扩大高校办学自主权,必须是在执行国家政策、法令的前提下进行。(3)在教育经费上做出"两个增长"决定,即教育经费的增长超过财政收入增长,保证生均教育费用的增长。这就对政府部门提出了硬性要求,对解决教育经费问题十分重要。从根本上讲,教育的发展必然要受经济因素制约,鉴于我国经济落后的客观事实,我们只能随着经济的发展,逐步增加教育经费。《决定》确定了高教改革和发展的战略目标,是我国指导教育发展的纲领性文件,标志着我国教育体制改革已从理论研讨开始步入具体实施阶段。如邓小平所言:"纲领有了,蓝图有了,关键是要真正重视,扎扎实实地抓。"[②]1987年"十三大"明确提出,"把发展科学技术和教育事业放在首要位置",从而凸显了教育在促进经济发展和社会进步中的特殊作用。

(二)宁波大学——宁波高等教育探索改革的重要成果

1. 缘起——"把全世界的宁波帮都动员起来建设宁波"

宁波高等教育经历曲折的发展过程。1949年以后,省、市在宁波先后创办了多所高校,但是,这些高校因为多方面的原因,几经辗转迁徙和调整变动,到20世纪80年代初,宁波高等教育不仅数量少、规模小,而且尚无一所学科较为

---

①何东昌.中华人民共和国重要教育文献(1976—1990)[M].海口:海南出版社,1998:2278.
②邓小平.邓小平文选(第三卷)[M].北京:人民出版社,1993:120.

齐全、具有一定规模的综合性大学,高等教育的基础极为薄弱。进入20世纪80年代中后期,随着改革开放大潮的逐步掀起,宁波教育界的有识之士和在外工作的宁波籍人士怀着极大的热情以各种方式向宁波市委、市政府提出创办宁波大学的有关建议。1984年初,散居在北京、上海、杭州、合肥、宁波等地的抗战时期在宁波参加地下工作的老同志秦加林、徐朗、陈冠商、邵一萍、竺扬、朱兆祥等还采用通信的方式讨论宁波大学的创建问题,并就大学名称、师资来源、经费筹措、办学思想,以及争取省、市领导支持等问题提出各自的设想,积极建议省、市抓紧筹建,及早创办。宁波籍学者、西安交通大学教授俞茂宏还在1983—1984年间收集了有关资料,利用去丹麦参加国际学术会议的机会,在旅途中草拟了一封给包玉刚先生的信,几经修改后,于1984年7月寄往香港,吁请包玉刚先生在家乡宁波创建大学,并提出在宁波兴建大学的带头人"非包先生莫属"。

1984年,中央根据邓小平的建议确定进一步开放包括宁波在内的14个沿海港口城市,作为我国实行对外开放的一个新的重要步骤。1984年5月,中共中央、国务院决定,将宁波列为进一步对外开放的沿海港口城市和经济体制综合改革试点城市。10月,国务院批复《关于宁波市进一步对外开放规划的请示报告》。批复指出,要充分发挥港口城市的优势,把宁波建设成为华东地区重要工业城市和对外贸易口岸。宁波市委、市政府主要领导为此迅速地做出一系列加强城市建设、推动改革开放,使古老的港口城市重新焕发生机和活力的重要战略决策,其中之一就是决定在宁波创办一所新型的地方综合性大学,以解决宁波大规模开发建设和对外开放所需人才的培养问题。

1984年8月1日,邓小平在听取国务委员谷牧关于沿海开放城市和对外开放工作情况汇报时,做出重要指示"把全世界的宁波帮都动员起来建设宁波",并且决定派对外经济贸易部顾问卢绪章帮助宁波搞好对外开放工作。香港环球航运集团主席包玉刚先生是"宁波帮"中的杰出代表,在海内外享有崇高声誉和具有广泛影响,是团结全世界"宁波帮"帮宁波的最佳人选。为此,宁波市委、市政府领导根据邓小平的指示精神,决定做好动员包玉刚先生的工作。1984年9月,在浙江省省长薛驹的支持下,市委书记葛洪升、市长耿典华、顾问卢绪章等赴香港拜会包玉刚先生,并把邀请包先生及其家人回家乡访问的第一个工作目标确定在争取包玉刚先生到宁波办大学。

　　1984年12月19日,包玉刚与耿典华市长签署了《耿典华市长与包玉刚先生在北京洽谈纪要》(以下简称《洽谈纪要》)。《洽谈纪要》阐述了创办宁波大学的重要意义、学校领导体制、办学规模、基本建设,以及首届新生开学等各项事宜。《洽谈纪要》指出:"耿典华市长与包玉刚先生认为,进一步加快宁波的对外开放,开发人才兴办大学是一件十分重要、十分迫切的大事。对此,包玉刚先生表示愿意尽心出力,捐资人民币五千万元,积极创办宁波大学。"经过商议,双方确定了如下原则:(1)学校设立董事会,实行校长负责制。包玉刚先生为宁波大学创办人,并任校董事会名誉董事长。(2)初定学校规模为在校学生5000名,教职员工1250名。1990年前,先达到在校学生2000名,教职员工500名。(3)宁波大学基本建设方案由宁波市在1985年第二季度送请包玉刚先生审定,1985年第三季度破土动工,三年建成。(4)宁波大学应采取边建设边招生的办法。定于1986年秋季开始招生,9月1日开学。包玉刚捐资创办宁波大学的爱国爱乡之举,得到了中央领导的赞赏和支持。在邓小平等中央领导的关心支持下,宁波大学的筹建工作迅速展开。

2. 创建——高速度、高效率地完成建设任务

　　宁波大学的基础设施建设从1985年6月第一批建筑施工队进校施工到1986年7月总建筑面积25400平方米的28个建筑单体竣工交付使用,创造了宁波速度。在组织实施校园建设工程的同时,其他各项筹建工作也在有条不紊地展开。

　　首先,遴选和推荐校领导班子成员。根据《洽谈纪要》关于"委托宁波市推荐一名著名学者任校长"的原则精神,遴选和推荐校长、副校长人选是学校筹建的一项重要工作。通过多方面的推荐、协商和考察,根据需要与可能,市政府最终从五名候选人中选定中国科技大学近代物理系教授、著名力学专家朱兆祥为首任校长人选,并于1985年5月按照干部管理权限正式上报省政府。省政府在征得国家教委同意和中国科学院的支持之后,于1985年9月正式发文任命朱兆祥为宁波大学校长,同时任命浙江大学热物理系副教授徐航为副校长。此后,经学校和市政府的推荐,省政府又于1986年2月任命外交部资深外语专家、外

交学院教授裘克安,中国科技大学近代物理系教授王礼立,宁波市副市长、宁波大学筹建小组组长孔宪旦为副校长。

其次,引进和选聘教师。为了积极慎重地做好此项工作,既坚持"宁缺毋滥"的原则,又能满足1986年9月新生入学后的教学需要,宁波大学筹建处决定采取请浙江大学、复旦大学等校"按系科成建制配套抽调或对口援建",以及从各地的应聘者中引进一部分教师,从优秀的大学毕业生中选留一部分青年教师等办法组建师资队伍。1985年5月至8月,来自浙江大学、中国科技大学、上海交通大学、重庆大学、华东师范大学、杭州大学等高校的硕士毕业生5人和本科毕业生27人共32人陆续来校报到,开始承担起筹建学校图书馆和各系实验室等工作。1985年9月,浙江省教委在向国家教委的请示报告中正式提出请浙江大学等校对口援建的方案,得到国家教委的同意。1985年10月29日,学校举行奠基典礼期间,在国家教委黄辛白同志的主持下,朱兆祥校长与浙江大学校长韩祯祥、复旦大学副校长邹剑秋、中国科技大学校长管惟炎就对口援建问题进行具体磋商,得到三校领导的支持,并确定由上述三校对口援建工商经济、数学、物理、机械工程、电子工程和计算机技术、土木工程六个系。不久,在北京大学和杭州大学领导的积极支持下,又增加上述两校对口援建法律系和外语系。

1986年4月,国家教委下发《关于浙江大学等五校对口援建宁波大学的通知》。《通知》指出:"为切实办好宁波大学,确定由浙江大学、复旦大学、中国科技大学、北京大学和杭州大学对口支持该校建设和教学。在初步协商的基础上,现明确援建一方的主要任务是:一是确定一位教授(或副教授)兼任宁波大学系主任,负责该校建系有关工作,协助制定教学计划和实验室规划。二是在四五年内派出兼职师资完成宁波大学的不少于一个教学循环的教学任务。三是协助建设宁波大学的专职师资队伍。"1986年9月初,主要由五所授建学校派出的承担第一学期22门课程的主讲教师28人(其中教授4人,副教授7人),以及本校承担教学辅助工作的青年教师15人全部到岗。

再次,确立学校的管理体制。1985年11月,国务院办公厅发出《关于加快宁波经济开发问题会议纪要》。《纪要》指出:"宁波大学由国家教育委员会和浙江省双重领导,以浙江省为主,宁波市要为建设和办好大学提供各方面的服务和保证。"对宁波大学管理体制所涉及的中央、省、市的职责和关系作出明确界定,宁波大学作为省属高校的地位由此确定。1985年12月10日,根据包玉刚先生建议成立的国务院宁波经济开发协调小组在北京召开第一次会议,谷牧同志主持会议。会议研究确定:"宁波大学的教育经费由国家、浙江省和宁波市各负担三分之一。国家负担的部分,由国家教委在国家的教育经费总额中解决。"①

最后,确定系科设置和进行首届新生的招生工作。1985年底和1986年初,在朱兆祥校长的主持下,学校形成了由工商经济、法律、外语、数学、物理、电子工程和计算机技术、土木工程、机械工程八个学系组成的系科设置方案。在征得国家教委、省、市同意之后,学校按照新的系科设置方案着手进行各项筹建工作,并迅速组织人员展开招生宣传。1986年8月,招生工作顺利完成。当年考生报名十分踊跃,其中宁波市考生第一志愿报考数就达951人,录取136人,比例将近7∶1。从录取的结果看,宁波大学在浙江省内录取理科生的平均分为556分,超出最低分数线27分,文科生平均分519分,超出最低分数线18分;从上海、江苏、江西、安徽、福建五省市招生情况看,录取新生的总平均分均以较大幅度超过各省、市的最低控制分数线,其中上海超过最低分数线57分。

3. 成效——"面向浙江,紧贴宁波,以特色创一流"

建校以来,宁波大学的发展取得了可喜成绩,确立了"面向浙江,紧贴宁波,以特色创一流"的办学指导方针,并很快进入了发展快车道。

学校被列入第一批招生院校。1993年,学校在省内被正式列入第一批招生院校,考生报名踊跃,达到第一批招生录取分数线,以第一志愿报考宁波大学的考生为录取名额的1.6倍,生源质量明显提高。此后在外省、市的招生除个别省市外也陆续进入第一批次录取,从而保证了学校有较好的生源质量,为本科教学质量的提高和学校的长远发展奠定了基础。

与宁波市金融界、企业界共建国际金融学院和广告学专业。宁波在历史上就是我国金融业的发源地之一,位于市区的江厦街曾是全国闻名的金融业集中地,产生过一大批金融界的知名人士。1994年7月,在中国人民银行浙江省分

---

① 《国务院宁波经济开发协调小组会议纪要》(第一期),1985.

行、浙江省教委和宁波市政府的重视支持下，宁波大学国际金融学院董事会成立，"宁波市金融界与宁波大学关于联合筹建宁波大学国际金融学院协议书"正式签署。国际金融学院除招收和培养国际金融专业本科学生以外，还为全市金融系统大专学历的在职人员举办专升本的成人教育班，以及举办各种培训班；各金融单位也应邀派出业务骨干承担学院部分课程的教学任务，为该院学生提供实习场所，并为学院筹集经费，用于购置教学设备和改善办学条件。

广告是市场的先导产业，随着我国社会主义市场体制的逐步建立，社会对于广告与传播方面人才的需求日益凸显。在宁波大学和宁波市工商行政管理局的支持下，决定与宁波杉杉集团有限公司共建广告学专业。双方商定，广告学专业除按规定开设广告学课程外，还将把"现代企业形象战略"列为重要教学内容，以培养社会需要的广告人才和现代企业形象策划人才；学校将根据需要和可能为杉杉集团有限公司培训各类专业人才，输送所需的优秀毕业生，以知识和技术支持杉杉集团的发展，杉杉集团则将提供经费用于广告专业建设，并为学生实习提供条件；双方还将根据需要互聘兼职人员，以推进双方事业的发展。1996年1月，在浙江省教委发文同意学校增设广告学本科专业之后，宁波大学与杉杉集团有限公司共建广告学专业正式进入了具体实施阶段。这一校企合作的办学形式，不仅解决了广告学专业的增设问题，而且在教学中引入了杉杉集团在广告策划和导入CI方面的成功经验，专业建设明显加快，特色也较为明显。

通过本科教学工作合格评价。1994年初，国家教委决定对20世纪80年代以后新建的本科院校实施本科教学的合格评估工作，并且提出了"评建结合、以评促建、重在建设"的工作方针。1995年1月，经浙江省教委推荐，宁波大学被国家教委列为首批接受本科教学工作合格评估的九所新建院校之一。1995年11月，以武汉大学校长助理刘花元教授为组长的国家教委专家组一行6人来校进行为期5天的实地考察。专家组在反馈考察意见时，充分肯定了学校认真贯彻党的教育方针，坚持正确的办学指导思想，落实教学工作的中心地位，加强教学管理和教学质量的监督控制，加强教风、学风建设和其他各项教学基础建设，认真开展"迎评促建"工作所取得的成绩。专家组指出："宁波大学在教学条件、教学管理、教学建设、教学效果等各个方面的教学工作中取得了较显著的成绩，学校上升发展的趋势明显。"同时，专家组也就学校的学科专业建设、办学层次和结构、课程建设、师资队伍建设，以及教学基础设施建设等，提出了意见和建议。1996年4月，国家教委办公厅下发〔1996〕6号《通知》，宁波大学等13所高校本科教学工作的评价结论为合格。

启动中加合作办学项目。1995年10月，为加强与国外高等院校的交流与合作，促进高级实务人才的培养，宁波大学张钧澄副校长与来访的加拿大多伦多市大专暨士嘉堡市教育局代表吴天徙先生在相互交换意见的基础上，草拟了合作培养大专层次的应用型人才的"合作办学意向书"。1996年3月，吴天徙先生与加拿大多伦多市汉伯应用技术学院建筑系主任鲍勃来校访问，并与有关学院就合作办学的具体事宜进行了深入探讨。1996年6月，校长吴心平和机械工程系主任叶飞帆访问汉伯学院，对该校的办学条件进行考察，并取得了该校的资信证明，签署了两校合作办学协议书。1996年7月，学校建立教育国际交流中心，负责开展留学生教育和中外合作办学工作。1996年8月，中加合作办学项目获浙江省教委批复同意，并取得浙江省社会力量办学许可证。同年暑假，首期招收的59名学生入学，中外合作办学由此正式起步。

（三）"三校合并"——宁波高等教育探索改革的重大转折

1996—1999年，宁波大学、宁波师范学院、浙江水产学院宁波分院三校合并，实现了宁波高等教育探索改革的重大转折。

1. 背景——"科教兴市"战略

1992年党的十四大召开，大会明确了20世纪90年代我国改革和建设的主要任务，指出："必须把教育摆在优先发展的战略地位，这是实现我国现代化的根本大计。"1997年，党的十五大做出了实施"科教兴国"的具体部署，这是落实教育优先发展的又一重大举措。1998年，江泽民在庆祝北京大学建校一百周年讲话中指出，要使"科教兴国"真正成为全民族的广泛共识和实际行动。于是，"科教兴国"成为中华民族复兴征途上的最强音。党的十四大、十五大精神，成为宁波高等教育发展的宏伟指针与行动指南。1996年1月20日，中共宁波市委、宁波市人民政府《关于加快科学技术进步的若干意见》指出："全面落实科学技术是第一生产力的思想,进一步确立科教兴市的战略地位。"1996—1999年,宁波大学、宁波师范学院、浙江水产学院宁波分院三校实施了由紧密型联合办学到三校实质性合并,成为落实"科教兴市"的重要举措。

宁波三所本科院校实行联合办学,是从1994年开始酝酿和着手筹备的。1994年6月,第二次全国教育工作会议提出,高等教育要改革办学体制,逐步建立以政府办学为主体,社会各界多方筹集资金的办学体制;要改革教育管理体制,打破条块分割和"小而全"的状况,逐步减少单科性院校,对校、院、系、学科和专业进行调整、联合、合并。浙江省委、省政府为加快高校体制改革,克服高校办学"小而全"的弊端,集中人力、物力和财力,扩大办学规模,提高办学效益,提升办学层次和教育质量,根据第二次全国教育工作会议精神,于1994年9月和1995年8月做出决定:宁波大学、宁波师范学院和浙江水产学院宁波分院实行联合办学。

作为一种新形势下教育改革的探索,大规模的高校合并可以追溯到1993年3月江西大学与江西工业大学合并成立新的南昌大学。之后,全国高校掀起了合并高潮,先后有700多所本科高校参与其中。高校合并为何蔚然成风?基于如下目的:一则,为了改革高校教育体制,优化教育资源配置;二则,发挥交叉学科优势,提高综合教学水平和质量,提升大学的综合实力,增强国际竞争力;三则,这是"科教兴国"战略举措的具体实践。在改革的诸多形式中,合并无疑是组建多科性、综合性大学,迅速提高高校综合实力的最佳形式。时任教育部发展规划司高校设置处处长戴井冈如是说:"高校合并实际是一种教育资源的重组,是联合办学、优化资源配置的最高形式。"李岚清谈到高校合并时说:"一是培养符合世纪需要的高质量人才,二是提高办学质量和效益。"

1996年3月,中共浙江省委决定:宁波大学、宁波师范学院、浙江水产学院宁波分院实行紧密型联合办学,重新组建宁波大学党委、纪委。随后浙江省政府发出《关于宁波大学建制问题的通知》指出:宁波大学、宁波师范学院和浙江水产学院宁波分院实行联合办学,组建新的宁波大学。新的宁波大学组建后,原宁波师范学院为其二级学院,是相对独立的办学实体;为有利于师范教育的发展和对外交流需要,保留"宁波师范学院"牌子。撤销浙江水产学院宁波分院建制。浙江省政府同时决定吴心平任宁波大学校长,张钧澄、忻正大、裴鲁青、楼玉琦、何心展任副校长。三校合并有利于优势互补,增强学校的综合实力,有利于加快高校管理体制改革,合理配置教育资源,有利于形成新的学科和学科群,进一步提高学校办学层次和水平,更好地适应浙江省和宁波市经济建设与社会发展的需要。

2. 过程——"统一规划、分步实施、平稳过渡、三年完成"

从1996年初至1999年底,按照浙江省委、省政府的文件精神,以及宁波大学校党委确定的"统一规划、分步实施、平稳过渡、三年完成"工作方针,三校合并分三步顺利实施,平稳推进。

第一步,1996年3月至1997年中完成了原宁波大学与浙江水产学院宁波分院的合并工作。根据省政府《关于宁波大学建制问题的通知》精神,学校党委决定:浙江水产学院宁波分院建制撤销后,分院所在的校区改为宁波大学育才路教学区,大部分行政机构与宁波大学对应的处室合并,同时建立育才路教学区党工委和教学区办公室,作为学校的临时派出机构,负责过渡阶段该教学区内的思想政治工作、教学工作、学生工作,以及后勤服务工作等;原浙江水产学院宁波分院全日制教育部分的水产养殖系、食品工程系和经济管理系三个系于1996年暑假完成搬迁任务,航海系和轮机工程系在1998年初宗瑞航海楼竣工后迁入宁波大学校区内集中办学;三校成人教育部分以原浙江水产学院宁波分院校址为成教本部,相对集中办学。全校由此形成由本部(原宁波大学校区)、分部(宁波师范学院校区)和成人教育学院(原浙江水产学院宁波分院校区)三部分组成的基本办学格局。与此同时,对三校原有的规章制度进行了清理、归并和相互衔接,对校本部的行政机构做了必要的调整。

第二步,1997年中至1998年中为三校合并阶段,实现了由三校紧密型联合办学向实质性合并的平稳过渡。1996年底,省市政府根据国家教委关于合并院校必须实现"教学管理、学科建设、干部管理、基本建设、财务管理五个方面统一"的指示精神,以及宁波大学作为一所地方综合性大学可以与师范教育进行实质性合并,积极探索综合大学办师范教育新路子的原则意见,由浙江省政府正式向国家教委报送《关于宁波大学、宁波师范学院、浙江水产学院宁波分院合并组成新的宁波大学的函》。根据上述指示精神和原则意见,学校制定了《宁波大学"九五"计划和2010年发展规划纲要(讨论稿)》,提出了"立足宁波、面向浙江"的办学定位;以及关于非师范类专业与师范类专业按学科合并在相应的系,以学科为基础实行"分别招生、按系培养、打通基础、单向分流"的综合性大学办师范的改革;在院系设置上要"文理渗透、理工结合"。1997年5月,国家教委下发《关于同意宁波大学等校合并的通知》,同意宁波大学、宁波师范学院以及浙江水产学院宁波分院合并组建新的宁波大学,同时撤销原各校的建制。新组建的宁波大学由浙江省和宁波市共同管理、建设。不久,浙江省政府发出《关于宁波大学等校合并的通知》,省政府办公厅发出《关于宁波大学等校合并工作的批复》,三校实质性合并工作全面展开。

第三步,从1998年中至1999年底,为进一步完善校内管理体制实现三校合并近期发展目标阶段。其间,完成的主要工作包括:(1)对原三校的规章制度进行全面清理、归并和修订,重新发布了61项行政规章,废止了百余项原有的行政规章,健全了校内管理体制。(2)实现了教学管理、学科建设、干部管理、基本建设、财务管理的五统一,完善了相关的管理制度和管理办法。(3)院、系、专业,校园布局,以及管理机构均调整到位,正式运行。1997年6月,省政府《关于宁波大学等校合并的通知》下达后,学校在进行全面动员的基础上,确定原宁波大学外语系与宁波师范学院英语系、原宁波大学自动化与计算机技术系和宁波师范学院计算机科学教育系为系、院、专业合并调整的试点。在此基础上,按照"按需设置、优化结构、提高水平、形成特色"的原则,合并了原三校相同或相近的系和专业,改变了联合办校阶段实际存在的两个外语系、两个数学系、两个物理系、两个计算机系等专业、学科、系和学院重复设置、重复建设的问题,进一步加强了学科建设,合理配置办学资源,提高办学效益。

3.成效——综合性大学

从1996年起实施的一系列改革,大大加快了学校的发展,极大地推动了宁波大学向综合性大学迈进的步伐。

首先,办学规模迅速扩大。校区由原来的一个变为三个,校园占地面积和校舍面积增加。1992年1月,国家教委召开了全国普通高等教育工作会议,会议围绕深化高等教育改革,形成了《关于加快改革和积极发展高等教育的意见》主文件。不久,中共中央、国务院颁发《中国教育改革和发展纲要》,提出高等教育改革的多重内涵:改革政府包揽办学的格局,逐步形成以政府办学为主体、社会各界共同办学的体制;深化教育体制改革,进一步扩大高校办学自主权,使高校真正成为面向社会自主办学的法人实体;改革大学招生与就业制度;等等。1993年中共宁波市委、宁波市人民政府印发《宁波市贯彻实施〈中国教育改革和发展纲要〉的若干意见》的通知。宁波市在贯彻实施《中国教育改革和发展纲要》的若干意见中指出:"稳步发展地方高等教育,现有地方高校要努力调整专业设置的结构,增设宁波经济发展急需的新专业,同时要挖掘内部潜力,拓宽办学渠道,合理扩大办学规模,要求本世纪末,我市地方高校在校生数由1992年的3000名,增加到6000名。"①1999年底宁波大学全日制在校生总数达到9625人,成人教育各类在读生达到9993人(其中学历教育在校生4339人),均接近万人的办学规模。

其次,获得硕士学位授予权,实现宁波地区高等教育硕士学位授予权从无到有的历史性突破。进入20世纪90年代以后,宁波市加快实施科教兴市战略,需要高层次人才的加速聚集和自主培养,因而要求宁波大学能够尽早获得硕士学位授予权,提升办学层次。另一方面,开展研究生教育也是宁波高等教育自身改革和发展的需要。通过集三校之长申报硕士学位授予权,有利于显现三校合并办学所带来的发展优势,突破体制改革过程中的阻力和障碍,加快内部的融合和各项改革的实施,使宁波高等教育在新的办学层次上更快更好地发展。1996—1998年,通过三校的学科资源整合和学科交叉融合、学科主攻方向精准选择,形成了由2个省级重点学科,4个省重点扶植学科,3个市级重点学科,以及4个校级重点学科组成的学科群。在此基础上,确定"国际贸易""水产养殖""工程力学""应用数学"四个学科为申报硕士学位点的重点学科,加大投入,重

---

① 中共宁波市委党史研究室.中共宁波市委文件选编(1989—2002)(上)[M].宁波:宁波出版社2015:193.

点建设。1998年6月,经国务院学位委员会审核,批准宁波大学为新增硕士学位授予单位,同时批准国际贸易、工程力学、水产养殖三个学科为硕士学位授权点,1999年9月,首批招收的10名硕士研究生报到入学。

三、宁波高等教育的深化改革时期(1999—2010)

1999年6月全国教育工作会议之后开始的高等教育"大众化"是这一阶段高等教育发展的显著标志。当今世界的竞争是科技的竞争,说到底是人才的竞争。我国跨世纪的经济强国梦对国民素质提出了新的要求,对高等教育格局提出了新的挑战。全面改革开放以来,宁波的高等教育始终以发展为主旋律,以体制机制改革为突破口,实现了办学规模的迅速扩张和办学质量的逐步提高,基本形成了从专科到博士授予单位,从基础学科到应用学科的多层次、多形式的高等教育体系,为宁波现代化建设做出了重大贡献。

(一)《面向21世纪推进宁波教育现代化行动计划(1999—2010)》的颁布

国务院于1999年1月批转了由教育部制定的《面向21世纪教育振兴行动计划》,明确提出:到2000年,积极稳步发展高等教育,高等教育入学率达到11%左右。[①]《面向21世纪教育振兴行动计划》为新世纪我国高等教育的改革和发展明确了方向,展示了我国高等教育发展的美好前景,绘制了高教发展的宏伟蓝图:一是,加快发展高等教育,实现高等教育大众化;二是,创建若干具有世界先进水平的一流大学和一批学科;三是,整体推进素质教育,全面提升国民素质与民族创新。为了全面落实《面向21世纪教育振兴行动计划》,实施科教兴国的伟大战略,宁波市政府颁布《面向21世纪推进宁波教育现代化行动计划(1999—2010)》(简称《计划》),吹响了全面深化改革、进军教育现代化的号角。

《计划》的总体目标是努力创建与宁波市现代化国际港口城市相适应的一流教育事业,使教育成为社会和经济发展强有力的支撑点、经济发展新的增长

---

①面向21世纪教育振兴行动计划[N].中国青年报,1999-02-25.

点。在《计划》的实施过程中突出发展教育这一主题,坚持教育必须为社会主义现代化建设服务,必须与社会经济发展相适应的原则,努力做到教育要适度超前发展,并突出发展重点,重视内涵发展,坚持教育的可持续发展。锐意教育改革,充分调动社会各界参与教育的积极性,充分发挥整个教育体系的运行活力,运用改革焕发出来的能量,加快实现宁波教育现代化。为此全市财政性教育经费投入的总量在今后五年内达到100亿左右。具体目标:2010年普通高校在校生数达到5万人以上,形成学前教育、义务教育、高中段教育、高等教育相互衔接,既符合国情又体现宁波地区特色的现代化教育体系。在教育质量效益方面,高等教育要着力培养大批高层次应用型人才和适应创新工程需要的尖子人才。高等教育采取超常规、有序的发展措施,依托现有高校,形成以科技产业园区和鄞州区中心区为圆心的两个以高等教育为主体的教育功能小区,使宁波成为全省高等教育副中心。(1)积极采取改革措施,扩大现有高校规模,建成2所万人高校。(2)加快高校建设,建成4所本科院校、4所高职院校、1所专科学校和2所成人高校。(3)创造条件,与外地重点高校进行多种形式的联合办学,努力引进一所高校。(4)出台发展宁波高等教育的地方政策。如双专科视同本科,双本科视同研究生;实行大学弹性学制;构建"3+2"五年一贯制高职教育体系,打通高职与普通学校的衔接口。(5)利用信息技术,积极构建宁波远程教育网络,使成人高等教育成为以信息高速公路为传媒的社会开放大学,实行宽进严出。(6)高等学校要坚持走产学研结合发展道路,使高校更好地为地方经济和社会发展服务。鼓励高校知识分子以知识要素形式参与经济发展,鼓励他们当科技发展的领头雁。设立高校学生创新基金,鼓励在校学生进行创造性学习。在学科建设方面,通过发掘高校潜力,扩大办学规模,要突出建设与经济发展密切相关的重点学科和重点专业,提高教育对社会经济发展的贡献率。加快筹建博士点,建成20个左右在省内外有较高知名度的硕士点。在深化课程改革方面,高等学校以学科为先导进行课程体系改革,使学生尽早地参与科技开发和创新活动,并积极鼓励和支持社会力量以多种形式办学。非义务教育阶段要大胆试验多种形式的办学模式。对私人办学、国有民办、各种各样的联合办学、股份制合作办学等都要予以鼓励和支持。在教育观念改革上,树立教育产业观。

教育是经济社会发展过程中先导性、全局性、基础性的知识产业。教育产业不仅要注重教育本身的效益,更要放眼社会,着重长期的经济社会效益。重视投入与产出,使教育资源不断扩大与优化,办学效益与教学质量不断提高。在社会发展中充分发挥教育科研"第一生产力"的作用。①《计划》是这一时期宁波高等教育发展的总体规划,指引着这一时期高等教育的发展历程。

(二)扩大招生规模,创建省内首家国有民办二级学院

1999年6月,朱镕基总理主持召开国务院办公会议,决定扩大高校招生规模,并在6月中旬召开的全国教育工作会议上正式宣布。究其原因,其一,历史上高考招生比例低,考大学难,影响到了基础教育推行素质教育。其二,国家经济发展需要大量人才。这也是党的十五大所要求的。其三,扩招可以拉动内需,维系社会稳定。其四,满足广大群众渴望其子女接受高等教育的强烈愿望。②"大学扩招"是客观形势使然、民心所向。高校"大扩招"拓宽了高考"独木桥",为广大考生提供了更多的求学机会,符合我国高等教育从"精英化"向"大众化"转变的时代要求,有利于国家经济与社会的全面发展。然而,宁波高等学校数量有限,通过扩招已难实现更大发展,为此,宁波大学抓住高校扩招的有利时机,成立全省首家国有民办本科二级学院——宁波大学科学技术学院。

1999年全国高校的"大扩招"吹响了号角,中国的高等教育也迎来快速发展时期。借此大好形势,1999年,宁波大学向宁波市政府报送了《关于建立民办宁波大学科技学院的请示》。《请示》提出:"宁波大学科技学院为宁波大学下属的本、专科并存的二级学院,实行民办的机制,具有独立法人资格,有独立的校园,财务独立核算,自主独立办学。"具体做法是:拟通过西校区土地、校舍等资产的置换,筹措办学资金,同时实行合理的成本分担机制,支持学院自身建设和日常运作。《请示》列举了此项改革的意义:(1)在不增加政府投入的前提下,有利于扩大招生规模。(2)可以盘活存量,扩大增量。通过吸引境内外人士和企事业单

---

① 宁波教育委员会.宁波教育年鉴[M].1999:51-58.
② 李岚清.李岚清教育访谈录[M].北京:人民教育出版社,2003:119.

位投资,在不要政府下拨基建经费的前提下,利用学校尚未建设的300亩土地,如期或提前完成全校能容纳10000名在校生规模的基建规划。(3)有利于建立与社会主义市场经济体制相适应的、依法自主办学的办学体制,为深化高校体制改革做有益的探索。(4)可以提高现有资源的利用效率保证办学质量,提高办学声誉,实现投入少、见效快、效益高的发展目标。1999年4月22日,浙江省政府发出《关于建立民办宁波大学科技学院的批复》。1999年6月25日,宁波大学科技学院正式成立。

宁波大学科技学院依托母体,独立运作,总体协调,稳步发展,取得了显著的办学业绩。在规模发展方面,学院坚持"稳定规模,规范管理,提高质量"的总要求,围绕学院确定的"硬件抓达标,软件创特色"的工作目标,着力加强内涵建设。在专业建设方面,坚持"创造差异,错位发展,彰显特色,成就品牌"的原则,突出学院特点和人才培养特色,建成了动画、艺术设计、物流管理、软件工程等一批特色专业。在学生培养方面,学院始终坚持"学生为本"的办学理念和"实践能力强、自主学习能力强"的应用型本科人才的培养目标,建立健全"理想育人、规矩育人、文化育人"为内涵的全员育人机制,在向社会输送一大批合格毕业生的同时,涌现出众多在专业学习、科研竞赛、文体活动、创业实践、社会服务等方面具有代表性的明星学子。

在高等教育大众化的背景下,宁波大学通过创建国有民办二级学院,多渠道筹集办学经费,实施成本分担机制,依托母体优质教育资源办学,确保民办教育的办学质量等探索和尝试,引起了社会各方面的关注。1999—2000年,继宁波大学科技学院之后浙江省又先后批准建立17所国有民办二级学院,全省高校招生总人数由1998年的5.4万人迅速上升至2000年的9.5万人,其中二级学院和其他按民办机制运作的院校招生人数为3.65万人,占1/3。这为浙江省的高等教育改革提供了重要借鉴。

(三) 合并、合作、共建高等院校,推进高等教育体制机制创新

1999年9月10日,时任中共宁波市委书记黄兴国在《面向新世纪、迎接新挑战,为开创科教兴市新局面而努力奋斗》的讲话中指出:"高等教育担负着培养

各类专门人才、进行知识创新和传播的重任,是衡量一个地区教育发展水平的重要标志。大力发展高等教育,必须从宁波实际出发,搞好发展规划,坚持'多条腿走路'的方针。要立足现有基础,加快高校建设,扩大现有高校的办学规模,提升办学层次,增强高校自我发展的能力。大力发展民办高等教育,探索普通高校创办二级民办学院的模式;充分肯定浙江万里学院的开拓创新精神和务实高效作风,切实办好这所学院,带动其他民办高校的发展。要抓住高校体制改革的大好机遇,通过'升格、合并、合作、共建'等途径,组建一批新的高校。依托现有中专组建宁波职业技术学院、浙江药科职业技术学院和宁波服装职业技术学院等高等职业学校。要积极创造条件,力争成建制引进一所高校,与外地的重点高校进行多种形式的联合办学;开拓教育国际市场,加强国际间的合作办学。"为这一时期宁波高等教育的发展提供了政策支撑。

宁波高等教育通过转制、升格、合并等形式,激活办学机制。1999年2月,经省政府批准,浙江农村技术师范专科学校由万里教育集团举办并改制,更名为"浙江万里学院"(2002年升为本科院校)。这是浙江省大胆探索办学新模式,率先进行"国有民办"转制的尝试。浙江万里学院成为全省乃至全国首家改制的国有普通高校。万里学院顺应现代大学制度的内在要求,科学厘定了举办者、管理者和办学者之间的关系:管理者(浙江省人民政府)、举办者(浙江省万里教育集团)、办学者(浙江万里学院),三者权责分明、有机制衡、良性联动、形成合力,改变了政府既是运动员又是裁判员的计划经济管理机制,政府部门只履行指导和监督职能;万里教育集团从宏观层面上对学院的管理机制进行设计,确立了以章程为统领的治理机制,并具体分管学校除教学以外的所有事务,包揽了所有的"杂事"。

2000年1月5日,宁波市教育局与宁波大红鹰集团达成协议,决定由宁波大红鹰集团公司投资创办宁波大红鹰职业技术学院。2002年5月17日,浙江省人民政府批准正式建立宁波大红鹰职业技术学院。2003年11月,宁波大红鹰职业技术学院成为全国创办国家级示范性软件职业技术学院的35所高校之一。2005年,随着国家取消高等教育学历文凭考试,宁波大红鹰职业专修学院停止招生。2007年6月,宁波大红鹰职业学院以优秀成绩顺利通过教育部高等院校人才培养工作水平评估。2008年4月,宁波大红鹰职业学院经教育部批准升格为本科院校,并更名为宁波大红鹰学院。

2001年6月,宁波市政府与浙江大学合作,成立浙江大学宁波理工学院。该校由宁波市政府投资建设,宁波大学负责办学管理,具有独立法人资格的全日制普通本科院校。

2003年1月,经由英国诺丁汉大学校长杨福家先生牵线,宁波万里教育集团向英国诺丁汉大学发出邀请,表达了进行合作办学的意向。随后,诺丁汉大学副校长、商业管理学院院长高岩与国际部招生办主任雷安舟对万里学院进行了全面考察。3月,英国诺丁汉大学执行校长柯林坎贝尔一行赴甬,就合作办学事宜进行实质性谈判。3月30日,万里教育集团与诺丁汉大学签订了合作办学意向书。5月10日,双方决定任命杨福家担任宁波诺丁汉大学校长,高岩担任常务副校长。5月23日,浙江省人民政府签发了《浙江省人民政府关于请示同意筹建浙江宁波诺丁汉大学的函》报教育部。11月17日,诺丁汉大学副校长高岩等一行再次来到宁波,就开学、招生、教师、专业设置、课程、教材、教学语言、学位颁授、学生管理等具体办学事宜进行了深入的商谈,达成了许多共识。双方决定由中方负责出资建校,英方负责教育管理。2004年3月13日,万里教育集团董事长徐亚芬和诺丁汉大学执行校长柯林坎贝尔在上海签署了《浙江万里学院/万里教育集团和诺丁汉大学关于合作建立和运作宁波诺丁汉大学的合同书》。3月23日,教育部办公厅正式发文,同意筹备设立宁波诺丁汉大学。9月17日,宁波诺丁汉大学正式开学。由宁波市政府、浙江万里学院与英国诺丁汉大学合作创办的宁波诺丁汉大学,是国内第一所具有独立法人、独立校舍的中外合作大学。宁波诺丁汉大学引进国际先进的教育管理机制,按照国际化的教育理念和模式办学,开创了我国引进优质教育资源的先河。2004年9月,宁波诺丁汉大学首次招收本科生250名,设商学院、国际语言学院和国际交流与传播学院3个学院。

此外,现有一些条件较好的中等专业学校根据宁波市经济和社会的发展需要,主动进行合并、升格,提高办学层次。公安边防船艇学校从中专升格为大专,成为公安海警高等专科学校。1999年7月,宁波中等专业学校(李惠利中专)和宁波市职工业余大学合并,成立宁波职业技术学院。宁波职业技术学院为全民所有、从事高等职业技术教育的全日制院校,纳入国家高校招生计划,面向全省招生。1999年12月筹建的宁波工商职业技术学院于2001年5月更名为浙江工商职业技术学院。1999年筹建的宁波服装职业技术学院于2002年2月成立。2003年3月,成立浙江轻纺职业技术学院。2003年,宁波大学职业技术学院从宁波大学分离出来,新建宁波城市职业技术学院。2004年7月,宁波大学卫生职业技术学院更名为宁波天一职业技术学院。10月,宁波服装职业技术学院与浙江轻纺职业技术学院合并,成立浙江纺织服装职业技术学院。除公安海警高等专科学校外,其他几所合并、升格的学院,均引进国有民办机制或推行股份制办学。

还有,高校后勤服务改革正式启动。按照"总体规划,分步推进,两至三年内全面完成高校后勤改革"的总体工作思路,出台有关政策,主要通过减免营业税和所得税,鼓励社会各界以投资、租赁、承包经营等多种形式,进入学校后勤服务产业。浙江万里学院新校区后勤工作彻底与学院的教育剥离,师生公寓、食堂、招待所等后勤设施,全部委托给浙江耀江集团负责投资建造和经营管理,率先进入社会化运作。

(四)建设高教园区,实现教育资源共享

1999年9月,宁波市委、宁波市人民政府召开科教兴市大会,把建设宁波高教园区作为实施"一号工程"的重要决策。宁波原有的高校发展空间十分有限,宁波高教的现状与宁波经济社会发展的需求很不协调。宁波市政府正是基于对全市发展高等教育紧迫性的正确分析,从市情出发,以求实创新的精神,在全国范围内率先决策建设高教园区,并用两年时间基本建成,创下"宁波速度"。

宁波高教园南区吸纳了浙江万里学院、宁波诺丁汉大学、浙江大学宁波理工学院、宁波服装职业技术学院(后为宁波城市职业技术学院)、浙江医药高等专科学校、宁波卫生职业技术学院、宁波中学、鄞州社区学院、宁波经贸学校等9所院校,按照"三型三化"的原则建设。"三型"就是主体开放型、资源共享型、功能多重型。"三化"就是后勤社会化、信息网络化、管理法治化,园区集教育、文

化、旅游、生态等功能于一体,涵盖普通全日制高等教育、高等职业技术教育、成人教育、现代远程教育、中等教育、基础教育等。

高教园区发端于国外,国内实践始于宁波。宁波高教园区建设与管理在吸取国内外大学城的成功经验的同时,构建自身的特色,形成了独特的"宁波模式"。在高教园区内,教育资源可实行充分共享,各校之间师资互聘,学生可在校际间选修课程,学分互相承认,实验室、图书资料等均实行共享。园区与社会的部分资源亦可共享。园区的共享部分包括图书馆、体育中心、文化娱乐中心、大型超市等公共设施。因此,高教园区建设走的是投入少、效益高的发展之路,高教园区的建设,对宁波高等教育的发展产生了深远的影响。从硬件上,高教园区占地面积4.33平方千米,极大地改变了过去存在的规模小、办学效益不高的状况,为21世纪宁波高等教育发展拓展了广阔的空间。从发展机制上,社会各方面大规模、多形式地参与办学,为宁波高等教育的持续发展走出了一条新的道路。

高教园区建成后,极大地推动了宁波高等教育大众化进程。2001年9月,浙江大学宁波理工学院、宁波服装职业技术学院一期工程竣工开学,新增本科学生2100名,专科学生3000名,高教园区在校生突破万人规模。2001年,全市高等教育毛入学率超过17%,提前两年实现宁波市第九次党代会确定的到2003年达到15%的发展目标。同时,随着高教园区院校数量与招生规模的迅速扩大,也带来了教育观念、教育思想的巨大转变。

《浙江省高等教育改革和发展规划(2000—2020年)》明确提出"将宁波建设成为浙江省高等教育副中心",随着高等教育园区内高校的扩张、规模的增长、办学水平的提高,宁波高等教育对浙东地区的辐射能力日益加强,为浙江省高等教育副中心的形成奠定了坚实的基础。高教园区是人才集聚的中心,是推动经济发展的人才培养基地和科技研发基地。宁波高教园区的建设,形成了人才集聚的优势。园区高校吸引了大批高学历、高职称的人才。浙江万里学院等宁波高校引进一大批教授和博士;浙江大学宁波理工学院的创建,掀起了各地人才涌向宁波的热潮;宁波诺丁汉大学的创办还汇聚了一大批国外教授。这都有效地缓解了宁波人才匮乏的状态。

（五）升格现有高校办学层次，提升宁波高等教育质量

进入21世纪以来，浙江的高等教育虽然有了较快发展，但结构性矛盾日益凸现，全省本科院校数量偏少，工科类本科院校更少，本、专科比例失调(4:6)，与浙江省经济社会发展水平不相适应。宁波的高等教育发展水平远低于大连、青岛等同类城市，全市独立设置的本科院校只有两所，2002年在甬高校本科招生计划仅占全省招生计划总数的3％，亟需加快发展普通高等本科教育。因此，将宁波高专建成本科院校，既有利于提高全省高等教育的办学层次、优化高等教育的结构布局，又有利于进一步提升宁波的城市品位，推动宁波尽快成为浙江省高等教育副中心。2001年7月，宁波高等专科学校与宁波交通职业技术学院（筹）合并为新的宁波高专，为积极升本做准备。2002年5月至2004年5月，历时2年，校名始以"宁波科技学院"申报，后获准改为"宁波工程学院"。

2002年8月20日，宁波高等专科学校向市政府呈交了《宁波高专办学基本情况和要求申报本科学校的请示》。该《请示》提出，学校已具备申报本科院校的基本条件，并正在加速发展；在市政府强有力的支持下，申报本科院校十分必要，十分及时。9月10日教师节，宁波市长金德水来校慰问教师时，明确表示全力支持学校升本。10月10日，副省长盛昌黎和省教育厅副厅长阮忠训来校视察时，明确了支持高专升本的态度。11月18日，学校向市教委递交了《关于要求建立宁波科技学院的请示》，升本工作正式启动。学校升本的《论证报告》指出：学院管理体制为宁波市人民政府举办，省市共建，以市为主；学院服务立足宁波，面向全省，辐射长三角；学院学科建设以工科为主，多学科协调发展；学院近期规模为在校生10000人，远期规模为15000人。

2002年12月13日，宁波市人民政府向浙江省人民政府呈交了《关于要求建立宁波科技学院的请示》。2003年1月9日至10日，浙江省高校设置评议委员会，委派吴添祖、何泳生和康泰等三位教授来校考察。2003年1月19日，浙江省教育厅向浙江省人民政府呈交了《关于建立宁波科技学院的请示》。2003年4月2日，省人民政府向教育部申报了《关于要求建立宁波科技学院的函》（简称《函》）。该《函》认为，在宁波高专基础上建立宁波科技学院，既有利于提高浙江

省高等教育的办学层次、优化高等教育结构,又有利于进一步提升宁波的城市品位、推动宁波建设成为全省高等教育的副中心,符合浙江省高等教育发展规划。该《函》指出,经省高校设置评议委员会专家组评议,宁波高专的现有办学条件,已基本达到国家规定的普通本科院校设置要求。经研究,拟同意在宁波高专基础上建立宁波科技学院。学校由宁波市主办、领导和管理,全日制在校生规模为1000人。学院待教育部正式批准后,即撤销宁波高专的独立建制,牌子保留到最后一届学生毕业为止。在浙江省、宁波市各级领导的大力支持下,宁波高等专科学校的升本工作进展顺利。

2003年12月25日至27日,以董浩为组长的全国高校设置评议委员会专家组一行7人对宁波高等专科学校升格为本科院校进行评估考察。浙江省委常委、宁波市委书记巴音朝鲁,市长金德水分别接见了专家组,副市长成岳冲代表市委、市政府向专家组做了关于宁波高专升本工作的汇报。校长高浩其向专家组具体汇报了举办宁波科技学院的理由、基础和设想。评估考察以后,经专家组建议,拟报的"宁波科技学院"校名改为"宁波工程学院"。

2004年3月,教育部在重庆召开了普通高等学校设置评议会议。学校以全票获得通过。2004年5月19日,教育部下发了《关于同意宁波高等专科学校改建为宁波工程学院的通知》(简称《通知》)(教发函〔2001〕47号)。《通知》指出,根据《高等教育法》和《普通高等学校设置暂行条例》的有关规定以及全国高等学校设置评议委员会的评议结果,经研究,同意宁波高等专科学校升格为宁波工程学院,同时撤销宁波高等专科学校的建制。宁波工程学院系本科层次的普通高校,学校应逐步过渡到以实施本科教育为主。学校由浙江省领导和管理,实行省、市共建,以宁波市管理为主的管理体制。学校全日制在校生规模暂定为1000人。

2009年,宁波工程学院成为教育部"卓越工程师培养计划"首批邀请的10所地方本科院校之一。学院升本后,以本科院校的各种资源做依托,不断加大教学投入,加强教学基本建设,深入推进教学质量工程建设取得实效。2009年,累计用于市级人才培养基地、重点专业、教学团队等教学软件建设近100万元。专业建设方面,土木工程被列入教育部特色专业,物流管理、电子科学与技术被列入省级重点建设专业,化学工程与工艺、物流管理被列入市服务型重点专业。国际商务、网络工程2个新专业获教育部批准。第一批7个校级重点建设专业经验收成为校级重点专业,第二批已完成中期检查工作。课程建设方面,第三批校级重点课程完成中期检查,第四批完成立项,目前已有四批共71门课程进行了重点建设。建立教学质量监控体系,修订了与之相对应的教学制度与教学质量标准。教学团队建设方面,2个团队获省级优秀教学团队。教学研究方面,获批省教育科学规划课题15项,省新世纪教育教改项目4项。

综上所述,截至2008年,在甬普通高校有13所,其中本科院校6所,分别为宁波大学、浙江大学宁波理工学院、浙江万里学院、宁波工程学院、宁波诺丁汉大学、宁波大红鹰学院;高职高专院校7所,分别为宁波职业技术学院、浙江纺织服装职业技术学院、浙江工商职业技术学院、浙江医药高等专科学校、公安海警高等专科学校、宁波城市职业技术学院、宁波天一职业技术学院,在校生达到13.13万人,是1991年在校学生4871人的26.9倍。全市高等教育毛入学率达48%。本科教育扩大,博士研究生教育起步。本科在校生6.7万人,占在校生比例51.19%。1999年宁波大学开始招研究生10人。2007年,宁波大学招收博士生3人。2008年,全市在校研究生2275人。

四、宁波高等教育的内涵发展时期(2011—2018)

1999年"大扩招"以来,我国高等教育主要采取了外延发展的方式,增加高校数量,扩大办学规模,新建学科专业,扩大校园面积,扩建基础设施,引进新的教职员工,带来了高等教育井喷式的快速扩张,满足了数以千万计的群众接受高等教育的需求。在规模扩张达到一定程度之后,高校发展必须发生转变。所以,从外延发展转向内涵发展是一种必然的选择。高校教育的内涵发展就是更加注重人的全面发展,更加注重教育文化的充分发展,更加注重教育与经济社会的协调发展。

(一)《宁波市中长期教育改革和发展规划(2011—2020)》

当前,世界正处于深入发展与持续变革时代,我国也正处于全面深化改革和转变经济发展方式阶段,国家"十二五"规划中,明确提出发展之路由外延扩张转变到内涵发展。关于教育的内涵发展最早出现在 2010 年中共中央、国务院印发的《国家中长期教育改革和发展规划纲要(2010—2020 年)》中。该文件提出:把提高质量作为教育改革发展的核心任务。树立科学的质量观,把促进人的全面发展、适应社会需要作为衡量教育质量的根本标准。树立以提高质量为核心的教育发展观,注重教育内涵发展,鼓励学校办出特色、办出水平,出名师,育英才。建立以提高教育质量为导向的管理制度和工作机制,把教育资源配置和学校工作重点集中到强化教学环节、提高教育质量上来。制定教育质量国家标准,建立健全教育质量保障体系。加强教师队伍建设,提高教师整体素质。

2012 年教育部发布的《关于全面提高高等教育质量的若干意见》(简称"高教 30 条")所提出的内涵式发展要求就是办学规范要求。"高教 30 条"开宗明义,第一条就是坚持内涵式发展,并对内涵式发展的含义进行了解释,主要包括:树立科学的高等教育发展观,牢固确立人才培养的中心地位,坚持稳定规模、优化结构、强化特色、注重创新,走以质量提升为核心的内涵式发展道路。稳定规模,保持公办普通高校本科招生规模相对稳定,高等教育规模增量主要用于发展高等职业教育、继续教育、专业学位硕士研究生教育以及扩大民办教育和合作办学。优化结构,调整学科专业、类型、层次和区域布局结构,适应国家和区域经济社会发展需要,满足人民群众接受高等教育的多样化需求。强化特色,促进高校合理定位、各展所长,在不同层次不同领域办出特色、争创一流。注重创新,以体制机制改革为重点,鼓励地方和高校大胆探索试验,加快重要领域和关键环节改革步伐。按照内涵式发展要求,完善实施高校"十二五"改革发展规划。从 2010 年提出注重内涵发展,到 2012 年提出"走以质量提升为核心的内涵式发展道路",标志着我国高校内涵发展政策已经成熟。

根据《国家中长期教育改革和发展规划纲要(2010—2020)》《浙江省中长期教育改革和发展规划纲要(2010—2020)》。宁波市出台《宁波市中长期教育改革和发展规划(2011—2020)》(以下简称《规划》),明确了宁波市"十二五"期间高等教育发展的目标、任务及实现路径。

《规划》全面贯彻党的教育方针,坚持教育优先发展、服务发展、均衡发展、创新发展、率先发展,以教育转型提升为主线,以推进公平为重点,以提高质量为核心,以改革创新为动力,形成结构合理、体系完善、充满活力的现代国民教育体系,计划2015年预算内教育经费支出占地方财政支出的18%。2015年高等教育每万人在校大学生数达到267人,在甬研究生8000人。着力发展内涵提升的高等教育。坚持"稳定规模、优化结构、提升内涵、强化服务"的策略。推进特色发展、错位发展。优化专业结构,加大扶持服务型重点学科、专业建设。优化层次结构,大力发展研究生教育。优化人才培养模式,着力推进以提高质量为核心的内涵建设。加强应用技术研究及成果转化。

提高教育服务经济转型提升的贡献度。加强服务型学科专业建设。调整和优化高校、职业学校学科专业结构,积极培育与宁波支柱产业及新材料、新能源、新装备、海洋高技术等战略性新兴产业紧密相关的学科专业。到2015年,基本建成20个特色学科、20个品牌专业。到2020年,一批特色学科的科研和教学水平达到国内领先水平。推进高校实验室与企业共建共享,争创5~10个国家级、省级重点实验室。搭建科研成果转化平台。建成完善的科研成果转化机制和配套服务体系,积极参与解决地方经济发展中的重大科研攻关项目。设立政府专项科研奖励基金,资助申请国家专利、技术标准及科技成果等。在高教园区加快科技创新创业孵化基地建设,充分运用税收、信贷政策,开展项目孵化和中试培育,使高教园区成为集科技成果转化基地、高新技术企业孵化基地、产学研结合基地和创业创新人才培养基地为一体的科教城。实施职业技能提升培训。加快培育和发展高端培训市场,大力引进一批国(境)内外高端职业资格认证机构和紧缺人才培训项目。以学习型企业建设为载体,强化员工的岗位培训,使企业职工每年全员培训率达到60%以上。

提高高等教育人才培养水平。优化人才培养结构。建立高校专业设置、人才培养与产业结构、社会需求相挂钩的评估、咨询机制。积极推进"卓越工程师"培养计划,大力发展研究生教育,推行产学研联合培养研究生的"双导师制"。建立高校与科研院所、行业企业、科技园区联合培养人才的机制,开展智慧产业人才培养基地建设。推进高校教学联合体建设,实行资源共享、教师互聘、课程互选、学分互认。全面推行学分制和弹性学制,推行主辅修制、双专业制、多项技能等级制。探索学校发展新机制。积极引导在甬高校正确定位、错位发展。支持宁波大学建成国内一流地方综合性大学,宁波诺丁汉大学建成中外合作办学的示范高校,宁波职业技术学院建成具有国际先进水平的高职院校。大力发展若干学科或专业、具有国内领先水平的本科院校以及与宁波经济社会发展、产业结构特点相吻合的特色高职院校。支持大学生就业创业,探索大学生创业载体和模式,完善大学生就业创业的扶持政策,成立高校就业创业指导中心,开设创业课程,建立大学生创业风险基金,制定《宁波市大学生研究和创业奖励办法》,在高教园区内启动建设大学生创业实践基地,鼓励和引导大学生参与企业科技创新活动和自主创业实践。

积极开展与知名高校、研究机构的合作。进一步推进与中国科学院、中国社会科学院、浙江大学等知名科研院所的战略合作,联合建设研究基地和研究中心,联合培养研究生,创建以材料学等为主的国家级重点学科,举办高层次学术论坛和培训。充分发挥"中国城市教育竞争力研究中心"作用,打造城市教育竞争力。

研究品牌。实施高等教育强校项目。推动高校与部省、地方、企业的紧密合作,分类实施共建计划,推动特色发展。加快科技领军人才培养和创新团队建设,制定学科专业领军人才引进标准,健全高层次人才使用和奖励制度。发展1～3所学科、专业在国内外具有一定影响的高等院校,建成20个特色学科和20个品牌专业。高等教育毛入学率超过60%。力争硕士点、博士点有较大幅度增加。争取2015在甬研究生数突破8000人。

加强教育科研。大力推进科研兴教。加大对教育科研工作的政策和经费支持力度,探索建立集教学科研和培训于一体的机构。整合教科研力量,推动高校、教科研等专业研究机构与中小学建立教科研共同体。完善市、县(市)区、校三级科研网络,调动广大教师参与教育教学研究的积极性,建设一批教科研示范学校,规范各级各类科研项目立项和评奖的管理制度。

推进现代大学制度建设。落实学校办学自主权,完善学校内部治理结构。完善党委领导、校长负责、教授治学的民主管理的现代大学治理结构。建立健全由行业企业、专家学者等代表参加的董事会、理事会等多种形式的决策议事制度。发挥学术委员会在学术研究、学科建设、学校发展等方面的作用。积极稳妥地推进高校人事制度改革,完善分配激励机制。推进高等学校后勤社会化改革。[1]《宁波市中长期教育改革和发展规划(2011—2020)》为这一时期宁波高等教育的发展提供了政策指引。

(二)高等教育结构持续优化,内涵建设成效显著

2011年宁波市高校以宁波市"十二五"着重发展教育为契机,实现了高校办学结构的不断优化,高校学科专业建设的不断增强,高校科技创新平台和教学基地的不断增加,极大地提升了办学水平和教学质量,高等教育的内涵建设成效显著。

首先,在办学机构方面,2011年宁波大学积极主动抓住国家和浙江省大力发展海洋经济的机遇,促成国家海洋局与宁波市政府签署共建宁波大学协议,并成立了海洋学院,加强海洋学科建设和人才培养,服务地方海洋经济发展。该校在2010—2011学年浙江省普通高等学校本科教学业绩考核中跻身省内高校排行榜第二名,全年新获省级优秀硕士论文数量继续保持省属高校前列。浙江万里学院被确定为"服务国家特殊需求人才培养项目"硕士专业学位研究生培养试点单位,成为全国学士学位授予单位中首批开展培养硕士专业学位研究生试点工作的高校之一,授权的两个工程领域分别为物流工程和生物工程,填补了在甬高校在这两个领域高层次专业人才培养的缺口。浙江万里学院和宁波大红鹰学院被列为浙江省计算机类专业培养服务外包人才七所试点学校之一。浙江医药高等专科学校承担的国家级药物制剂技术专业教学资源库建设项目获教育部立项。宁波卫生职业技术学院被确定为国家高等职业教育护理专业教学资源库项目建设团队成员单位。2017年浙江万里学院被教育部学校

---

[1]宁波教育委员会.宁波教育年鉴[M].2011:38-55.

规划建设发展中心确认参与"高校数字媒体产教融合创新应用示范基地"首批试点，入选教育部办公厅公布的第二批深化创新教育改革示范高校名单。浙江大学宁波理工学院连续三年入选"红点"设计亚太区最佳大学排行榜。宁波工程学院院士工作站晋级为省级院士工作站。宁波职业技术学院、浙江纺织服装职业技术学院、浙江工商职业技术学院3校入选省首批重点(优质)高职院校。

其次，在学科专业建设方面，在"十二五"期间，宁波大学的水产学科获批"十二五"第一批省重中之重一级学科，该学科建设水平位居全国第四。另外，全市高校43个学科获批"十二五"省高校重点学科，其中宁波大学20个、宁波工程学院6个、浙江大学宁波理工学院3个、浙江万里学院4个、宁波诺丁汉大学2个、公安海警学院3个、宁波大学科技学院1个、宁波大红鹰学院4个。宁波大学努力强化学科优势特色，着力构建以国家重点(培育)学科和省重中之重学科为目标的省、市、校三级学科建设体系。2011年已拥有2个一级学科博士点，17个二级学科硕士点，学校通过自主设置二级学科，用于研究生培养的博士学位授权二级学科达到了6个，硕士学位授权二级学科达到了86个。此外，全市高校22个专业获批为浙江省本科院校"十二五"优势专业建设项目，其中宁波大学13个、宁波工程学院2个、浙江万里学院4个、宁波诺丁汉大学1个、公安海警学院1个、宁波大红鹰学院1个。2011年，浙江工商职业技术学院、浙江医药高等专科学校各获2项中央财政支持专业建设项目，宁波职业技术学院、浙江纺织服装职业技术学院、宁波城市职业技术学院、宁波卫生职业技术学院各获2项教育部"高等职业学校提升专业服务产业发展能力"专业建设项目。同年，全市高校新增专业10个，分别是宁波大学新增新闻学、光电信息工程2个本科专业，宁波诺丁汉大学新增工业设计本科专业，宁波工程学院新增统计学本科专业，宁波大红鹰学院新增广告学、软件工程、工商管理3个本科专业，浙江万里学院新增软件工程、建筑学2个本科专业，浙江大学宁波理工学院新增应用化学专业。2017年9月21日，教育部、财政部、国家发改委印发《关于公布世界一流大学和一流学科建设高校及建设学科名单的通知》，宁波大学入选世界一流学科建设高校，其力学学科为一流建设学科。宁波大学的工程学等4个学科(新增2个)进入全球ESI(基本科学指标数据库)前1%。同年，宁波诺丁汉大学化学工程与工艺、材料成型及控制工程专业入选"十三五"省一流学科建设名单,其财务管理专业获批浙江省"十三五"优势本科专业。

再次,在高校科技创新平台和教学基地建设方面:2011年,宁波市高校共有科技创新平台(含重点实验室、工程中心、研究基地)国家级6个,省部级22个,市级58个。其中,新增的国家级科技创新平台"宁波大学海洋生物技术与工程实验室"获批为国家地方联合工程实验室。新增的省级科技创新平台为宁波大学与浙江大学宁波理工学院联合申报的"浙江省零件轧制成形技术研究重点实验室",获批为省重点培育实验室。浙江万里学院"水产种质资源高效利用技术研究"获得浙江省重点实验室培育单位立项,"浙江省水产品加工技术研究联合重点实验室"获得正式立项。由宁波大学和中科院宁波工业技术研究院联合建设的宁波高等技术研究院大楼正式启动,主要用于宁波高研院创新技术研发、科技成果转化和科技创业、专业人才培养等。宁波工程学院与浙江大学科教发展战略研究中心联合成立工程教育研究中心。2011年浙江大学宁波理工学院成立了海洋技术研究院。2011年宁波市本科院校共有国家级教育教学基地7个,省级实验教学示范中心和实践教学基地45个,高职院校共有中央财政支持的职业教育实训基地16个,省级高职高专院校示范性实训基地27个。新增中央财政支持建设实训基地为宁波职业技术学院机电一体化技术实训基地、浙江工商职业技术学院影视动画实训基地、宁波城市职业技术学院电子信息实训基地、宁波卫生职业技术学院医疗美容技术实训基地等4个。浙江工商职业技术学院模具数控实训基地被评为省示范性实训基地。2017年宁波市智能制造学院、全国跨境电商产教联盟和"丝绸之路商学院联盟"在宁波成立。此外,还成立了多所研究机构,如宁波大学教师教育学院成立海洋教育研究中心,宁波大学海洋信息感知与传输国际合作联合实验室获教育部国际合作联合实验室立项,宁波工程学院与中国科学院武汉岩土力学研究所共建岩土力学与工程国家重点实验室——宁波工程学院工程软土实验中心。

(三)深化服务型教育体系建设,服务社会经济发展能力明显增强

"十二五"期间,宁波市各高校在服务型教育体系建设的推动下,持续开展

了教学改革,紧贴地方产业发展趋向和企业发展需求,调整专业设置、更新课程内容、改进教学方法,积极推进工学结合、校企合作。与此同时,在甬高校还积极创新服务载体,继续推进应用型专业人才培养基地建设,不断深化服务型教育重点专业建设,搭建了一批公共服务平台,引进了一批高端培训机构或项目,使教育对经济社会的学习服务、知识贡献和人才支撑能力进一步增强。

这一时期,宁波高校人才培养和学科专业建设紧贴地方经济动脉,企业参与高校人才培养的全过程,宁波市高校人才培养模式进一步优化,逐步形成了学校、企业、政府"三方联动",合作办学、合作育人、合作发展、合作就业"四项合作",具有鲜明区域特色的应用型人才培养新模式,服务地方、服务企业更加有为,更加有力。宁波大学围绕面向省、市海洋经济和智慧产业等层次人才培养需求,加强研究生培养机制、培养模式及培养质量评价标准等方面的改革探索和实践,学校研究生培养机制改革试点获省级立项并启动相关试点工作,参与了宁波市海洋产业人才培养基地建设等规划论证。宁波工程学院大力推进"卓越工程师计划"试点工作,召开了"卓越工程师教育培养计划"推进大会和全市本科院校推进"卓越工程师计划"现场会,制订"卓越工程师教育培养计划",实施"卓越工程师海外实习计划"。浙江万里学院积极推行的"校企合作行业人才特色班",先后与中国电信、中国移动通信、中国建设银行宁波分行等众多知名企业开展人才培养合作。宁波大红鹰学院与长城企业战略研究所、宁波神化化学品有限公司合作,正式启动大宗商品专业人才试点培养工作,三方共建大宗商品商学院,该试点班成为浙江省高校首个大宗商品专业人才试点班。

宁波职业技术学院积极构建由政府、行业协会、产业园区、大型企业和学校等相关单位代表组成"产教共同体"机制,探索中高职一体化人才培养模式改革项目被列入国家高职教育改革与创新试点。浙江工商职业技术学院完善"总部一基地"办学模式,在加强宁海产学研基地建设的基础上筹建徐霞客旅游学院,初步建立了慈溪产学研基地。宁波城市职业技术学院把服务外包作为专业建设和特色培养的重点,积极探索以人才培养、外包企业职工内训、社会培训功能为一体的服务外包人才培养(训)模式,学院被列为第六批浙江省级国际服务外包人才培育基地。宁波数字科技园作为宁波首家服务外包人才培训基地,平台服务功能日趋完善。园区以宁波职业技术学院作为载体,大力推进区校、园校、校企间的产学研结合,2011年园区共有企业175家,服务外包企业达到24家,新入驻大学生创业企业15家,引进了中青影文化传媒有限公司,巩固园区在智慧产业和文化产业领域的区域领头羊地位,培养服务外包人才800次。

此外,高校国际交流与合作办学不断拓展。2011年,宁波市教育局、科技局、宁波诺丁汉大学和英国诺丁汉大学四方签订协议共建国际博士创新研究中心。宁波城市职业技术学院和澳大利亚西悉尼技术与继续教育学院建立宁波城市职业技术学院中澳合作技术与继续教育学院(简称宁波TAFE学院)获浙江省政府批准,学院首期开设金融管理与实务、市场营销、报关与国际货运3个专业,招生纳入国家普通高校招生计划,在校生规模1350人。宁波大学与法国昂热大学合作,成立了中欧旅游与文化学院,设立国际工商管理大类(含四个全英文专业)并开始招生。宁波职业技术学院引入中意合作项目,成立了宁波职业技术学院——LABA艺术学院,中意合作项目设计师工作室入驻数字科技园。浙江纺织服装职业技术学院成立了中英纺织服装产学研合作中心。2017年教育部批准宁波大学与法国昂热大学合作共建宁波大学昂热大学联合学院。

(四) 科技创新能力不断增强,产学研合作持续深入

2011年宁波市高校教师获得国家省、市科技成果奖146项,其中省部级30项,省厅、市级116项。宁波市高校共有14项成果获浙江省第十六届哲学社会科学优秀成果奖,分别为一等奖2项,二等奖1项,三等奖11项,其中宁波大学获得11项,获奖数列省属高校第三;共有12项成果获2011年浙江省科学技术奖,分别为二等奖4项,三等奖8项;共有33项成果获2011年浙江省高等学校科研成果奖,分别为一等奖2项,二等奖13项,三等奖18项,其中宁波大学获得19项,获奖数列省属高校第一。宁波大学体育学科2项成果首次获得国家体育总局体育哲学社会科学优秀成果奖一等奖和二等奖。宁波大红鹰学院1项成果首获中国机械工业科学技术奖二等奖。浙江纺织服装职业技术学院1项成果荣获中国纺织工业协会"纺织之光"科技进步二等奖。该年,宁波市高校国家级高水平研究项目和成果取得重大突破。宁波大学"移动互联网智能终端应用中

间件开发(应用部分)"项目首次获国家科技重大专项课题立项,资助经费427万元。浙江大学宁波理工学院"基于潮流能、波浪能耦合的海岛独立发电、制淡系统研究与试验"项目首次获得国家海洋局海洋可再生能源专项资金350万元。2011年宁波市高校教师共发表学术论文6761篇,其中被SCI收录580篇、IE收录1453篇、其他重要索引收录330篇;发表在一级核心刊物上的论文1679篇;出版学术著作210部。

十二五期间,宁波市高校产学研合作逐步深化,以战略合作为依托,推进产学研联盟建设,在传统产业技术升级、新兴产业科研创新等方面发挥了积极而重要的作用。首先,产学研成果不断创新突破。宁波大学和浙江工商职业技术学院荣获"2011年中国产学研合作促进奖",宁波大学"染整定型机废热回收与烟气净化技术和设备的研发应用"项目获"2011年中国产学研合作创新成果奖"。浙江工商职业技术学院宁海产学研基地荣获"中国模具产学研合作创新示范基地"称号。宁波城市职业技术学院"产学研全方位合作,打造校企合作人才培养新模式,以IT服务外包人才培训基地为平台"案例成功入选中国高校产学研合作十大优秀案例。其次,科研成果转化与应用成效显著。宁波大学科研团队在宁波鑫亿鲜活水产有限公司实施的"三疣梭子蟹抗溶藻弧菌品系单体筐养高产技术",使梭子蟹养殖成活率超过70%,亩产量超过400千克,是目前土塘养殖产量的8倍以上。宁波诺丁汉大学创新团队研制低碳汽车零部件,获市科技局科技项目资助经费900万元,并与敏实集团有限公司、双林汽车部件股份公司等龙头企业以及中科院宁波材料技术与工程研究所等合作推进成果产业化。浙江大学宁波理工学院机械电子工程学科团队,成功研发了全自动燃气阀门检测流水线,在全省首创性地解决了国内燃气阀门行业检测手段落后的共性问题。最后,产学研合作载体不断创新突破。宁波大学与宁波市经信委、教育局、科技局以及宁波港集团有限公司、宁波杉杉集团有限公司等21家地方龙头骨干企业成立校企合作委员会。浙江工商职业技术学院、浙江工业大学之江学院和宁波市华宝塑胶模具有限公司三方在宁海产学研基地联合成立"宁波模具产学研创新中心"。宁波工程学院与杭州湾新区建立全面战略合作关系,参与筹建中外合作的汽车学院及汽车研究院。宁波城市学院牵头组建了由地方部门及40多个服务外包企业组成的宁波南部新城服务外包产学研联盟。

（五）积极推进学生就业创业工作，提升学生创新精神和实践能力培养

十二五期间，宁波市高校不断创新人才培养模式，重视创新创业机制建设，积极营造创新教育的良好氛围，努力培养学生创新实践能力，大学生创新创业工作在实践过程中不断自我完善、自我创新，并取得了显著成效。

2011年，宁波大学生获国家和省级学科竞赛奖达到103项，特别是在全国挑战杯"大学生课外科技作品竞赛上取得重大突破，获一、二、三等奖共6项，并以全国排名第41位的成绩进入发起高校行列。宁波工程学院学生团队在"三井化学杯"第五届大学生化工设计竞赛全国总决赛上，从全国百多所高校三百多个团队中脱颖而出，获得第五届大学生化工设计竞赛全国总决赛一等奖。浙江大学宁波理工学院选送的作品荣获2011年德国工业设计"红点设计概念奖"，此前，仅清华大学、浙江大学、江南大学等为数不多的国内高校获此殊荣。浙江万里学院被授予全国KAB创业教育基地，该校"创业训练营"项目荣获教育部校园文化品牌优秀奖，宁波职业技术学院一个创业项目获得"甬商发展投资基金"100万元的风险投资，该校在2011"华宝杯"全国职业院校模具技能大赛上获得冠军。浙江工商职业技术学院学生科技竞赛成绩创历年最好，451人获得省级及以上奖项199项，在全国商科院校技能大赛中获得5个一等奖和3个二等奖的优异成绩，综合成绩名列全国参赛的38所商科类高职高专院校前列。浙江纺织服装职业技术学院学子连续三届获全国服装类高职技能大赛金奖。

2011年宁波市政府出台《关于进一步推进大学生自主创业的通知)(甬政办发〔2011〕151号)把创业扶持范围扩大到在校大学生和毕业五年内的毕业生，对自主创业大学生给予创业、场租、社保、创业带动就业奖励等补贴，为在甬及来甬创业的大学生提供力度更大的政策支持。当年，宁波市已建立大学生创业园、创业基地13家，园区内有大学生创办企业469家，吸纳就业人数2900余人。

宁波市进一步加强创业指导和服务，全力支持大学生创业，十二五期间新建立了5家市级大学生创业园：鄞州区大学生创业园、北仑区大学生创业园、镇

海区大学生创业园、余姚市科创中心大学生创业园、宁波大学大学生创业园，320余名大学生创立282家企业，带动就业1100多人。为提高大学生创业能力，宁波市还评审出3家市级大学生创业培训基地，分别是浙江万里学院、宁海县高级职业技术中心学校、宁波职业技术学院。此外，宁波市加大高校毕业生到农业生产领域就业的政策扶持力度，勇投"农门"的大学毕业生比例不断攀升。据宁波市农业局统计，2011年在宁波市各级农业龙头企业和农民专业合作社以及各类农业经营主体就业、创业的大学毕业生总数已超过4000人，位列全省第一。

第二章　宁波高校办学定位及人才培养

高等教育发展是一个十分庞杂的理论体系和研究领域,其核心在于用新时代精神统领高教全局,努力推进高等教育的永续发展。永续发展是当今世界高等教育改革和发展的原点与归宿,它所关注的不仅仅是学校与周边环境和谐发展,更多地体现为诠释一种办学定位和办学理念。办学定位是关乎大学科学发展的价值指向,是决定着高校科学发展的源头性、关键性因素,对大学发展起着导向、规范与调适作用。思想是行动的先导,办学定位确立了高校的办学方向及发展思路。科学合理的办学定位是一所高校制定发展规划、实行科学管理、实现特色发展的前提和先导,牵引着高校的办学理念与办学方向。基于此,办学定位对高等学校发展极为重要,探讨科学合理的办学定位有助于实现高校的永续发展。进入21世纪以来,宁波高等教育发展迅速,现就宁波的6所高等院校(宁波大学、宁波工程学院、浙江大学宁波理工学院、宁波财经学院、宁波万里学院、宁波诺丁汉大学)的办学定位与人才培养进行分析,以期揭示宁波高等教育的发展现状。

第一节　宁波大学

宁波大学是一所在改革开放中成长起来的新兴地方综合性大学,是浙江省、教育部和宁波市共建的。1986年由世界船王包玉刚先生率先捐资创立,邓小平同志题写校名。1996年,原宁波大学、宁波师范学院和浙江水产学院宁波分院三校合并,组建新的宁波大学,2000年被浙江省人民政府列为省重点建设大学;

2015年入选浙江省首批重点建设高校;2017年入选国家"双一流"建设高校。

一、办学定位

大学的根本任务就是培养社会所需要的各式人才,人才培养的特色是大学办学特色的最直接体现。大学要培养特色人才,科学合理的办学定位是根本前提。"定位"一词最早出自《韩非子》:"审名以定位,明分以辨类。"定位就是确定事物的名位。《现代汉语词典》对"定位"一词有两种阐释:一是"用仪器对物体所在位置进行测量";二是"经测量后确认的位置"。这是对"定位"涵义的直接解读。20世纪90年代,"定位"一词开始延伸至教育领域,高等教育理论界开始对办学定位问题进行广泛深入的探讨。陈厚丰教授认为高校的发展定位"就是高校对'建设一所什么样的大学'和'如何建设这样的大学'所进行的目标设定和蓝图设计"。很显然,高校的发展定位就是要使其在高等教育系统中处于合适、准确的位置。高校办学定位是高校改革发展的基本依据,是促进高校科学发展的逻辑起点。为什么高校生源不足? 答曰:担心教育质量,得不到满意的就业。为何有这般担忧? 答曰:教学模式僵化,专业不合时代所需。为什么人才培养不合时代所需? 答曰:教育观念落后,教学手段老套。诸如此类,不胜枚举,种种问题都指向了办学定位与教育观念。因此,办学定位统领了教育事业发展的全局,影响到人才培养的规格、质量,宁波位居中国沿海地区,思想开放程度很高;且受浙东文化之浸润。浙东文化具有多重属性,开放进取即是其重要精神内核,在这样的社会文化环境中孕育出的宁波大学,其办学定位中的先进性与包容性都很突出。

(一) 建院之初:"新型的综合性大学"

1984年10月,在朱兆祥教授起草的《宁波大学建校方案建议》中提到要"建设一所新型的综合性的宁波大学"。1985年1月,中国科学院学部委员谈家桢先生特别强调:"宁波大学要办成真正的综合性大学,应该包括文、理、商、法、工、农、医、教育等学院;学校的培养目标应是具有知识面广博、基础扎实、有创造性的人才。"[1]1985年2月12日,包玉刚在接受香港《大公报》记者的采访时明确提出:"宁波大学初期会以理工科为主,然后逐步扩展为综合性大学。"稍后,在充分酝酿和广泛吸收各方面意见的基础上,"新型的综合性大学"办学构想渐趋完善。1985年10月,朱兆祥校长赴杭州向省委、省政府领导汇报办学构想并获得同意。1986年3月,国家教委下发《关于同意宁波大学正式建立并招生的通知》,批准工商经济、法律、英语、应用数学、土建结构工程五个专业当年招收本科生280人,其他本科专业继续筹备,按有关规定报批。[2]按照学校只设学系不设专业的办学构想,五个专业(即五个学系)被批准正式招生,表明宁波大学的发展方向将是一所包含有文、理、工、法、商、农、医、教育等多学科的新型综合性大学,既不是单纯的理工科大学,也不是单科性的经贸类大学。1986年3月26日,学校召开第一次系主任会议,朱兆祥校长所阐述的"新型的综合性大学"办学构想经过会议的认真讨论而被正式确认为学校基本的办学指导思想。

宁波大学充分利用社会改革的有利形势和开放城市的有利条件,造就能够适应21世纪经济、社会和科学技术发展的新型人才。根据这一人才培养目标,把宁波大学着力办成一所包含文、理、工、商、法、医各学科的新型的开放型的综合大学。这样的综合性大学比旧模式的单科学院、文理科大学或理工科大学有较宽的学科覆盖面和合理的学科结构,便于在人文科学、社会科学、自然科学、技术科学之间建立横向联系和交互渗透,有利于学生吸收较宽广的知识和思想,培养成知识面宽、独立性强、有开拓和创造能力的新型人才,有利于发展现代化所需要的边缘学科和新兴学科。在高教历史长河中,办学定位既具有独立性、稳定性,也具有历史性、可变性。如上所述,办学定位是办学指导思想的显性体现,办学指导思想随着时代的变迁、学校发展状况而不断变化。因而,办学定位也是一种历史的动态系统,并非凝固不变。但万变不离其宗,即高校培养人才的宗旨不会改变,提升教育对象发展潜力的目标不会变化,只是时代不同人才培养的规格要求不同罢了。

①朱兆祥.谈家桢先生心目中的宁波大学.1991-04-15.
②国家教育委员会.关于同意宁波大学正式建立并招生的通知.1986-03-22.

（二）实现向教学研究型大学的转变

在我国进入高教"大众化"的宏观背景下,用计划供给的老办法还是用市场机制的新模式来处理教育资源的有效配置? 如何建构不同层次、不同类别高校的生存和发展的立体空间? 如何理性引导地方高校发展,将之引向教学型、研究型、服务型还是综合性高校? 如何帮助高校在"量"的扩张与"质"的提升方面寻找最佳结合点? 如何引导不同兴趣爱好、不同学科专业的学生建构成才的"立交桥"? 这些问题是需要高等教育理论家和实际工作者认真面对并予以科学指导的问题。若想妥善解决上述种种困难或问题,关键在于科学合理的办学定位。宁波大学经过了早期的快速发展,在办学规模迅速扩大的同时,学校又将进一步提升办学层次和办学水平的问题提上了议事日程。1999年7月,宁波大学校领导以及有关部门负责人组成的两个调研组分赴宁波市所属各县、市、区,对全市的经济发展、产业结构调整、人才需求和科技创新等现状进行了一次较为系统的调查研究,并且在此基础上研究和讨论学校"十五"发展规划,对学校的发展进行新的定位、确定新的发展目标。

20世纪末,由于历史原因,宁波市高校和科研院所少、学术研究层次低,19个部属和市属研究所直接从事研究开发的人数不足300人。1996年,全市各类专业技术人员15.6万人,平均每万人口仅有289人,占2.9%,在16个副省级城市中处于10位之后;高层次人才比重低,高级职称人员年龄老化的现象也十分突出。1997年,在全国219个城市中宁波市的经济效益与发展速度居第14位,而教育发展居第104位。1998年,深圳、厦门、杭州的高新技术产业产值占工业总产值的比重分别为35.4%、2%和15%,而宁波仅为7.8%,全市的人才总量为26万人,低于深圳的47.9万人和苏州的32万人。为此,宁波市委、市政府明确提出,科学技术是第一生产力,高新技术是第一经济增长点,人才资源是经济社会发展的第一资源,"科教兴市"是全市的"一号工程",加快发展高科技,推进教育现代化,建设跨世纪人才队伍,是宁波发展的当务之急、长远之计和全局之要。

1999年7月31日,宁波大学校党委在汇总调研情况和研究"十五"发展规划框架时明确提出,面对新世纪的机遇和挑战,在省市加快实施"科教兴省""科教兴市"发展战略的形势下,宁波大学作为一所地方综合性大学,必须加快发展,主动适应省、市经济社会发展的需求,实现由教学型向教学研究型大学的转变。这是学校自身发展的必然,更是地方经济社会发展的客观要求。一所大学不搞科研或科研不强是没有出路的,师资水平和为地方服务的能力也难以提高。为此,学校必须实现逐步由教学型向教学研究型转变,大力加强科研和学科建设;主动了解宁波主导产业和支柱产业发展的需要,结合宁波产业发展的实际状况制定学科建设规划;宁波大学作为一所地方综合性大学,必须坚持在专业设置、学科建设、科研开发、人才培养等方面紧贴宁波,服务浙江,为地方经济和社会发展服务。与此同时,也要重视和研究教学研究型大学的办学定位问题,加强科研和学科建设,使得学校培养的学生在地区发展和科教兴省、科教兴市中起主导作用,进行的科研也应在地区发展中起促进作用。

学校要实现由教学型向教学科研并重型大学转变,关键是学科建设要上新台阶,科研工作要有新突破,促进教学科研协调发展,努力把宁波大学建设成为教学、科研型大学。要基本形成门类齐全、结构合理、重点突出、特色鲜明,与综合性大学的发展相适应的学科体系,重点发展与宁波经济建设和社会发展密切相关,尤其是与宁波下一个世纪重点发展的高新技术产业如电子信息、新材料、机电一体化、生物医药、节能与环保等相关联的学科和重点实验室。要建成省、市、校三级重点学科体系,在学科发展水平上力争成为省内高校第二梯队。科研工作要以学科为基础,通过大力引进与积极培养,提高学科带头人队伍的水平,形成学科梯队,与地方产业结合,实现重点突破。

宁波大学建设教学研究型大学的办学定位得到了浙江省政府的大力支持。2000年《浙江省高等教育改革和发展规划(2000—2020年)》提出:要"加快浙江工业大学、浙江师范大学、宁波大学等一批省属重点高校的建设和发展,多渠道增加投入,大力引进高水平师资,配强领导班子,扩大办学规模,提高办学层次和教育质量,加快培养学科优势,增设博士点,提高研究生教育比例,努力建成高水平的教学科研型大学,跻身全国同类院校的前列,成为我省高层次人才培养和科技创新的骨干力量"。至此,建设高水平的教学科研型大学,已经不仅是学校自身确定的发展战略和发展目标,更是省、市政府赋予宁波大学的战略任务和战略目标。

(三)建设国内一流地方综合性大学

2005年3月,胡锦涛同志在参加全国人大十届三次会议浙江代表团讨论时指出,浙江要在落实科学发展观、构建社会主义和谐社会、加强党的先进性建设三个方面走在全国前列,同时强调浙江在"加强职业教育和高水平大学建设"方面也要走在全国前列。浙江的教育始终存在着职业教育发展不快和高等教育"一枝独秀",与浙江快速发展的现代化建设不相适应的问题。胡锦涛同志的指示精神在浙江全省传达后,引起广大干部群众的强烈反响。省、市根据胡锦涛同志的指示精神和中央提出的在21世纪头20年全面建设小康社会的战略目标,以及经济、政治、文化、社会"四位一体"的发展要求,迅速做出加快建设"文化大省"和"文化大市"的决定,明确提出"继续支持浙江大学和中国美术学院向世界一流大学目标挺进,重点扶持若干所省属高校向国内一流大学冲刺"。宁波大学作为省政府确定的省属重点建设高校,适时提出"建设国内一流地方综合性大学"的办学定位。为此,提出和实施"顶天立地"的科研发展战略,要求科研工作紧紧围绕地方产业需求,依靠地方的创新资源和要素,结合国家的科技发展目标,加强与企业合作,开展联合攻关,实施"先立地后顶天,顶天立地紧密结合"的发展战略。在人才培养上,提出"把成才的选择权交给学生"的教育理念,建立教学质量责任体系,实施"教学奖励计划"和"大学生创新创业计划",全面构建创新人才培养体系,进一步深化教育教学改革,提高教学质量。在产学研结合上,宁波大学与宁波市11个县(市)区签订校地合作协议,建立每年2000多万元的科技合作专项资金,以促进各学院服务地方和进行科技合作;主持建设机电模具、经管经贸、IT产业和文化服务4个宁波市应用型专业人才培养基地,积极参与宁波市服务型教育体系建设;启动第二、三批"百名教授博士进企业(社区)"行动计划,与宁波市企业共建一批科技创新平台,联合申报科研课题,加强科技合作;在宁波大学第三轮人事聘任中,加大对服务地方做出贡献教师的政策倾斜,设立"宁波大学服务地方突出贡献奖",表彰和奖励在技术创新与促进地方经济发展、科学决策与社会发展、应用人才培养等方面做出突出贡献的教师和干部。此外,宁波大学提出学科建设是全校各项工作的重中之重的指导思想,以优势特色学科建设推动其他重点学科发展,形成以地方需求为导向、学科布局较为合理,学科特色较为明显、学科基础设施较为完备的省、市、校三级重点学科建设体系。

2007年6月,经国务院学位委员会批准,宁波大学被增列为博士学位授予单位。经过近十年的发展,宁波大学2017年入选国家"双一流"建设高校。截至2018年,其学科涵盖经、法、教、文、史、理、工、农、医、管、艺等11大门类,设有24个学院,建有7个省一流A类学科、6个省一流B类学科;据ESI公布的数据,工程学、临床医学、化学、材料科学4个学科进入世界学术机构前1%。现有6个一级学科博士学位授权点,3个博士后科研流动站,30个一级学科硕士学位授权点,23个硕士专业学位授权点及工程硕士领域,75个本科专业;具有硕士研究生免试推荐权、招收中国政府奖学金公派来华留学生资格及港澳台学生招生资格;现有普通全日制在校本科生16469人,各类研究生6923人,在校留学生2368人(其中学历生1820人),高等学历继续教育学生12431人。

二、教学改革

高等教育改革的核心是教学改革。1996年三校合并以来,宁波大学在学校办学规模迅速扩大的同时,也面临着教学上存在的许多问题:教学工作中注重量的扩张,忽视质的提高;注重新专业的申报和课时的增加,忽视对现有专业的建设和改造;校系领导对教学工作精力投入不足,对于提高教育教学质量既是学校永恒的主题,又是当前紧迫的课题,缺乏足够的认识;素质教育的观念没有真正确立,因而没有能够在人才培养模式的转变、教学计划的修订和课程体系的构建上充分体现素质教育的理念;教育教学改革进展不快,缺乏改革的总体思路,等等。2000年初,为了认真贯彻中共中央、国务院《关于深化教育改革全面推进素质教育的决定》、教育部《关于实施"新世纪高等教育教学改革工程"的通知》,以及浙江省教育厅《关于在全省高等学校开展"高等教育质量年"活动的通知》精神,宁波大学教务处起草了《宁波大学新世纪教改工程五年规划(草稿)》,就构建适应新世纪需要的人才培养模式,加强专业、课程教材、实验室建设,初步实现教学手段现代化,以及加强教学研究等问题提出了具体实施方案。宁波大学2000年开始的教学改革,以人才培养模式的研究、学分制改革和教学计划修订为切入点,以专业、课程与教材三大建设为载体,以教学手段的改善、教学质量监控与评估机制的构建、师资队伍及教学基本条件的建设为保障,整体推进教育教学改革,全面提高教学质量。2007年,宁波大学颁布《关于推进创新人才全面提高教学质量的若干意见》,进一步深化人才培养模式改革。根据社会经济发展需要,结合宁波大学学科专业的实际,科学划分学科大类,合理设计人才培养计划,进一步完善学校基于"平台+模块"课程结构体系的人才培养计划。2011年,宁波大学在《宁波大学"十二五"改革和发展规划》中提出:"坚持'学生为本'的教育理念,以社会和学生需求为导向,以提高培养质量为前提,以教学方法改革为核心,继续深化人才培养模式改革,探索和改进课堂教学方法,大力建设质量工程项目,推进研究生教育创新,不断提高教学管理水平,努力培养具备合格道德水准、良好沟通能力、科学思辨方法、合理知识结构和一定专业技能的高素质专门人才,早日形成人才培养的特色和优势。"宁波大学的教学改革主要有以下几个方面。

(1)不断修订本科各专业培养方案,以建立新的课程结构体系,形成多样化的人才培养方式。2004年,为进一步深化本科教学改革,学校制定了新的《本科教学培养方案》,各学院根据《方案》提出的基本原则和要求,对各专业的培养方案再次进行修订。2018年宁波大学颁布《2018年宁波大学本科人才培养方案》,通过多年的教学改革,宁波大学的课程教学由公共基础平台课程、学科基础平台课程和专业基础平台课程组成的必修课程的学分比例在不断下降,由专业方向模块课程和任意选修课程组成的选修课程的学分比例不断提升,使整个课程体系呈现出小型化、多品种的特点,以扩大学生自主选择的空间;在学科基础平台课程、专业基础平台课程和专业方向模块课程中设置自主学习学分,自主学习内容纳入该课程的考试、考核范围,同时将实践教学环节的学分比例提高,从而为加强对学生实践能力、创新能力和自主学习能力的培养创造条件。早在2005年,宁波大学就要求在校本科生在每个专业的主要课程中,确定3门共9~12学分的课程作为学位课程,实行教考分离,所有学位课程均达到75分为获取学士学位的必备条件之一,同时要求各专业至少选择2~4门课程为双语教学课程。

(2)加强专业、课程、教材三大建设。在推进教育教学改革过程中,宁波大学以重点建设专业、优秀课程、优秀教材的建设为载体,加大专业、课程、教材改革和建设的力度。主要措施包括:优化专业结构,拓宽专业的培养口径,适度打通基础,强化专业特色;扩大选修课,突出实践课,整体优化课程体系;在课程和教材的建设中,突出教学内容的先进性、基础性,文理渗透和工管交叉;设立教学改革专项基金,对课程和教材建设进行立项资助;建立课程建设分级管理制度,充分调动校院两级课程建设的积极性。宁波大学专业、课程、教材三大建设取得明显成效。2005年,全校共建成省级重点建设专业9个、市级4个、校级18个;立项建设的校级优秀课程建设项目127个,有85个项目通过学校考核验收,被评为校级优秀课程,7门课程被评为校级精品课程,12门课程被评为省级精品课程,2门课程被评为国家精品课程;省立项建设的重点建设教材项目16项,1项被列入教育部"十五"国家级规划教材建设项目,学校立项建设的校级优秀教材建设项目33个,31项被评为校级优秀教材奖,另外还自编了53门体现优化教学内容和现代化教学手段的教材,开发研制了80余个有利于提高教育教学效果的多媒体课件。2018年,宁波大学充分发挥国家教育质量建设工程项目的引领作用,精心培育教学精品。依托优势特色学科,重点培育并建成6个地方服务能力强、特色鲜明、资源优势明显的国家特色专业,10个省级重点建设专业,18个省重点学科,4个省重中之重的学科,1个省医学重点扶植学科,5门国家精品课程,35门省级精品课程。

(3)加强教学实验室和实习基地建设。目前,宁波大学拥有国家、省市重点实验室23个,其中国家重点实验室培育基地1个、教育部重点实验室2个、浙江省重点实验室8个、宁波市重点实验室12个;国家、省部级创新基地3个,其中科技部国际合作基地1个、教育部高等学校创新引智基地1个、浙江省国际科技合作基地1个;国家级成果推广机构1个;国家、地方工程技术(研究开发)中心6个,其中科技部工程研究中心分中心1个、国家发改委工程研究中心分中心

1个、国家地方联合工程实验室1个、教育部工程研究中心1个、宁波市工程(技术)研究中心2个;协同创新中心3个,其中浙江省协同创新中心2个、宁波市协同创新中心1个;各级公共服务平台9个,其中教育部科技创新工作站1个、国家海洋局公共服务平台1个、浙江省公共服务平台1个、宁波市公共服务平台6个;浙江省引进大院名所创新性载体2个;宁波市中介服务机构1个。

宁波大学也非常重视人文社科科研平台的建设,积极推进省、部、市级社科基地建设,引导各级各类科研创新平台深化内部管理,积累成果,保持着良好的发展态势。目前已构建省(部)、市、校三级研究平台体系,现有浙江省哲学社会科学重点研究基地1个、国家体育总局体育社会科学研究基地1个、中国统一战线理论研究会研究基地1个、浙江省中国特色社会主义理论体系研究中心宁波大学研究基地1个、宁波市社会科学研究基地9个;浙江省新型重点专业智库1个、浙江省高校新型智库2个;浙江省"2011协同创新中心"1个、宁波市高校协同创新中心1个;浙江省高校高水平创新团队2个、宁波市文化创新团队1个;宁波市与中国社科院合作共建研究中心6个。还积极整合校内研究资源,建有人文社科校级研究院12个、研究中心21个。

(4)建立与新的人才培养模式相配套的教学管理网络系统。早在2001年,宁波大学自主开发的"完全基于B/S结构的高校学分制下的综合教务管理系统"正式在校园网上投入运行。新的教务管理系统具有较为全面的管理功能,可以实现学生在网上进行专业、专业方向分流,以及学生自主选课等,可以对每个学生制定个性化的培养方案,在管理架构上实施校院两级的分布式行政管理体制,为在全校实施新的人才培养模式搭建了行之有效的操作平台。

(5)建立校内教学质量监控与评估体系。该体系包含教学管理系统、教学咨询与评估系统,以及教学监控系统。教学管理系统以校、院分级教学管理为主要架构,学校的教学管理职能由过程管理为主向目标管理为主、过程管理为辅转变,学院作为教学过程管理的主体,加强科学严密的教学过程控制。教学咨询与评估系统包括教师教学质量评估、专业评估、课程评估、教材评估、学生学习质量评估、实践教学评估、学院教学工作评估等内容,充分体现"以评促建,以评促改,以评促管"的特点,保证教学质量稳步提高。教学监控系统包括实施学生评教制度、学生信息员制度,以及成立独立于教学管理系统的校教学督导委员会和学院的教学督导组织,及时向学校和学院反馈有关教学工作的信息,以建立和完善教学质量的保障机制。

三、学科建设

进入21世纪以来,宁波大学开始向教学研究型大学转变及确立培养创新型人才的发展目标,为此,在学科建设上实施了"新世纪学科建设工程"和"顶天立地"科研发展战略,不断提升学科建设的整体水平,增强承担国家、地方重大科研项目的能力和自主创新能力,实现了国家级科研创新平台建设、国家科技进步奖和博士学位授予权的历史性突破,提升了学校的整体办学水平。

建设优势特色学科和优势特色后备学科是学校新世纪学科建设的重要举措。2004年1月,学校在对原有24个校级重点学科进行建设期满验收考核的基础上,经过严格评审,选取了海洋水产与生物技术、信息与通信工程、工程力学、无机化学、理论物理、国际贸易学6个学科为第一批校级优势特色学科,学校重点投入加强建设;遴选了民商法学、英语语言文学、基础数学、计算机应用技术、现代制造工程、体育教育训练学6个学科为优势特色后备学科,进一步凝练学科方向,明确建设目标,加快建设步伐。与此同时,学校进一步加强省、市、校三级重点学科的建设工作,形成了以地方需求为导向、学科布局较为合理、学科特色较为明显、学科基础设施较为完善、学科与学位点建设相互支撑的省、市、校三级重点学科体系,部分学科的综合实力排名先后进入全国百强。

宁波大学在建设一批优势特色学科的同时,推进高水平的学科基地的建设。学科基地建设的任务和目标,包括逐步建立"开放、流动、联合、竞争"的运行机制,合作共建宁波市大学科技园科技创新孵化基地,以及促使由优势特色学科所依托的学科基地建设成为国家或教育部重点实验室、工程研究中心等。2003—2007年间,在中央和省、市各级的重视支持下,学科基地建设取得了突破性进展。2005年1月,"新型功能材料及其制备科学重点实验室"被科技部批准为2004年省部共建国家重点实验室培育基地;2005年9月,"应用海洋生物技术重点实验室"被教育部批准为省部共建教育部重点实验室;2006年1月,由体育学院、商学院、法学院通过学科交叉和资源整合组织申报的"体育经济研究中心"被批准为国家体育总局体育社会科学重点研究基地;2006年3月,通过整合商学院、文学院、法学院、外语学院、生命科学与生物工程学院的相关学科力量联合申报的"浙江海洋文化与经济研究中心",被批准为省社会科学重点研究基地;2006年7月,"多媒体通信中心"被教育部批准为省部共建教育部工程研究中心;2006年11月,由宁波大学、舟山海洋科技(人才)创业园、中国海洋大学等单位联合共建的"海洋科技创新服务平台"被确定为浙江省首批重大科技创新平台建设项目;2007年10月,由浙江工业大学、宁波大学、杭州电子科技大学联合共建的"浙江省嵌入式系统联合重点实验室"被正式列入2007年度浙江省重点实验室和试验基地建设计划。宁波大学学科建设的不断完善为学校的人才培养和服务地方工作提供了重要的平台支撑。

宁波大学的"新世纪学科建设工程"和"顶天立地"科研发展战略经过数年发展取得了丰硕的成果。其中高级别科研项目和国家级科研奖项取得重大突破。2005—2007年,新立国家自然科学基金项目、国家社会科学基金项目、国家"863"计划专题课题、国家软件学研究计划项目、科技部农业科技成果转化基金项目等国家级科研项目104项,其中属于"顶天"与"立地"紧密结合的项目就达45项,占43%。生命科学与生物工程学院以严小军研究员为首的科研团队与宁波天邦股份有限公司、浙江大学、中国科学院海洋研究所等合作完成"海水生物活饵料和全熟膨化饲料的关键技术创新与生产化"课题,其研究成果在我国南方沿海近300家育苗场推广应用后,实现直接经济效益3.39亿元,获得2006年国家科技进步奖二等奖。工学院以王礼立教授为首的工程力学学科团队所完成的"固体中非线性弹塑性加-卸载波和黏弹性波的传播"科研课题,其研究成果应用于上百项民用工程后,取得显著的社会效益和经济效益,获2006年度教育部高等学校自然科学奖一等奖。理学院楼森岳教授课题组运用其在对称理论及相关非线性科学领域的研究成果,开展对我国东南沿海地区灾害性天气、气候,特别是台风及台风的气候背景等方面的研究,结合现有的台风路径和强度预报方法及各种观测资料提出可能的新预报方案,于2007年9月与中国海洋大学联合申报"灾害性天气和气候研究的数学物理问题"项目,获得国家自然科学基金重点项目的立项资助,"非线性系统对称性及其相关研究"获2007年教育部高等学校科学技术奖自然科学一等奖,等等。

2003—2007年,宁波大学为更好地完善学校建立学科建设保障体系,为实现学科建设管理由"人治"向"法治"的转变,先后制定近10个有关的管理规章,形成了较为完善的学科建设管理体系;明确学校和学院各自的职责,建立学科建设责任制,加强学校对学科建设工作的组织领导、宏观调控和监督评估,推动学院按照"扶优扶强、协调发展"的原则,实现学科资源的合理投向和优化配置;建立学科专家组和实行学科负责人负责制,充分发挥学科负责人的核心作用,扩大学科的自主权和资源调控权,同时完善对学术权力的约束机制;对学科建设实行定期评价考核,建立学科评估指标体系,形成重点扶持、优胜劣汰的竞争激励机制。此外,学校把各学院的学科建设工作列入学校对学院主要领导的工作业绩考核的重要内容,重视加强"优先发展学科"和"重点发展学科"所在学院领导班子的建设,充分发挥基层党组织在自主创新和社会服务工作中的监督保障作用;通过建立"政府投入为主体,学校投入为主导,学院投入为辅助"的学科建设经费筹措机制,积极筹措学科建设经费,在学校加大投入,积极争取中央、省、市政府支持的同时,规定各学院从每年新增的创收基金中以不低于30%的比例投入本单位的学科建设,以形成良性的自我造血功能;通过制定重点支持优势特色学科和加强各级重点学科建设的资源配置政策,以及人才引进、岗位聘任、职称评聘等人事政策,为实现学科建设与发展目标及人才培养提供政策保障。

四、人才培养

2006年,中央和省、市相继提出建设创新型国家、创新型省份、创新型城市的要求,宁波大学适时提出构建创新型人才的培养体系。"这个新的人才培养体系要坚持育人为本,德育为先,把提高学生的思想素质放在首位,进一步把学生成才的选择权交给学生,把创新型人才作为学校人才培养的目标,即培养面向地方经济社会发展需要的具有'人文精神、创新精神、实践应用能力、社会适应能力'的创新型人才。"[①]这是国家构建创新体系对高校的根本要求,是高校服务地方经济和社会发展的现实需要,也是学校自身可持续发展的必然选择。

为了进一步构建创新型人才培养模式,宁波大学提出"把成才的选择权交给学生"的教育理念,"即谁能成为哪种人才的选择权不应该属于学校,而应该属于学生自己,把成才的选择权交给学生,学校的任务是为学生的成长成才和全面发展的选择创造更好的条件和提供有效的指导,使学生有更大的选择余地"。这样一种构建创新型人才培养体系的教育理念,是对"学生为本"教育理念的深化和延伸,关键是为学生的选择创造条件,重点是指导和教会学生做出适合于他们成才的合理选择。这样做,有利于提高人才培养的社会适应度,有利于激发学生成才成长的内在主动性,有利于培养学生创新创业的思想独立性,有利于提高教师对学生成才的主动关注,也有利于学校办学资源的优化配置。

为培养创新型人才,宁波大学完善创新人才培养的支持体系,建立跨学院的学科基础平台,调整专业方向模块结构,强化教学实验实践环境,加快创新创业基地建设,加强学生第二课堂建设,等等。为此,学校先后制定了《关于推进创新人才培养,全面提高教学质量的若干意见》《关于实施"大学生创新创业训练计划"的决定》《宁波大学普通全日制本科学生专业(方向)分流管理办法(试行)》《宁波大学教师课程教学质量评估办法(试行)》《宁波大学通识教育课程教学暂行办法》《宁波大学"学科导论"课程教学暂行办法》等系列文件,以扩大学生的自主选择权、促进学生个性化成长为突破口,实施创新型人才培养模式改革。其主要内容如下。

首先,构建新的"平台+模块"课程结构体系。按照创新人才培养对知识交叉和个性发展的要求,重新构建由通识教育平台、学科大类教育平台、专业教育平台、专业方向模块、大学生创新创业计划组成的新"平台+模块"课程结构体

[①]宁大党〔2006〕50号.关于进一步提高学校自主创新能力,建设创新型地方高校的若干意见.2006-09-07.

系。其次,实行新的人才培养方式。全校68个本科专业以学科类别相近、基础课程融通为原则,划分为12个学科大类,从2007年暑假开始实行"按大类招生,按大类培养"的人才培养方式。再次,赋予学生更大的自主选择权利。包括赋予学生在学科大类里选择专业的权利、选择专业方向的权利、选择课程的权利、选择参与创新创业实践的权利、选择学习进程的权利和选择任课教师的权利。通过学生连续的、多层次的自主选择,培养他们的创新精神和实践能力。还有,确定既统一又多元的创新型人才培养目标。对创新型人才的培养规定了明确的统一性要求和多元化要求,加强对学生人文精神、创新精神、实践应用能力、社会适应能力的培养,造就符合地方经济社会发展要求和国家构建创新体系要求的多种类型的人才。此外,重视通识教育课程的设置。提出"重视通识教育、夯实基础知识、强化综合素质"的培养要求,对通识教育课程的培养目标、课程设置、课程教学、学生修读、课程管理等提出明确规范,实行严格的申报、审议和更新制度,以确保开课质量。再如,完善专业方向模块设置。各学院紧密结合浙江省、宁波市经济建设和社会发展的需求,设置符合产业发展和产业升级要求的多个专业方向模块,搭建专业基础理论与社会实际需求的沟通桥梁,拓展学生的选择空间,增强学生的专业能力。此外,强化实践教学环节。以创新精神和实践能力的培养为导向,通过适当提高综合性、设计性实验项目和研究性实验项目的比例,充分利用网络技术等现代化技术及先进的实验教学手段,推行以学生自我训练为主的开放式实验教学模式,培育有特色的实验教学项目,形成面向真实环境的实习机制等途径,进一步加强和改进实践教学,完善实践教育体系。最后,实施"大学生创新创业训练计划"。通过整合和开发第二课堂活动的各类资源,形成包括科研创新训练计划、创业训练计划、科技竞赛计划、人文素质提高计划、职业技能培训计划五个大类160项计划项目的"大学生创新创业计划",供学生根据自己的爱好、能力和特长加以选择,在参与相关的创新创业活动后获得相应的学分。为了加强管理和指导,校、院两级成立了大学生创新创业训练工作领导小组;相关部门根据分工,负责有关项目的管理工作;学校每年安排预算作为"大学生创新创业基金",以保障该项计划的正常运行。

在"把成才的选择权交给学生"教育理念的指导下,宁波大学从2007年开始启动按大类招生、按大类培养的准备工作,2008年初成立了阳明学院并开始在全校实行"按类招生、分流培养"的人才培养模式。学生进校后,前期(2年左右)学习公共基础平台和学科基础平台课程,后期根据人才市场需求和个性化发展的需要,按照"志愿＋考核"的原则在学科(或学院)内自主选择专业和专业方向,进入专业基础平台课程(1年左右)和专业方向模块课程(1年左右)的学习,先后实行专业和专业方向的两次分流。学生根据自身的实际情况,可以自主安排学习进程,以及选择不同层次的课程、课程的修读方式以及选择教师、班级,等等,学有余力的学生还可以修读辅修课程和修读双专业、双学位,以利于提高学生对于专业的认可度和学习热情,减少学生选择专业和专业方向的盲目性,满足社会对不同规格人才的需求。

宁波大学"按类招生、分流培养"的创新型人才培养模式经过近十年的发展,取得了良好的实践效果。学校在制订专业分流计划时,分流计划总数为实有学生数的1.3倍,并在教学资源允许的情况下,尽可能将更多的计划投放到受学生欢迎的专业,使学生有更多的机会能分流到自己感兴趣的专业。根据2008—2012级学生专业分流情况统计,每个年级91％以上的学生进入第一志愿专业,并学有所成。创新人才培养体系确定了既统一又多元的创新型人才培养目标。随着国家和地方经济社会的发展与经济结构的逐步调整,对人才的需求更加多元化,对高层次人才与紧缺人才的需求更加迫切,对高校毕业生的创新精神、实践能力和社会适应能力的要求也越来越高。创新人才培养体系对于人才培养的统一性要求,是指培养的人才必须是面向地方经济社会发展所需要的具有"人文精神、创新精神、实践应用能力、社会适应能力"的创新型人才。人才培养的多元性要求,是指学校本科教学在主要培养适应地方社会经济发展需要的、具有可持续发展能力的应用型创新人才的同时,还应注意培养多学科交叉的复合型创新人才和知识宽厚、基础扎实的研究型创新人才。这个既统一又多元的创新型人才培养目标,符合国家构建创新体系对高校提出的基本要求,符合地方经济社会快速发展、经济结构调整和建设创新型省、市的现实需求,符合学校地方性、教学研究型、综合性大学的办学定位。

第二节 宁波工程学院

宁波工程学院是由宁波市人民政府举办的全日制普通本科院校,其前身宁波高等专科学校创建于1983年,是该年教育部和浙江省人民政府确定的原联邦德国援助我国合作建设的4所高专项目之一。1997年,被国家教委确定为示范性普通高等工程专科重点建设学校。2001年7月,宁波高等专科学校与宁波交通职业技术学院(筹)合并为新的宁波高专。2004年,学校升格为本科院校,更名为宁波工程学院。2014年,成为首届长三角地区应用型本科高校联盟理事会主席单位。2015年,成为浙江省应用型建设试点示范高校。2016年,入选国家产教融合发展工程建设高校,成为全省应用型本科高校联盟首届理事长单位。

一、办学定位

办学定位是一项涵盖高校发展目标、办学类型、人才规格、办学特色、服务面向等诸多项目的复杂系统。只有办学定位准确,才能正确找到合适的发展坐标。因而,能否科学制定办学定位,成为考量办学者能力和水平的重要标尺。宁波工程学院的办学定位是应用型本科院校。是该校根据国家和社会发展需要,依据自身条件,找准自身在人才培养中的位置而制定的。

作为宁波市人民政府举办的全日制普通本科院校,学校明确应用型定位与争试点创示范目标,积极探索地方应用型本科院校特色发展之路。高等教育的人才培养目标可以按照行业领域或岗位职位等不同人的分类标准,将人才划分为不同的类型,如学术型人才和应用型人才。经济和社会的发展,是人类认识世界、改造世界的过程,是发现规律、创新知识、转化应用、生产实践的过程。学术型人才,富有创造能力和研究兴趣,在经济和社会发展过程中主要承担发现规律、创新知识的重任;应用型人才,把发现、发明、创造变成可以实践或接近实践,主要承担转化应用、实际生产的任务。从概念本身而言,应用型人才是相对于学术型人才而言的,他们只是类型差异,而不是层次的差异。前者强调应用性知识,后者强调理论性知识;前者强调技术应用,后者强调科学研究;前者强调专精实用,后者强调宽口径厚基础。从推动社会生产发展的角度来说,两者都是国家不可或缺的人才;从提高生产的效益和工艺水平上讲,应用型人才的作用更为显著。目前,我国正处于高新技术发展与产业结构调整转型的重要时期,生产过程不仅需要大量的技术工人和普通技术管理人员,而且更需要大量的高级工程技术人才和高级生产管理经营型人才。有技术、有技能的应用型人才已经成为我国社会经济发展中的关键因素。改革开放以来,我国利用劳动力优势参与国际竞争,推动了经济持续快速增长。但是现在劳动力成本优势在逐渐减少,企业劳动力成本上涨较快,导致生产经营压力加大,经营效益下降。新时期区域经济产业的转型升级呈现出"三高"特征,即高知识含量、高技能和高附加值。据麦肯锡全球研究院报告,预计截止到2020年,中国市场对高新技术型人才的需求高达1.5亿人,技术型人才供应缺口可能高达2400万人。地方高校是推动区域经济社会发展的重要力量,在培养适应区域经济发展的应用型人才方面具有独特的优势。美国著名教育学家马丁·特罗说过,一个国家的高等教育如果缺少多元化的发展,那么它将如无水之源,毫无生机可言。目前无论是全球经济还是中国经济,都提倡和鼓励多元化发展,营造一个有序的、多样的、充满活力的经济体系。因此,为经济发展保驾护航的高等教育体系也应实现多元化发展。实现地方高校向应用型院校转型发展是优化高等教育结构的必然结果,也是地方高校特色发展、多元化发展的必经之路。

2015年,教育部、国家发展改革委、财政部《关于引导部分地方普通本科高校向应用型转变的指导意见》(教发〔2015〕7号)指出,"各地各高校要从适应和引领经济发展新常态、服务创新驱动发展的大局出发,切实增强对转型发展工作重要性、紧迫性的认识,摆在当前工作的重要位置,以改革创新的精神,推动部分普通本科高校转型发展"。在这一思路的指引下,宁波工程学院将人才培养规格确定为应用开发型高级技术与管理人才,即适应地方经济建设和社会发展需要,按照现代工程师培养思路,培养具有创新创业意识、基础扎实、知识面宽、应用开发能力强的工程技术人才。"应用开发"的概念来源于技术链和工程链。在"技术创新、技术开发、技术应用、技术服务、技能操作"的技术链中,宁波工程学院的人才培养目标处于中间位置,以技术应用为主,辅之技术开发和技术服务,合称为应用开发型人才。在"研究、开发、设计、制造、运行、营销、管理和咨询"的工程链中,宁波工程学院培养的是从事生产制造、施工运行、维修检测和营销管理等工作的工程师。大学不是培养单纯的劳动者,而是培养完整的人。现代工程师应该德才兼备,既要有社会主义信念、社会责任感、进取心和创新精神,也要有国际视野和强烈的工程意识,还要有到一线艰苦创业的献身精神。宁波工程学院培养的人才也不局限于现代工程师,而是一个完整的人才群体。其开设的经济管理、人文外语等专业,增加了应用型人才的通识教育。

早在2005年宁波工程学院升格为本科后的第一年,校长高浩其在工作报告中指出:"学校的定位,一是立足宁波这个改革开放和现代化建设的前沿阵地,面向浙江,经过若干年的努力,在全国具有一定的影响,成为符合国际通行标准,以工科为主、多学科协调发展的高校,形成具有工程学院特点的学科结构定位以及办学层次定位。二是发挥比较优势,进一步强化我们在应用型人才培养上积累的较为丰富的经验,研究开发型人才培养的有效途径,形成以应用开发型高级技术人才为目标的人才培养定位。三是以'基础扎实,知识面宽,综合素质高,应用开发能力强'为目标,逐步形成我校独特的人才培养规格,使我们的毕业生在掌握较扎实的理论知识、拥有较宽泛知识面的同时,具有比较突出的动手能力、应用开发能力,结合学校发展实际切实增强他们的就业竞争力。"[1]

现阶段我国各院校招生人数日益增多,我国教育从精英教育逐渐发展成为大众教育。应用型院校面对生源规模扩大、学生水平参差不齐的现状,如何发展有地方特色的应用型高校是宁波工程学院面临的重要问题,为此,宁波工程学院提出"三为本"的办学理念。"三为本"理念就是质量立校,人才强校,服务兴校。这是宁波工程学院作为地方性高校的发展之道。

首先,以质量为本,提升本科教学工作质量。人才培养定位清楚,"知行合一、双核协同"的人才培养模式已经确定。2005年,宁波工程学院本科专业布局

---

[1]宁波工程学院高教所.夯实基础追求卓越[M].杭州:浙江大学出版社,2010:147.

基本完成,2006年有24个专业招生。"321教学质量工程"有序开展,第一批8个重点建设专业已完成第一阶段,正准备二期建设工作;第二期8个重点建设专业也已确定。重点课程建设两批共26门,其中理论力学、基础会计学、高等数学3门课程获"省级精品课程"称号。重点实验室建设稳步推进,争取到中央与地方共建高校基础实验室专项资金2项,金额达400万元;省教育厅化学化工基础示范实验室1个。图书总量明显增加,信息服务逐步扩大。

其次,以人才为本,开创师资队伍建设新局面。截至2018年,宁波工程学院师资队伍结构更加优化,高学历、高职称人员比例逐年提升;教师教学水平明显提高;师资队伍建设中新教师培训、合格教师认定、教师进修计划、骨干教师和学科带头人培养、教学名师评选、教师教学工作考核等长效机制已经形成。学校重视干部队伍建设,通过多种方式提高干部素养,不断完善中层干部考核聘任机制。通过开展保持共产党员先进性教育、"党风带教风促学风树校风"等一系列活动,教职工精神面貌大为改观,思想理论素质有了新的提高,成为促进宁波工程学院各项事业发展进步的强大动力。

最后,以服务为本,丰富科研创新成果。2005年以来,科研经费总量逐年提高,科研立项数量持续增长,立项层次不断有新突破,多项科研成果获得省市各级奖励。科研团队培育卓有成效,十几个科研团队基本形成。社会科学研究起步良好,宁波市城市政府与社会治理研究基地落户我校。积极参与地方政府科技合作活动,服务地方经济,建设成人教育、继续教育和各类培训。通过开拓新项目,完善管理,规模不断扩大,发展势头良好。国际交流与合作日益广泛,与多所学校达成合作意向,合作办学层次得到提高,接收留学生和学生互派工作顺利展开。

二、教学改革

教育质量是一个学校"安身立命"的关键所在,宁波工程学院坚持"教学第一,质量立校"的原则。坚持科学的质量观,面向社会开展高等教育,努力造就素质全面发展,具有优秀思想道德、良好文化修养的应用开发型高级技术人才。为此,学校必须把教学工作放在首要位置,遵循"知行合一"的校训,继承并不断发展"讲实求精"的优良传统,结合社会需求和自身特点,进一步提高教学质量,保持并发挥宁波工程学院在人才培养规格模式上的优势。坚持以改革促进发展、促进教学质量提高的思路,加强教学管理,加大对教学基础设施的投入力量,学校每年都安排 1000 万元以上的资金,用于教学设施的改造,以使学校的教学水平有明显提高,更好地适应本科教学和高素质人才培养的需要。

宁波工程学院为了提升教学质量,除了资金上的大手笔投入外,还积极开展实施"教学质量工程"即"三重二优一评估"("321工程"),建设重点专业、重点课程、重点实验室,培养优秀教师和优秀学生,开展教学评估。重点专业和重点课程建设由教务处牵头,各学院组织实施;重点实验室建设由科研设备处牵头;优秀教师培养由人事处和教务处共同负责;优秀学生培养由各学院负责,学生处配合;教学评估工作由教务处负责。制订教学质量工程实施行动计划,其内容如下。

一是建设重点专业、重点课程、重点实验室。重点专业建设工程将按照学校人才培养目标,通过滚动投入,加大本科专业建设力度,优化专业结构和布局,使每个学院能够发挥优势,突出特色。重点建设 1～2 个本科专业,全校建成 10 个左右的重点专业,进而建设学校品牌专业、省市重点(精品)专业。重点专业建设要突破旧框框,强调创新,强调人才培养目标,强调知识、能力、素质与教学的结合。学校选择建设思路清晰、建设目标明确、有创新点的专业先行启动,逐年推进,滚动发展。建立健全"宁波工程学院重点专业评估体系"制定配套政策和措施,每两年进行一次专业检查、评估,促进专业建设上质量上水平。重点课程建设工程旨在通过四级课程建设体系、设立优秀课程建设奖励基金、加强核心课程建设、健全课程质量评估指标体系、设立教材出版基金等措施,建成一批教学思想、教学内容、教学方法和手段符合现代化要求的高起点、高质量、高水准的系列重点课程,带动学校课程整体水平的提高。重点实验室建设工程着眼于本科教学及实践的需要,突出应用性工科实验室建设,整合有关基础实验室,加大投入,建立校级基础实验示范中心和学校工程实验中心。

二是培养优秀教师、优秀学生。优秀教师队伍建设工程将通过"骨干教师"、"优秀教师"和"教学名师"三级培养和选拔制度,采用青年教师教学比武等行之有效的激励机制,营造优秀教师脱颖而出、教师敬业爱岗的良好氛围。各学院可采取不同方式发现、选拔和培养一批优秀学生,提高学生实践创新能力,培养德、智、体全面发展的应用开发型高级技术人才,对优秀学生在就业推荐等关键环节给予一定的倾斜。

三是开展教学评估。要积极实施教学质量评建工程,制定本科评估方案和指标体系,分段推进本科教学工作水平评估,建立和完善教学工作评估制度等,"以评促改、以评促建、评建结合",全面提高教学质量。

宁波工程学院"321"教学质量工程成效显著,专业和课程建设质量明显提高。2009年,土木工程、化学工程与工艺成为省重点建设专业,全校有16个校级重点建设专业、4个市级重点建设专业、2个省级重点建设专业,已经形成校级、市级、省级三级专业建设格局。新批本科专业3个,专业布局进一步完善。2门课程获省级精品课程称号;对首批校级精品建设课程进行了验收,5门获校级精品课程称号;对第二批16门重点建设本科课程进行了验收,确定了12门优秀课程继续校级精品课程的建设;完成了第三批22门课程第一阶段的建设工作。学校已有5门省级精品课程、6门校级精品课程、48门校级重点课程。新增省级教学团队1个。学校分别召开重点实验室、重点课程建设现场会,确定了教学质量标准纲要,设计完成了质量保障流程,教学质量保障体系逐步完善,为加强教学管理提供了依据和保障。

2010年,宁波工程学院被教育部列入"卓越工程师教育培养计划"首批实施高校,这是学院教育教学改革的又一突破。学校已在化学工程与工艺、计算机科学与技术、电子信息工程、材料成型及控制工程、土木工程等5个专业上进行试点;建筑学、化学工程与工艺、机械设计制造及其自动化等3个专业被列为教育部首批CDIO试点专业。

"卓越工程师教育培养计划"是教育部为深化国家教育改革和发展而提出的重大改革项目。教育部于2010年6月23日在天津大学召开教育部"卓越工程师教育培养计划"启动会,并联合有关部门和行业协(学)会,共同实施"卓越工程师教育培养计划"。截至目前,我国已有多所应用型院校探索实施"卓越计划",改革传统教育教学模式,积极培养符合现代社会发展需要的工程技术人才。宁波工程学院就是首批"卓越计划"实施高校。"卓越计划"的特点包括:行业企业的深度参与、工程技术人才培养的标准化以及强化培养学生的工程能力和创新能力。"卓越计划"最主要的目标在于为经济发展、工业发展、民族未来发展培养众多具有较强创新能力、符合经济社会发展需要的高水平、高素质的工程技术人才,从而奠定我国建设创新型国家、建设人力资源强国和加速实现现代化的基础,推进我国核心竞争力和综合国力的提升。"卓越计划"的实施需遵守"行业指导、校企合作、分类实施、形式多样"的基本原则。为促进"卓越计划"的实施,应用型院校应与有关部门和单位通力合作,联合制定相关的配套支持政策,共同培养人才。其中,应用型院校尤其要重视国家产业结构调整和战略性新兴产业发展过程中所产生的新兴人才需求,并根据实际情况适度超前地培养人才,以避免人才培养的滞后性。"卓越计划"的实施,促进了我国工程教育体系的改革、发展与创新,以及工程技术人才量的提高,有助于我国建成世界领先的、具有中国特色的现代化工程教育体系,促进我国向着工程教育强国的目标进发。

宁波工程学院为了组织好"卓越计划"实施工作,2011年学校下发了《关于实施卓越工程师教育培养计划的若干意见》,提出各试点专业要根据学科、行业发展的特征,重点加强与企业的合作,建立稳定有效的实践基地,强化工程实践能力的培养,并根据实施方案对班级构建、教学计划、课程建设、实践环节、师资队伍及管理体制进行综合改革。为此,宁波工程学院组织召开了宁波工程学院卓越工程师培养计划推进现场会,提出坚持校企合作培养,理论与实践相结合,突出应用性;坚持分类型、有重点地培养,确保培养的人才既合格又具特色;坚持全员育人、全方位育人、全过程育人,使培养出来的学生真正达到卓越的要求。在课程改革上,提出了以"3I"为核心内容的"卓越计划123模式",各实施专业探索了"3+1""2CE""鲁班"等卓越工程师分模式。"卓越计划"引领并带动了能力优化、方法创新、课程整合、企业学习、评价方式等各项教学改革,取得了显著成效。建筑学专业"CDIO"教学改革也取得明显成效,研究创新了建筑学专业"A+T CDIO"教育教学体系,精心设计了体系的各个部分。2011年,学校启动专业群建设项目,由建筑学专业引领,将该成果推广应用到工业设计和广告学等艺术型工科专业。在实践基地建设上,教育部等部委《关于进一步加强高校实践育人工作的若干意见》(教思政〔2012〕1号)指出,"实践教学是学校教学工作的重要组成部分,是深化课堂教学的重要环节,是学生获取、掌握知识的重要途径。各高校要结合专业特点和人才培养要求,分类制定实践教学标准,增加实践教学比重"。宁波工程学院积极建设"卓越工程"校内外实践基地,继续推进实施卓越工程师海外实习计划。在卓越教师队伍的建设上,宁波工程学院为培养优秀的应用型人才,组建一支高素质、高质量的卓越教师团队。团队成员不断更新教育理念,严谨治学,具备良好的教学科研能力。

三、学科建设

宁波工程学院自2004年升为本科院校后,非常重视学院的学科建设。学科水平的高低,代表并决定着一所大学的办学水平、培养人才的质量、社会服务的水平和地位。2010年,宁波工程学院制定和实施《宁波工程学院学科建设与发展规划》,着力推进学院的学科建设,其学科建设的主要内容如下。

(一) 建立制度

2004年宁波工程学院升为本科后,在学科建设上整体力量弱,学科方向数量少而且分散。要推进学科建设,当务之急是营造良好的学科环境、氛围。学科环境包括两部分:一是外环境,二是内环境。外环境包括两个方面:一是要拥有省内一流的教学科研信息服务体系,二是要与国内知名大学和国外大学建立广泛的学术交流关系。内环境则主要体现在校内。学校要使师生员工充分认识学科建设的意义,高度重视学科建设。学校领导和二级学院负责人要把学科建设作为自己的首要任务,广大教师要积极参与学科建设,各职能部门和职员要为学科建设的顺利进行创造良好环境,提供一流的服务。校内要创造和谐民主、团结、有凝聚力的环境,要处理好学科带头人与成员之间的关系、各成员间的关系、导师与学生之间的关系,要尊重每个人的学术见解,发挥每个成员的作用。学校要建立规范的学术管理体制,要坚持原则,尊重学术自由,实行民主管理,要营造积极向上、不甘落后的竞争氛围。学科建设是一项系统而细致的工作,需要付出极大的努力。且随着学科领域的不断扩大,学术技术创新步伐的不断加快,学科发展的竞争将会更加激烈。

规范化、制度化的学科建设管理机制是学科建设健康、快速、可持续发展的保障。为此,地方本科院校在开展学科建设之初,就应参照国家申报学位授权制度,建立规范的学科建设工作管理机制,制定切实可行的重点学科建设管理文件,规范学科带头人、学术带头人、科研骨干的选拔,规范重点学科申报程序,把学科带头人的选拔,重点学科的申报、管理、评估、验收等内容和环节规范化、制度化,使学科建设工作有章可循,从而保证学科建设工作的可持续发展。2015年,宁波工程学院印发《宁波工程学院优势特色学科建设管理办法》及《宁波工程学院重点学科建设管理办法》,对优势学科和重点学科的建设目标、遴选条件、建设任务、建设经费、申报及评估验收等做了具体规定,通过制度建设推进学科发展。

(二)凝练方向

学科布局是指学科在大学的分布状况,它不仅决定一所大学的学科结构,而且决定了大学的功能、特色,影响着学科水平的提升。学科的设置和调整必须根据学校自身的任务和人才培养目标来确定。首先,要认清学校自身特色,重点发展优势学科。

地方本科院校与其他老牌本科院校和综合性大学相比,发展历程较短,基础较为薄弱,而且主要是以地方经济建设和培养高素质人才为目标,因此,在学科的建设上首先必须立足地方经济需要,使学科建设与地方经济建设相互促进、共同发展。其次,要考虑本校现有资源情况,包括学术带头人、学科基础、经费等条件。再次,必须努力创造条件,积极设置新兴学科。由于校情的不同,一所学校不可能在所有的新兴领域中都去布点。对于宁波工程学院这样的地方本科院校来说,只能根据实际,认真分析新兴学科设置的现实性与可能性,从中选择若干领域进行布点。最后,在调整学科布局的过程中,必须保持学校自身的学科优势与特色。尤其是在新形势下,学科的个性特征或学科特色,将成为高校"品牌"或办学特色,会带动高校的整体发展,也将提升高校的社会地位和学术地位。

2010年,宁波工程学院结合学校学科结构布局的实际,深入调研论证,制定和实施《宁波工程学院学科建设与发展规划》。根据学科建设需要,调整机构设置。加大对重点学科的培育和支持力度,建设特色鲜明的优势学科。适时召开学科建设大会,总结经验和成果,研究出台相关工作措施。之后,又制定了《关于加强学科建设的若干意见》。2011年,学校继续贯彻和落实学科建设的各项配套政策措施,优化学科布局,编制各学科建设与发展规划,出台"文科振兴计划"实施方案,推动人文社会科学学科建设。同年,学院以学科为引领,推动二级学院改革。以学科为基础,选择1~2个二级学院进行改革试点整合资源,以实体化运行机制组建交通研究所、港口城市研究所,以研究所推动学科建设。同年,学院出台新的学科建设方案和考核激励办法,以硕士点申报和实体化运行为要求,按照一级学科规划,推进第一层次学科建设;以省重点学科建设为要求,按照二级学科规划,推进第二层次学科建设;按照三级学科规划,推进以重点学科方向为主要内容的第三层次学科建设。2013年,学院加快实施《"十二五"学科建设发展规划》,按照突出重点、特色优先、合作共建、目标导向原则,打破学科壁垒,促进学科交叉融合,分三个层次推进学科建设;制定学科建设考核指标体系,建立相应的评估验收机制。同年,启动学科建设与专业建设联动的改革试点,按照"一级学科建学院、二级学科建专业"的思路,探索学科建设与专业建设互动、教学与科研融合、人才培养与科学研究及社会服务联动的发展模式,支持交通学院、交通研究院"科教融合"人才培养改革试点,谋划筹建材料学院。

(三)集中优势力量,突出特点

学科队伍建设是学科建设的核心。学校、学科之间的竞争主要是教师队伍的竞争,学校、学科之间的差距主要是教师队伍的差距。因此,地方本科院校应采取超常规的措施,高度重视学科队伍建设。要通过培养、引进、使用等途径和方式,建设一支由学科带头人、学术带头人和学术骨干构成的学科队伍,并形成合理结构。学科带头人在学科建设中起着举足轻重的作用,学科带头人必须具有良好的职业道德和敬业精神、扎实的学术功底和创新能力以及善于组织学科梯队、搭建学科平台的组织管理能力。学科带头人应是学科建设的责任人,对学科建设全面负责。学校应出台相关政策,积极引导和培养能够加强学科实力、增强学科特色的人才。要创造条件保证学科带头人和学术带头人的学术进修、交流和研究,使他们能够始终站在学术的前沿。要关心人才的生活、工作条件,解决他们生活及工作中的困难,使他们全身心地投入学科建设工作中。

宁波工程学院积极发挥创新学术团队和学术带头人的作用,整合全校科技资源,努力提高承担重大科技项目的能力,争取在高层次项目、高层次奖励和大型横向项目上有突破。与此同时,培养和引进学术带头人,鼓励和支持学术带头人组成学术团队,完善考核与激励机制,推动各级各类创新性学术团队的形成和发展。2013年,宁波工程学院围绕学科前沿和区域发展需求,以"学科+团队+基地项目+成果"的发展模式,推进学科发展、人才团队、研究基地和重大项目一体化建设,提升学术团队承担重大项目、获取高水平科研成果和高层次科研奖励的能力。

构筑学科基地。一流大学开展学科建设都十分重视投资建设高水平的基地。我国为加速学科基地建设,设立了国家重点实验室、国家专业实验室、国家工程中心、文科研究基地、教学实验基地、产业化基地等,各省、各高校也相继建立了类似的实验基地和研究中心。这些基地的建立和建设,为学科发展提供了良好的实验、研究环境和条件。地方本科院校在学科基地建设中存在的突出问题是:基层单位按教学需要设置,学科需要调整;管理机构和制度按教学需要设立,机制需要调整;设备条件分散,需要进行整合。2011年,学院根据学科发展需要,设立相关研究所;整合资源,推动跨学科联合协同,加快材料工程、交通运输、港口城市等基地建设,加快省市级重点实验室、校级研究所和校企共建的工程中心建设;主动融入区域自主创新体系,不断提高科研服务社会的能力。同年,学院推进学科公共服务平台建设;建好分析测试中心,筹备成立设备库和机械加工车间,提高学科建设公共服务能力。学院积极探索校级直属科研机构运行机制,大力推进材料工程研究所等直属科研机构的建设工作,增强承接重大科研项目的能力和跨学科研究的能力。加强省市级重点实验室、校级研究所和校企共建的工程中心建设。2013年,宁波工程学院启动协同创新中心建设。以教育部和省市实施协同创新计划为契机,按照"双合作"战略的理念和思路,探索与国内外高校、科研院所、行业企业、地方政府协同创新的体制机制,以加快汽车及零部件、智慧交通等10个协同创新中心建设为重点,促进产学研用的深度融合,以协同创新服务于创新驱动发展战略。学院进一步拓宽项目申报渠道,做好国家、省部级科技项目的立项工作。加强与企业的合作,积极承担企业重大技术攻关课题。认真做好科技成果的培育和申报工作。加强发明专利的申报和授权专利的推广应用工作。学院不断突破机制,加大激励力度,建立激励和约束机制,完善相关科研政策,改善科技创新环境。近年来,科技项目立项数量、经费、三大检索论文和核心期刊论文数量持续增长,科技项目质量显著提升。

宁波工程学院结合自身传统优势,紧密结合宁波地方经济社会发展需要,科学布局和调整学科结构,学科方向逐渐明晰,应用特色逐步凸显。随着学校科研实力不断增强,人才队伍不断壮大,已形成省、市、校三级学科建设体系,建成6个省级重点学科、5个市重点学科。现有浙江省一流建设学科B类6个,宁波市重点建设学科A类5个、B类2个,形成材料与化工、土木与建筑、电子与计算机,机械工程管理科学与工程等特色学科群。学科平台不断提升,学科基地稳步拓展。学校拥有省级工程技术中心1个,省级智库1个,市级重点实验室、市级协同创新中心、市级工程技术研究中心6个,市级社科研究基地4个,市级社科基地3个,省科技创新团队1个,市科技创新团队2个。这些平台和基地为进一步汇聚人才,锻炼队伍,增强社会服务能力,推进"知行合一、双核协同"的人才培养模式发挥着重要的作用。

四、人才培养

宁波工程学院的人才培养规格是应用开发型高级技术与管理人才,与人才培养规格相适应的是"知行合一、双核协同"的人才培养模式。"知行合一"既是学院的校训,也是人才培养的指导理念;"双核协同"是培养途径和方法,是指专业核心课程和专业核心技能协调发展,这一培养途径和方法也是学院的主要特色之一。通过专业核心课程的传授,使学生建立专业理论构架;通过专业核心技能的训练,使学生提高综合实践能力;再经过核心课程与核心技能之间的相互渗透、协同发展,使学生提升专业核心竞争力。在"知行合一、双核协同"总模式的统领下,各专业积极探索独具特色的分模式,实现了统一性与多样性的辩证统一。当前,长三角产业升级和城市化进程亦需要一大批高素质的现代工程师,学院回归工程,是主动顺应时代潮流的明智之举。

宁波工程学院建立了理论教学、实践教学和第二课堂活动三位一体的人才培养体系。首先,修订专业教学计划,对课程体系和教学内容进行重组,重视基础课程,加强主干课程,扩大选修课程,突出专业核心课程的地位与作用,初步建立起科学的专业课程体系。同时开展与各有关课程配套的教学大纲、教材建设工作,将本科教学的新成果反映到教学内容中去。积极进行实验教学管理的改革,完善实验教学管理体制,更新实验教学内容,增加综合性和设计性实验项目。加强专业实践基地建设,既重视基地的教学功能,又考虑基地的科研功能,健全教学、科研、生产三结合的教学模式,提高学生的实践能力与创新能力。其次,从人才培养目标入手,学校建立了有利于提高学生知识、能力、素质的课程体系、实践教学体系和第二课堂系列。实施分段式教学,前三个学期统一安排基础课和部分专业基础课;每个专业确立7～8门核心课程为考试课程;每学期开设30门左右面向全校的选修课和每周1～2次学术讲座。围绕能力培养的目标,建立了比较科学和完整的实践教学体系,各类实践教学环节学时数不低于教学活动总学时的40%,促进和推动了实践教学的规范化,真正发挥了实践教学在能力培养方面的重要作用。同时注重实验、实训基地建设,充分体现专业的特色和水平,满足教学需要。充分发挥依托行业的优势,在校外建设了一批相对稳定的实训基地。第二课堂活动红火,各种社团活动、科技竞赛和社会实践为学生提供了各种增长才干的平台。

宁波工程学院坚持走产学研结合的人才培养途径,并实现良性互动。产学研三结合之路是培养"一主两辅,一精多能"人才的有效途径。宁波工程学院积极建设产训研结合的实习实训基地。高技能人才的培养和再教育是城市产业升级的重要支撑。早在前些年,宁波市政府领导就有了建设大型公共职业技能培训平台的设想,宁波市政府、宁波市教育局领导亲自带队赴台湾、常州等地进行学习考察。教育局领导多次与宁波工程学院就基地建设的设想展开交流,组织召开研讨会和与行业协会的交流会,听取意见和建议,并形成了一份概念性方案。

现在,宁波工程学院的实习实训基地进入边建设、边引进、边探索的建设时期,逐渐形成一些行之有效的实践经验:一是坚持高标准建设。基地以先进制造业高技能人才培训为主,将产业发展与技能培训、技术研发紧密结合起来,探索高水平的继续工程教育途径和方法。二是实行产训研结合。基地建设充分发挥学校专业、科研、师资等资源的综合性优势,同时多形式地引进高层次培训机构和智力型企业,使基地直接面向企业,紧跟工程技术更新的需要,实现高技能人才培养培训与社会需求的无缝对接。三是开展市场化运作。基地整合各种政府资源,实行市场化运作,充分调动各方的积极性。四是实现多元化发展。发挥平台的开放、集聚、综合等方面的优势,逐步探索实现多主体(学校、政府、企业等)、多面向(学生、企业、社会等)、多功能(培训、研究、测试、实习等)的协调发展。

宁波工程学院的实习实训基地建在翠柏校区,校区的功能调整工作正在进行,管理机构已经设立。2009年已有三家单位正式入驻。宁波工程学院产品设计研究所是首家入驻单位,主要是以实际项目按企业产品设计研发流程要求训练学生。加拿大达内IT培训集团也已进驻,达内科技集团由美国国际数据集团IDG投资,直接引进北美IT技术,高薪聘请加拿大和美国具备国际化大公司工作经验的技术专家和资深工程师组成强大的师资力量,结合中国IT企业现状定制化培养高端软件技术人才。当年经过学校选拔的18名学员接受培训并取得良好的实践效果。信息安全实验中心是由宁波工程学院与中国联通共建的,主要为信息安全专业学生和行业从业人员提供职业培训,同时开展网络安全产品的测试和网络安全方案的设计认证,设备总值超过200万元,安全测试试验取得良好效果。宁波工程学院实训基地的集聚优势逐渐显现。

在人才培养教学改革方面,广大教师致力于"以研促教,产学结合",取得了明显成绩。教改试点专业的教师在开展应用科技研究与开发和社会技术服务的过程中,不仅取得了许多科技开发成果,而且了解并掌握了工程实际进展情况,为及时更新教学内容,贴近工程应用实际创造了条件。多数专业教师深入开展教学方法改革,积极探索实践启发式教学法、"讲、练、问"三结合教学法、案例教学法、现场教学法、多媒体组合教学法等新方法,提高了教学水平和效率。积极促进科技成果和技术服务推广,加强与企业的沟通和联系,着力营造校内外工程训练氛围,提高学生的实践能力、创新能力、科研能力和综合应用能力。在教师培养方面,在提高教师学历及学术水平的同时,积极培养教师的实践教学水平,制定《教师下企业等社会实践暂行办法》,鼓励青年教师进实验室或到企业锻炼;不断优化队伍结构,出台《外聘实践教师的实施办法》,聘请有丰富实践经验的企业高级技术人才来校任教或担任实践指导教师。在学生方面,学校建有各类校外实践基地83个;出台《关于加强大学生科技竞赛和科技创新活动的意见》等政策,鼓励学生参与各类创新实践活动。在校企合作方面,出台《关于加强校地合作工作的若干意见》,着力构建合作新体系。仅2008年就组织召开大型校企合作论坛2次,签订校区全面合作协议2份,建立产学研战略合作企业28家,共建专业实验室及工程中心5个,签订科研合作协议48份。在基地建设方面,有步骤地推进宁波市应用型人才培养基地的建设工作,主持的石油化工和港口物流两个基地以及参与的机电模具和经管经贸基地建设取得了不少成绩,积累了经验。

根据2018年年底的统计数据,首届本科毕业生就业率达到97.72%,签约率达到91.23%,均超过专科毕业生,受到了社会的认可。在理论研究与实践的反复论证下,学院更加坚定了建成"现代工程师摇篮"这一办学目标。

第三节　浙江大学宁波理工学院

浙江大学宁波理工学院成立于2001年6月,由宁波市人民政府和浙江大学合作创办,经教育部和浙江省人民政府批准,由宁波市人民政府投资建设,浙江大学负责办学管理,是具有独立法人资格的全日制普通本科院校,属宁波市事业单位。

一、办学定位

浙江大学宁波理工学院依托名城名校办学,吸取浙东"经世致用"的文化精髓,按照"人才培养应用型、科学研究服务型、社会服务区域型"的定位,提出"抓学科建设、促教学质量、上科研水平、办应用型大学"的办学思路。重视学生的全面发展,致力于培养高素质的应用型、复合型、外向型创新人才。

浙江大学宁波理工学院是浙江大学和宁波市大力合作,名校名城精诚办学的一个典范。该校由宁波市人民政府投资建设,浙江大学负责办学与管理。学院专门成立浙江大学宁波理工学院理事会,由宁波市人民政府和浙江大学派员组成,作为双方讨论学院建设、解决合作办学过程中各种问题和事项的联络、协调机构。名校名城的强强联合、精诚合作,为浙江大学宁波理工学院的发展打下了坚实的基础。2001年,浙江大学宁波理工学院在创办初期,就确立了达到国内同类院校一流水平的阶段性办学目标。2009年,在学习实践科学发展观活动中,学院确定了建设高水平应用型大学的办学目标,此后不久又提出建设区域特色的高水平创新性应用型大学。

浙江大学宁波理工学院的成功创办是地方政府与高等学校良性互动的重要成果。宁波市人民政府对引进优质高等教育资源,下了很大的决心,同时也寄予了非常高的期望。2001年学院创办时,市校双方明确要共同努力,尽快将学院办成国内同类院校中的一流院校。从当时的办学情况来看,国内尚未有独立学院一说,但已有部分全国重点大学举办了一批不同于传统概念的,按新模式、新机制运作的相对独立的二级学院。2003年4月,教育部出台《关于规范并加强普通高校以新的机制和模式试办独立学院管理的若干意见》(教发〔2003〕18号)。文件首先提出了独立学院的概念,即指由普通本科高校按新机制、新模式举办的本科层次的二级学院。所谓新机制,即独立学院办学采用民办机制;所谓新模式,即独立学院应具有独立的校园和基本办学设施,实施相对独立的教学组织和管理,独立进行招生,独立颁发学历证书,独立进行财务核算,应具有独立法人资格,能独立承担民事责任等。同时,明确了独立学院必须具备的办学条件。此后,浙江大学宁波理工学院被纳入独立学院的管理序列。在教育部相关文件引导下,浙江省进一步抓好独立学院的规范发展工作。2004年8月20日,浙江省教育厅出台了《关于进一步规范并加强独立学院管理的通知》,要求省内各高校:(1)进一步统一对《若干意见》的认识,理清办学思路;(2)切实落实独立校园,保障基本办学条件;(3)合理构建办学和管理体制,实行按民办机制运作;(4)赋予独立学院独立法人资格,按"8号文件"要求规范办学;(5)加强指导和管理,建立健全对独立学院的监督和评估制度。浙江大学宁波理工学院从建校之初就坚持了规范的独立办学。2004年,该校被教育部首批公布为"教育部直属高校试办的独立学院"和"教育部确认的各地试办的独立学院"。

自2002年以来,学院每年都召开学科(专业)建设会议,总结经验,寻找差距,明确加强学科和专业建设的思路、重点、方法,探索适合新建高校快速提升办学层次和质量的有效途径和方法。2009年上半年,学院开展深入学习实践科学发展观活动,就如何加快将学院建设成一流的地方普通本科院校,以及实现的途径等问题进行了热烈讨论。最后学院确定了"抓质量、创特色、重管理,建设高水平应用型大学"的新的奋斗目标。

高水平应用型大学,从办学条件看,应当具有培养高水平应用型人才的优质教育资源,包括优秀的软件和完善的硬件。其中优秀的软件包括先进的办学思想、优秀的师资队伍、现代化的管理和严谨的教风、学风等。从办学成效上看,应当具有显著的办学成就,主要包括具有被社会充分肯定的人才培养质量,毕业生专业技能水平高、综合素质好、社会适应能力和创新能力强,发展后劲足;具有标志性成果,主要指具有一定级别和数量的优秀教学团队与教学名师、教育教学成果与科研成果、重点学科和特色(重点)专业、精品课程等;具有鲜明的办学特色,在办学思想与理念、办学风格与思路、培养目标与模式、管理体制与机制、校园文化建设等方面形成自己的鲜明特色,具有可持续发展的稳固的基础等。

2018年8月,浙江大学与宁波市签署协议,决定深化市校合作,全面推进建设浙江大学宁波"五位一体"校区(包括转型提升浙江大学宁波理工学院,迁建浙江大学软件学院,新建浙江大学宁波研究院、浙江大学宁波国际合作学院、浙江大学工程师学院宁波分院),建成后的浙江大学宁波校区总占地达到1650亩。这对浙江大学宁波理工学院是一次难得的战略发展机遇,学院继续解放思想,转变观念,科学发展,建设区域特色的高水平创新性应用型大学。

浙江大学宁波理工学院在区域特色的高水平创新性应用型大学的建设上,首先,始终坚持走市校合作的办学道路。学院依托名城名校,高起点高水平办学,缩短了自身的办学周期,在人才培养、科学研究、社会服务等方面取得了跨越式发展,这是市校合作办学体制创新的成果。学院依托市校合作办学双方,借助浙江大学与宁波市的优势,积极争取两方面的支持,为高水平应用型大学的建设提供助力。其次,学院始终坚持走内涵发展的道路。学院高度重视内涵建设,坚持抓质量、特色和管理,通过提高办学质量、凝练办学特色、提升管理水平等举措,有力地推进了学院的内涵发展。学院始终把"抓质量、创特色、重管理"作为内涵建设的关键和抓手,着力提高学院的核心竞争力。再次,学院坚持走开放办学的道路。学院以开放的思想,面向地方、面向社会、面向国际办学,赢得了良好的社会声誉。学院持续不断地加大开放办学力度,拓展办学空间,集聚办学资源和优势,实现又好又快的发展。最后,学院坚持走和谐发展的道路。教育以育人为本,以学生为主体;办学以人才为本,以教师为主体。只有全体师生共同努力才能将高水平应用型大学办好。

二、教学改革

为了全面推进本科教育教学改革,落实培养高素质应用型、复合型、外向型人才培养目标,学院充分认识本科教学在培养"应用型、复合型、外向型"人才中所起的基础性、关键性作用,充分认识其在高等教育中无可替代的重要地位。以科学发展观统领教育事业全局,以教育思想观念的创新为先导,深化人才培养模式改革,进行专业建设、课程建设、教材建设、实验室建设、应用人才基地建设。持续深化教育教学改革,进行品牌专业、精品课程建设,切实加强教学实践环节,推动教育教学的国际化,不断提高教育教学水平和人才培养质量。学校为提高教学质量和教学水平,须大力加强课程建设。课程体系是构建高质量教学的核心内容。

（一）课程结构优化

建院初期,学院认为培养应用型人才为主的课程体系应具有柔性和多样性,并保持一定的张力。根据这一思想,学院对课程设置进行讨论、修改时,强调突出了"融传统知识、培养能力与提高素质为一体"的目标,体现"厚基础、宽口径、强能力、高素质"人才培养的要求,对课程体系建设和结构优化作了较大的改革,主要体现在五个方面。

第一,德育类课程内容要体现"精"而"新"。"两课"的改革致力于优化课程的内容和教学方法,教学内容跟上时代前进的步伐,及时充实政治、经济的新观点、新知识。

第二,专业基础要宽而实,专业建设要重特色。加强公共外语类课程、计算机类课程各个专业的主干课程的建设,以及根据学院以"理工"类学科为主的实际情况,还要求重视加强高等数学课的课程建设。各专业要在课程设置上突出特色。

第三,经典理论课程要实现删繁约简。在对学生进行基础训练时,对基础课教学内容中的经典理论的教学,要根据学生的实际基础和培养目标进行改革,因材施教,主要内容是在基础课中适当反映学科前沿和最新科技成果,增加应用性内容,根据专业的实际需要对经典理论删繁约简。

第四,加强选修课建设。建设了一批体现文理渗透、理工结合的多科类的选修课供学生选择。公共选修课主要注重体现人文素质教育,使学生的个性和特长得到充分发展,知识、能力、素质各方面得到综合提高;专业选修课主要扩宽学生的专业面向,增强适应性。在课程设置上,选修课程注意深度与广度的结合,要求内容丰富、数量充足、结构合理,保证学生知识结构的全面性和可行性。

第五,重视加强和改革实验课程。学院要求在加强实验教学的同时,适当减少实验课程教学中的验证性实验课,重点加强学生综合实验技能培养的综合性实验和设计性实验,以培养和锻炼学生分析问题、解决问题的能力和创新能力。

为了进一步加强课程建设,加大课程结构体系的整体优化和课程整合的力度,推动教学内容、课程体系、教学方法和教学手段的改革,2006年3月,学院出台了《浙江大学宁波理工学院关于开展课程建设项目立项研究的通知》,启动了课程建设项目立项研究工作。课程建设项目紧紧围绕教学内容课程体系、教学方法和教学手段的改革,及时吸收教育教学改革和学科发展的最新成果,充分体现"三型"人才的培养要求。最后确定《经济类专业"政治经济学"课程教改研究》等46个项目为2006年学院课程建设立项项目,其中以教材、课件、实验辅导书等为项目研究成果的项目设计16项,资助总经费60.4万元。通过项目的驱动,教师的努力,学院在教学改革和教学研究方面又取得了阶段性的研究成果,获取了教学改革和实践经验,为今后建设更高层次、更高质量的课程提供了借鉴。同时,项目管理部门通过完整的项目过程管理,取得了管理经验。

(二) 课程改革和建设

学院重视课程改革工作,注重更新教与学的观念、转变教与学的方式、加强学院管理与教育评价制度。作为一所全新的大学,教师来自四面八方,教学水平、教学方法、教学观念不相同,但学院的办学目标只有一个——培养高素质的应用型、复合型、外向型创新人才。在这一培养目标的指引下,学院在课程改革上所做的第一件事就是要更新教师教的观念、转变教师教的方式,同时也培育学生学的观念和转变学的方式。

为全面开展并深化教学改革,学院在全院推行教学法研究专题会议制度,要求各教学单位进行教学改革、课程改革专题研讨,学期初要制订本单位的教学法研究计划,学期末要对教学法研究活动进行总结。要让各教学单位在实践中摸索出一条适合学院和学生特点的教学方式、课程体系,并及时总结经验、得失。

为规范课程建设项目管理,提升课程建设水平,学院于2007年4月印发了《浙江大学宁波理工学院精品课程建设实施办法》,明确了精品课程建设的指导思想、规定了精品课程建设内容、确定了项目申报方式、管理运行机制等,并于2007年7月,资助立项"新闻编辑"等21个精品课程建设项目,共投入建设经费30万元。该批项目除其中一项因故中止外,其他均于2009年12月顺利结题。

在前两年的建设基础上,学院由原来的建设一批学院内带动和引领课程建设的精品课程建设目标转为重点培育部分能够争取省级及以上层次的学院级精品课程。因此,学院对2008年精品课程建设立项项目进行了更为严格的筛选,最终从申报项目中选出了8项予以资助。2009年,从申报项目中选出7项予以资助立项。

2010年,学院为了提升课程建设的质量和水平,构建高质量的专业课程体系,支撑专业建设,启动了百门专业核心支撑课程建设计划,出台了《浙江大学宁波理工学院百门专业核心支撑课程建设工作实施意见》,以专业为单位,每个专业各建设3门专业核心支撑课程,每门专业核心支撑课程的立项经费为2万元。

通过对课程功能、课程结构和课程内容的全方位改革,学院初步建立了与人才培养规格相适应的教学和课程体系。

(三) 教材建设

为实现人才培养目标,学院不断深化教学改革,推进课程建设。教材是课程教学内容的知识载体,又是组织教学的基本工具,也是教学改革成果和教学经验的积累。教材建设是教学基本建设的重要环节,是课程建设的重要内容之一,它对深化教学改革和促进教学质量的提高,具有重要意义。

为加强教材建设工作,构建适合人才培养目标定位的教材体系,学院于2005年12月印发了《关于加强教材建设工作的若干意见》,提出教材的选用应遵守选优、减负、组织选用等原则;指出教材建设项目立项应遵循符合培养目标、体现学院特色、弥补当前不足等原则;明确了国家级和省部级教材建设项目的奖励标准。在学院政策的支持下,经过几年的实践检验,学院教材建设成果自2007年开始显现。2007年全院教师出版教材40册,其中"十一五"国家级规划教材2册;2008年出版45册,其中"十一五"国家级规划教材2册;2009年全院教师主编、参编教材38册;2010年全院教师主编、参编教材42册,其中主编"十一五"国家级规划教材2册;2009年成功申报宁波市特色教材建设项目3项,浙江省重点建设教材3项;2010年获批浙江省重点建设教材5项。

三、学科建设

学科建设是高校发展的一项长期战略性任务,涉及学科布局、学科组织、学科方向、学科队伍、学科基地、学术成果、专业建设、学位点建设、合作与交流、学科环境等一系列建设内容。浙江大学宁波理工学院形成了"以科学发展观为统领,立足学院办学目标和现有基础,立足地方经济和社会发展需要,依托浙江大学学科优势,以人才培养为中心,以学科建设为龙头,统筹人才培养,统筹师资建设,统筹科学研究,统筹资源配置,统筹社会服务,构建特色鲜明、优势突出的学科与专业体系,推进学科专业一体化建设"的学科建设指导思想,学科建设定位有力地促进了学院事业发展。

科学规划与定位是学科建设的前提与基础。作为宁波市政府投资建设,浙江大学负责办学管理的全日制普通本科院校,学院承担着为地方经济社会发展提供人才支持和智力服务的重任,"地方性、应用性"是学院的基本办学定位。学院的学科建设紧紧围绕这一定位,坚持"系统性、重点建设、突出特色"的原则,在探索中不断前进。

"系统性原则",主要是指在学院内部根据学科建设的需要,统一规划,实现跨分院、系、研究所(室)之间的学科结合和教学科研资源的共享。同时,出台和完善一系列人事、科研、财务、设备、后勤等保障政策,形成比较完整的学科建设管理体系。"重点建设原则",是指在学院内部的各学科之间实施非均衡发展,优先对若干基础条件好、符合地方经济社会发展需要、发展潜力大和特色明显的学科进行重点投入,积极发展多学科群。通过一批优势学科的建设,带动其他学科整体上水平。学院坚持"两条腿走路"的方针,既明确学院学科建设的目标,也确定分院(系)学科建设的目标;既规划建设好能代表学院水平的省市重点学科,也规划好院级品牌。"突出特色原则",就是要做到"人无我有,人有我优,人优我特",既考虑其他高校的学科情况,又考虑自身的办学承载能力;既考虑浙江大学的优势学科,又考虑地方经济社会发展的需要,坚持错位发展。根据以上原则,学院学科建设的思路也随着学院的建设发展及时进行调整。

建院初期,学院依托浙江大学的优势资源,根据经济与社会发展需要,开设了9个特色专业。鉴于专业建设在新建院校人才培养中的基础性作用,学院一开始重视学科专业建设,并于2003年出台了《学院重点学科和重点专业建设管理暂行办法》,强调加大市级重点学科和重点扶植学科、重点专业的建设与管理,并着手培育院级重点学科、重点专业。这一时期,教师普遍比较年轻,缺乏学科带头人,学院提出"打破学科带头人的资历、职称限制,重目标承诺"的思路,目的在于调动年轻教师的积极性,使学科建设具有良好的开端。2002年10月,在宁波市教育局、科技局等单位的支持下,学院土木建筑工程、药物分子设计与生物化工被批准为市级重点学科,外国语言学及应用语言学被批准为市重点扶持学科,俞庆森、朱向荣、吴国良教授分别担任学科带头人,这为学院的学科建设注入了第一股推动力,学科建设开始起步。同年12月,宁波市科技局批准学院成立"宁波市分子设计与营养工程重点实验室",加强了该学科的研究基地建设。随着人才引进步伐的加快,学院开始探索培育学科发展新的增长点。2004年起,学院分两批设立研究基地,设立了7个院级重点学科,形成了市、院两级学科体系。院级重点学科的设立在一定程度上优化了学院学科资源配置,为下阶段学科方向的凝练打下了基础。

随着师资队伍建设的步伐加快,学院又适时提出"以项目推动学科建设,以标志性成果检验项目"的思路,通过标志性成果体现学科建设的特色,提高学科的整体水平和社会影响力。2007年前后,学院先后有4个学科被列为宁波市级重点学科。其中学院企业管理、外国语言学及应用语言学2个学科成为宁波市高校A类重点学科;结构工程、药物化学2个学科成为市高校B类重点学科。

同时,学院还启动了以完善学科梯队为目的,以标志性科研成果作为承诺目标的院级重点学科建设,设立了学院一类、二类重点学科,着手优化整合学科建设资源,有重点地建设若干重点学科。2009年学院确立材料化工、文化产业等7个学科为第一批一、二类重点学科。这一举措推动了学院科研和教学水平的提高,各类科研机构和教学基地等学科建设平台不断建立和完善,学院在地方服务中的影响力快速提升。

经过前期的建设和积累,学院于2009年出台了《学科建设工作若干意见》,进一步明确提出了学科建设的原则和指导思想、目标和主要内容、组织和实施、支撑和保障,同时也提出了到2015年,争取10个左右优势特色学科达到省内高校同类学科平均排名相对靠前的水平,10个左右重点建设专业达到省级重点建设专业条件,重点建设的优势特色学科中所涵盖的专业,全部实现学院实践教学体系建设要求的学科建设目标。

2010年,学院在分析已有学科基础和发展前景的基础上,决定外连产业行业、内接学科专业,分批建设优势特色学科,制定了《优势特色学科建设管理办法(试行)》,明确指出优势特色学科建设的特征是创建学位点与产学研平台有机结合的双轨学科体系,核心是队伍建设和方向凝练,任务是通过学科相关政策的引导,进一步引进高层次人才,不断凝练学科方向,促进科研发展方式转型升级,推动科研项目承担从"被动承担"为主向"策划承担"为主转变;推动科研完成路径从"个人奋斗"为主向"团队攻关"为主转变;推动科研发展模式从"量的扩展"为主向"质的提升"为主转变;推动科研服务方式从"间接服务"为主向"直接服务"为主转变,为建设高水平应用型大学打下坚实基础。

2010年4月,学院成立学科建设领导小组,院长金伟良教授任组长,负责学科建设的组织领导和宏观调控;成立学术委员会,负责学院学科建设的学术指导和监督评估;组建研究生与学科建设办公室,负责学科建设的具体实施与管理。同年7月,学院确定了"先进制造技术""土木工程""控制科学与工程""新闻传播与文化产业"4个学科为第一批优势特色学科,"服务外包与区域发展"为优势特色扶植学科,随后,学院下达了第一批优势特色学科第一期建设经费。2011年1月,学院又公布了第二批优势特色学科,确定"生物与制药工程""高分子与绿色化工"两个学科为第二批优势特色学科,"营销与服务管理""清洁能源与节能技术"为优势特色扶植学科方向,并下达了第二批优势特色学科建设经费。这两批优势特色学科建设的顺利启动将成为学院全面推进团队建设和凝练学科方向的有力抓手,为实现学院"十二五"期间的办学目标打下坚实基础。

目前,学院坚持以人才培养为中心,形成了以本科教育为主,研究生教育、成人和继续教育相辅的人才培养体系。现有商学院、法律与政治学院、外国语学院、传媒与设计学院、机电与能源工程学院、信息科学与工程学院、计算机与数据工程学院、土木建筑工程学院、生物与化学工程学院、马克思主义学院10个学院。学院形成了以工科为主,理、文、法、经、管等相互支撑、协调发展的学科专业体系。学院通过学科建设统筹人才培养、科学研究、社会服务、师资队伍和资源配置,努力构建特色鲜明、优势突出的学科与专业体系,推进学科专业一体化建设。现有科技部国际科技合作基地1个,教育部区域与国别研究基地1个,国家海洋局研发与服务中心1个,省级重点学科6个、省重点(特色)专业11个("十二五"以来)、省重点实验室(共建)1个、省重大技术创新服务平台(共建)1个、省实验教学示范中心2个,市级重点学科10个、品牌专业和特色(重点)专业10个、重点实验室5个、人文社科研究基地3个、创新团队9个、协同创新中心1个、特色学院1个、应用型人才培养基地1个,并建立了浙江大学宁波博士后工作站科研基地等。

四、人才培养

人才培养是立校之本,是根本任务,浙江大学宁波理工学院根据生源情况提出了人才培养目标,围绕人才培养目标确定合适的人才培养模式和专业教学计划,突出专业特色。2006年7月,学院在"十一五"发展规划中提出:以学生为本,以社会和就业市场需求为导向,以培养"应用型、复合型、外向型"人才为目标,以强化学生的实践能力和创新能力为特色,继续全面推进素质教育,深化教育教学改革,不断提高人才培养质量,切实提高学院办学水平和整体实力,为学院新一轮可持续发展奠定基础。2009年9月,学院在新学期工作会议上提出:把"追求卓越"的大学精神和"服务社会"的大学使命有机统一起来,把"专业人才"和"精神成人"两大培养任务有机统一起来,把学生培养成高素质的应用型、复合型、外向型创新人才。

学院不断优化人才培养模式,注重营造创新环境。学院重视大学生创新能力、实践能力和创业精神的培养,按照高起点、有突破,体现科学性、前瞻性和可操作性以及提高学生综合素质、培养创新精神和增强实践能力的要求,制订实践教学大纲,将创新人才的培养贯穿于教学的全过程中,贯穿于包括知识结构、实验技能、教学方法、教学手段、第二课堂、学生成绩评价等所有教学环节。学院希望通过适当压缩课堂教学时数、开放实验室、丰富第二课堂等措施,加强学生自己获取知识的能力,形成以学生为主体的学习环境,实行以学生为中心的教学方法,探索一种创新人才的培养模式。

2004年3月,学院结合两年多教学实施的情况和学院发展方向,对全院本科指导性教学计划进行了修订,制订了2004级专业培养方案。其指导思想是充分利用学院依托浙江大学办学的优势和条件,确立"以人为本、注重素质、强化基础、突出能力"的指导思想,努力培养德、智、体、美全面发展,富有创新精神和实践能力的高层次应用型人才。2006年7月,结合建院以来的教育教学工作实践,学院在2004—2005级专业培养方案和教学计划的基础上制订了2006—2008级本科专业培养方案和教学计划。其指导思想是:充分利用浙江大学的办学优势和宁波的办学资源,强化"以人为本、注重素质、强化基础、突出能力"的指导思想,充分认识培养高层次"三型"创新人才对实施"科教兴国""人才强国"和实现"创新型国家"战略的重要意义,坚持知识能力素质协调发展、综合提高的办学原则,按照教育教学规律和各专业的教学特点,积极探索和实践理论教学+实践教学+课外活动的"TPE模式"、理论教学+专业基础教学+专业方向教学的"2+1+1模式"、合格人才与精英人才联动培养模式以及主辅修复合教学等人才培养方案,努力培养德、智、体、美全面发展,富有创新精神和实践能力的应用型、复合型、外向型创新人才。2009年1月,学院在2006—2008级专业培养方案的基础上,根据地方经济和社会发展需要以及学院的办学指导思想和办学定位,制订了2009—2010级本科专业培养方案。本次培养方案的制订,强调凸显实践教学的原则和因材施教的原则,强化实践,突出能力,注重创新。通过实践训练环节的合理设计,突出对学生实践能力、创新精神和综合素质的培养,把培养学生的创新意识、实践能力放在突出位置,积极探索学生实践创新能力培养的实现途径,丰富实践教学项目内容,完善实践教学体系。强调实践教学要与理论教学内容相互衔接、循序渐进,相互补充,在课程实践项目、专业实践项目和产业实践项目3个层面凸显和增加学生实践训练经历。

浙江大学宁波理工学院的人才培养模式是富有成效的,通过对浙江大学宁波理工学院2005、2006、2007三届毕业生就业情况的统计分析,近年连续出现一些知名企业来校"团购"毕业生的现象。杭州富士制冷机器有限公司三年录用毕业生18人(2005届3人、2006届6人、2007届9人),金山软件公司连续两年招收学院毕业生17人(2006届8人、2007届9人),而宁波国美电器有限公司2006年一次性录用学院毕业生23人。学院注重学生实践技能和应用能力的培养,是其毕业生受到用人单位青睐的重要原因。浙江大学宁波理工学院2006届毕业生一次性就业率在95%以上的专业占专业总数的57%,2007届为50%(其中,生物科学与技术、物流管理为2007届新增专业)。这主要与学科建设有关,学院依据地方和区域社会经济发展的需要来设置专业,其专业也基本为各高校近几年就业情况较好、人力资本市场急需的热门短线专业,这有利于毕业生顺利进入分割的非竞争性市场,大大提高了毕业生的就业能力。通过对浙江大学宁波理工学院2005届毕业生的回访调查发现,在求职成功的影响因素中,毕业生选择"实践动手能力"的占89.6%,选择"人际交往能力"的占90.2%,这表明学生更注重自己的社会实践和交往能力,这与现在用人单位的人才需求比较吻合。同时,调查也显示,用人单位对该学院毕业生的综合素质还是比较满意的,许多用人单位对该校毕业生的质量评价是"专业知识扎实、动手能力强、合作精神好"。2018年学院用人单位满意度调查发现,企业对学院毕业生满意度为92%。

第四节　浙江万里学院

浙江万里学院是在一所具有50年办学历史的省属普通高校——浙江农村技术师范专科学校的基础上改制筹建而成的。浙江农村技术师范专科学校的前身为宁波农学院、浙江农业大学宁波分校等。1984年,为专门培养中等职校师资而更名为浙江农村技术师范专科学校,为国家培养了大量的合格人才,但在办学过程中,存在着学校本身无法解决的三大矛盾:专科学历的毕业生与《教师法》对中等学校师资本科学历要求的矛盾;办学的稳定性与社会对职业教师多门类、小批量需求的矛盾;学校上水平、上层次与经费有限的矛盾。学校规模小、经费短缺、设备陈旧、人才外流,办学步履艰难。为推动浙江高等教育事业的发展,探索高校办学体制改革的新路子,适应经济社会发展的迫切需要,同时解决浙江农村技术师范专科学校的办学出路问题,浙江省人民政府经过科学论证,征得教育部原则同意后,1999年2月批准将浙江农村技术师范专科学校转由浙江省万里教育集团举办,筹建浙江万里学院,实行国有高校办学体制和运行机制的改革。中国第一家改制高校——浙江万里学院诞生。2000年教育部同意学校试招本科生,2003年3月,教育部正式批准浙江万里学院为全日制普通本科院校,并把学校作为探索"公办高校实行新的管理模式和运行机制"的试点。2011年10月,学校成为国务院学位委员会"服务国家特殊需求人才培养项目"硕士专业学位研究生教育试点单位。

一、办学定位

办学定位,是一所学校生存之本、办学的灵魂。1999年改制后的浙江万里学院办学经费从可依赖的政府拨款转为源于按教育成本收取的学费,投资主体改变,其深层次含义是学校要在高等教育的大市场中赢得发展的机会,必须有办学的高质量,要明确办学理念、办学模式及办学特色。《21世纪的高等教育:展望与行动世界宣言》提出:"在当今这个日新月异的世界上,高等教育要有以学生为中心的新的视角和新的模式。"改制之后的万里学院,由万里教育集团投资,这就意味着把市场机制引入办学中来,让学校面向社会自主办学,靠自己的实力生存发展。学院领导从办学伊始就非常清醒地意识到,学生到学校来,就是要得到高质量的教育服务。市场机制已经把学校推到了风口浪尖上,办学如同逆水行舟,不进则退。因此,如何在引入市场机制的同时,遵循高等教育规律,使规模、质量、效益协同提高;如何保证学校的可持续发展,避免急功近利的短期行为,使学校进入良性循环的轨道,是学院面临的首要问题。作为全额收费的学院,必须从经济的角度来思考教育改革,既要考虑培养的人才符合社会需要,又要考虑提供的教育服务能够满足学生的需求,而最关键的问题是如何保证能把大批学生招进来,高质量地送出去。唯一的出路就在于以学生为中心,以市场为导向,以育人为根本,以质量求生存。浙江万里学院积极适应高等教育大众化的新形势,确立了"以生为本、以师立校、面向市场、国际接轨"的办学理念,形成了以培养高素质应用性创新型人才为目标的办学思路。

2006年浙江万里学院出台的《浙江万里学院2006—2010年发展规划纲要》的主题是"立足地方、强化内涵、注重特色"。浙江万里学院充分认识到作为一所新建本科院校,其发展必须立足于所在地的实际需要,故对地方经济社会的宏观分析,是学校确立办学定位的一个前提。鉴于浙江省经济社会发展呈现良好势头,预计到2010年全省高等教育毛入学率将达到45%,为浙江万里学院适应地区经济发展步伐,在人才规格定位、人才培养方式等方面提供了前瞻性设定。在规划中,浙江万里学院计划到2010年初步构建现代大学制度,把学校建设成为浙江省高层次应用型人才培养基地,新建本科院校的教学示范基地,高校创业人才的培育中心和中外合作办学的示范中心。这一目标定位,把学校限定在"浙江省""地方本科院校"范围内,注重发挥学校体制的优势、中外合作办学的优势,突出两个"基地"、两个"中心"的建设目标,强调"争先""一流"的内涵。将人才培养目标定位为培养基础扎实、能力强、具有创新精神和创业意识、具有国际视野的高素质应用型人才。在人才培养上,学校根据学生、地方、学校特点,突出"创新精神""创业意识""国际视野""应用型人才"这些培养要素。学校的类型定位以本科教育为主。以本科教育为主体,启动研究生教育,拓展留学生教育,协调发展继续教育。适时地启动研究生教育,可以促进学科建设、提高为地方服务的水平、提高教师的科研水平,也可带动本科教育,但本科教育的主体地位不能动摇;学校经过多年的发展,从可持续发展着眼,必须稳定规模,走内涵建设为主的路子。学科定位方面,浙江万里学院地处民营经济活跃、外向型经济发展势头强劲的宁波市,同时,浙江省经济增长方式正由粗放型向集约型转变,迫切需要更多的高层次人才与之配套。这为万里学院学科专业的布点与优化提供了现实有利的社会经济条件,学校在学科建设、专业布局等方面适时有效地予以调整和优化。该校紧密围绕地方经济社会发展,以经济学、管理学为主,构建文、法、理、工应用性学科体系,为学校的人才培养和可持续发展服务。地方经济社会结构的特点、学校的整体实力和发展趋势,决定了该校不可能以基础理论为学科建设的主攻方向,必须贯彻"有所为、有所不为"的方针,在数个学科群上有所作为;而在学科建设的内涵上,发展的方向也是应用性学科体系建设,也要为学校的人才培养和可持续发展服务。人才培养的出口定位:扎根宁波,立足浙江,面向全国。宁波是副省级城市,是浙江省高等教育副中心,其经济社会具有开放性、临港型特点,民营经济活跃;浙江的经济总量、社会发展综合水平居全国前列,其目标是在2020年提前基本实现现代化;浙江万里学院发轫、发展的基础在宁波、在浙江,为地方经济社会服务,虽然学校招生已面向全国23个省市,但首先是为宁波、为浙江服务。

在市场经济概念里,质量是企业的生命线,只有过硬的质量才是立足市场的保证,教育同样如此。万里学院在体制改革中清醒地认识到办学体制改革的根本目的就是更好地培养学生,因此,把制度创新、管理创新转化为现实的教学创新,并以此为万里学院办学体制改革的重要内容之一。针对传统教育模式的弊端,为了实现"以生为本"的办学理念,万里学院根据市场情况制定了独特的教学模式,对专业设置、课程体系、教学过程等进行了大胆的改革和创新。把满足社会需要、发展学生个性、发掘学生潜力、培养学生走向市场就业和走进社会做人的品格等作为学校的主要职能,为每个学生提供发展的机会和空间。学院突出以学生为中心,积极推进课程改革。按照现代化、小型化、模块化的原则,整合、优化课程体系,加强关系到学生培养规格和质量的主干课程建设,注重个性化培养,实行因材施教,提出了各专业多规格、多方向、模块化、个性化的培养要求;实行分层次教育,对某些必修的基础课程开出不同程度、不同学分的菜单式序列课程,供学生自由选择;对于相同课程,推行学生根据自己特点选择授课教师的选教制。此外,学院积极创新教育教学方法,实行学生导师制,加强了对学生自主学习的指导,帮助学生获得技能、才干和交往能力。

学院设立课外学分制,以提高和培养学生的创新、创造能力。为激发学生崇尚科学、勤奋学习、追求真知和创新、创业的积极性,学院连续三年每年安排10万元大学生创新、创业基金,还设立专门机构,为学生申请专利提供便利。学院每年举行以"弘扬科学务实精神,培育科技创新能力"为主题的大型系列活动,为学生提供展现自我的舞台。各项改革措施的连续出台,赋予了教育教学以崭新的内涵,增强了学生的创新意识。

二、教学改革

浙江万里学院从2003年确定了应用型本科人才的培养目标,十几年来一直围绕着这一培养目标,探索为产业发展服务的应用能力特征与培养方法,并以研究性教学改革为突破口。基于为产业发展服务的人才培养目标定位,教学过程一定要突出实践教学,强化综合性、创新性和指向产品化的实验教学训练;教学方法应更加注重交互体验,将项目化、案例教学、角色扮演、情境体验等引入课堂或实验室;学习评价应以能力为导向,注重学习能力发展,推进评价方式的多样化和过程化;教学质量评价应更重视社会综合评价,全方位考量社会适应度、满意度、目标达成度、机制规范度。只有这样才能使教育与社会需求、产业发展同步。

围绕这样人才培养的定位和特征,应用型本科人才培养体系的构建应注重四个结合的原则,即知识学习与创新意识紧密结合、技能训练与产品开发能力培养紧密结合、专业能力与社会能力培养紧密结合、专业核心标准与个性化能力培养紧密结合。基于这样的结合原则,在培养体系构建时,理论教学要注重基本理论在实践中的应用和专业教学与行业需求的对接;实践教学要突出基础技能为专业技能服务,并将专业技能与行业技能训练结合起来;素质拓展要以提高学生综合素质为目标,大力拓展学生的社会能力,同时关注基础为专业和行业发展服务的原则,在整个体系设计的时候强化综合化、设计性项目训练。即"理论教学+实践教学+素质拓展"三位一体的人才培养体系。为此,浙江万里学院进行了深入的教学改革。

(一)课程体系

按照应用型本科培养定位,课程体系需要进行深入改革,整合理论课程,强化实践训练,构建以行业需求为导向的模块课程。

整合专业基础课程。在整合基础课程方面,把原来理论与实践分离的课程,融合为一体,通过理论与实践的融合,减少课程门数,腾出适量学分。比如:通信工程专业原来的专业基础课程有15门课程38学分,现整合成6门课程31学分。

重构专业核心课程。围绕着专业人才培养的核心知识和能力规格,以专业核心知识构建专业核心平台,在专业核心平台上体现专业标准。课程的重构按照理论与实践融合的思路,实现理论课程与实践课程一体化,从而让学生从实验动手推进理论学习,理论学习反哺指导实践。如:通信工程专业把专业核心课程从23门(48学分),重构成了8门(40学分),减少的学分为后续课程留出了空间。通过规范核心课程准入制度、课程教学大纲论证制度、课程教学质量标准督查制度、课程学习警示与留级制度,确保专业人才培养的核心知识和能力规格。

增设模块方向课程。为了让传统专业更好地适应科技与产业的飞速发展，使学生适应个性化的社会岗位需要，按照行业或岗位能力需求设计相应的模块，打造项目化、模块化、特色化的专业模块课程群，以灵活的模块课程紧盯市场、行业、企业的发展与要求。目前全校一共41个本科专业，设置了65个对接产业、双证书、特制班、国际班等方式的特色课程群，有效提升了服务社会的能力。具体做法如下：一是对接产业构建模块。通信工程专业通过与通信企业专家的反复研讨，增设了"移动互联网软件开发、网络管理与工程、移动通信网络、电信运营管理"四个专业模块方向，并与企业需求对接构建了相应的模块方向课程。"移动互联网软件开发"模块培养少量的移动软件设计工程师，课程设计新颖，源于社会对移动互联网人才的急需；"网络管理与工程"模块培养生产与服务工程师，其课程设置源于华为3com公司及华为网络工程师培训体系；"移动通信网络"模块培养设备服务工程师，课程设计源于3G、4G技术的发展；"电信运营管理"模块主要培养电信业务服务工程师，即懂技术的营销人才，其课程设置经过与通信运营商的市场部专业人员多次反复讨论后确定。每个模块的各课程之间由浅入深，由局部到综合，符合学生认知规律。二是课证融合构建模块。为保证模块课程的教学质量，将模块课程的学习与职业技能认证相结合，无论学生选择哪一个模块，除通过每门课程的考核以外，学生需要获得至少一个行业认可的职业技能证书，课证结合的课程直接以职业技能证书作为课程标准，学生获得高端职业技能认证可获得学院奖励。这一系列举措，使得学生的专业技能有了明显提升。三是定制化培养构建模块。为对接岗位需求，实施企业定制化培养，2005年以来，先后与奥克斯集团成立了"奥克斯学院"、与维科集团合作开设了"维科班"、与宁波热点网络科技有限公司成立了"电子商务创业班"、与中国建设银行宁波分行合作开设了"金融班"等25个"特色班"，近三年进入各类"特色班"学习的学生累计达4500多人，最后被合作企业录用的就业学生达3000多人，有效地为地方经济人才培养服务，实现学校、企业和学生的"三方共赢"。

（二）教学内容

应用型人才最主要的特征就是亲近产业。重构课程体系，设置与产业相关的模块方向，最关键的是教学内容的改革，只有真正把产业项目融入教学内容中，实现课程教学内容与学科前沿对接、与行业企业对接，才能真正实现亲近产业的应用型人才培养。主要涉及三大类课程，一是原有的知识体系很成熟的课程，二是全新的专业模块课程，三是实验课程。针对不同课程，我们采取了不同的策略。

成熟课程的教学内容重构，突出做中学，学中做。课程体系整合后，学分学时减少了，为了让学生在缩小学分学时的情况下，更好地学到实用知识和相关技能，学院采取了两种策略。一是理论和实践紧密结合，让实践教学来推动理论学习；二是构建项目化的教学内容，让学生在做产品中学习。

针对原来课程中理论性较强的课程，由于理论推导量很大，学生基础弱，理解有困难。学院将理论与实践紧密结合，降低理论研究的分量，增强虚拟结合的展示，提高直观性；同时增加应用内容，让学生看得见，摸得着，感知现象与理论的关系，调动了学生学习兴趣。

针对原有课程中实践性较强的课程，通过设计指向产品的项目化训练内容，训练技能并掌握原理。比如，模拟电子技术课程，被学生称为"魔鬼"电路，原来有十个章节，逐个讲器件结构及功能，再到逐个电路及功能，枯燥乏味，功能与应用割裂。课改后，以电路应用为主线，把这些知识点都融合、整合成四个综合性项目：直流稳压电源、低频电压放大器、音频放大器、信号发生器，每个项目都以应用为目标，含相关控制电路的器件、电路以及控制原理。学生的作业就是设计电路并做出产品，自己设计电路板，自己焊接起来做成一个可以用的产品，做中学，学中做，学到了知识，又锻炼了动手能力，提升了学生的成就感和学习兴趣。

产业发展引导的新模块方向课程，强化行业新技术的引入。这类课程的内容大多是产业最新发展的技术，学术体系不完备，成熟的教学参考资料都难觅。为此，在教学内容设计时，主要采用科研反哺教学的方式，将教师的科研项目或企业委托的项目,转化为学生的训练项目,并固化为教学内容,如:"移动互联网软件开发"模块的课程和教学内容都来源于教师的科研、产业的研发以及移动互联网的新业务。还有一类,通过引进行业或企业最新技术标准或培训课程,作为学生的学习训练内容。如:"移动通信网络"模块课程是针对5G人才的需求,与浙江华为通信技术有限公司共同设计,按照企业的技术要求制定课程标准,选用培训教材,并按企业的要求进行考核,学生完成全部模块课程的学习后需在国际标准VUE考试中心获得无线接入网或网络规划与优化等初级工程师证书。第三类是全部采用课证结合的方式组织教学。现在有许多行业通用的高级技术等级证书,将这些证书的标准转换为学生的训练内容,同时在实验课程里加大实践训练。

实验实训指向技能应用,重视综合化实验项目的产品目标。实验项目开发以产业应用为导向,通过指向产品化的技能集成性训练,真正使实验项目综合化。如在生物化学实验技术中有一类与蛋白质的检测检验、分离提纯等实验技术有关,一般有15~20个项目让学生训练。学院以动物血液提取免疫球蛋白的产业化项目为载体,把这些技术有机地结合在一起,进行系统性训练。一个产业化大项目集成了所有有关蛋白质的技术,融合了可供选择的技术路线,在强化学生技能训练的同时,增强了学生的研究能力。

三、学科建设

从以传授普遍学问为主,到"教学与科研相统一",到集人才培养、科学研究与社会服务于一体,到现今的"多元化巨型大学",大学总是在对社会变革的不断回应中充实和扩展着自己的办学功能,不断强化和显化着服务社会的意识,从人才培养的间接服务走向以技术转让为主的直接服务,大学日益从边缘走向社会的中心。浙江万里学院作为地方高校,且由地方政府投资与主管的高校,服务地方是其存在与可持续发展的价值体现与基本前提,这不仅是由高等教育的社会属性所决定,更是地方高校自身发展的内在要求。不同的地区有不同的经济发展速度与产业结构模式,浙江万里学院以社会需求为导向,建立与区域产业结构对接的学科专业体系。为切实了解区域经济社会发展所需的人才需求现状、结构与规律,了解各行各业到底需要什么样规格的人才,从2006年暑期开始,连续6年组织开展不同主题的"聆听社会的需求——应用型人才培养适应性"大型调研活动,通过"走进企业"系列活动,带回了学科专业发展所需要的第一手资料,为学科建设、专业发展提供了切实依据。根据区域经济发展的产业集聚群与行业结构链,学科专业与之对接,所形成的八大学科专业集聚群与本区域的优势产业、特色产业相符,满足了地方经济社会发展需要,增强了办学能力。

以浙江海洋经济发展示范区国家战略为契机,积极培育优新特色学科,重点建设现代海洋服务业、现代海洋文化创意产业、现代临港制造业和现代农林渔业4个专业群,为浙江海洋经济发展注入活力。物流工程专业、生物工程专业瞄准国际物流、港口物流以及海洋生态、海洋生物发展方向,在具有较好的应用型人才培养经验与良好的校企合作基础上,探索形成了学工交替、产学研一体化的专业学位研究生培养模式,获取了授权开展专业硕士研究生培养试点工作,填补了在甬高校在港口物流工程领域及海洋生物工程领域高层次专业人才培养的缺口。从事国际前沿的一流科学研究对于提升一所高校的学科水平和学术水平以及社会效应均有不可替代的作用。学院"借船出海",通过与德国、澳大利亚等国际研究机构合作,先后已有6名师生8次参与极地与大洋科考工作,成功完成相关国家科研任务,在深海微生物资源研究开发方面的研究水平和平台条件具有相当水准,在促进该领域相关研究方向上,起到了重要作用,学院已成为国家极地考察与研究的成员单位。

顺应高等教育国际化发展战略,积极推动和拓展基于人才培养和学科建设的高层次国际专项合作。与世界名校——美国纽约州立大学普拉茨堡分校合办物流管理专业,与AWI极地海洋研究所合作开展欧盟博士研究生培养等高层次校际合作教育,快速提升了学校办学水平。

在学科建设上明确科技定位,积极开展地域性应用研究。作为地方性院校,所面对的是地方经济文化生产生活中的一些急需解决的现实问题,很多问题所需要的也不是创新知识或动用高深理论,而常常是一些技术、工艺、咨询层面的,但一个实际问题的解决所带来的经济效益往往立竿见影。近年来,万里学院生物与环境学院围绕地方需求、突出地域特色、借助地缘优势,四个"一"项目,亦即"一片贝、一包雪菜、一串葡萄、一只山鸡",产生了逾百亿的经济效益。"一片贝"是指以国家贝类产业技术体系岗位专家林志华研究员领衔建立的"滩涂贝类高效人工育苗和健康养殖技术体系",成功实现了泥蚶、文蛤等10余种类的产业化,产生直接经济效益88亿余元,并辐射鲁、苏、闽、粤等省沿海的滩涂养殖业;"一包雪菜"是指以杨性民教授为主的"浙江特色腌渍食品安全生产关键技术研究",所生产的实惠入味的雪菜汁曾经只是雪菜腌渍过程中产生的废物,通过攻克关键技术难关,"变废为宝",成为环保经济的典型案例,为企业增加商业利润15亿元,产品销往全国各地和欧美澳等36个国家;"一串葡萄"是指吴月燕教授主持的"葡萄优质丰产栽培技术研究及推广"项目,通过与五洲星集团的联合开发,近10年选育的"甬优一号"葡萄生产基地实现产业化经营,产生了4.6亿元经济效益;"一只山鸡"是指"全国优秀科技特派员"陈忠法副教授完成的"养生鸡中草药生态养殖技术推广及产业化经营"国家星火计划项目,通过"公司+基地+农户"商业化运作,走出了一条区域特色明显的农民致富之路。

在学科建设上发展多学科建设优势。社会问题和社会科学的整体性、综合性、集成性决定了有必要在不同的学科之间架起立交桥,形成交汇地,建立起多学科的综合协调机制。以解决区域经济发展中的重大现实问题为目的,以研究项目为载体,建立动态化的跨学科研究基地和研究团队,整合各学科研究力量,发挥多学科综合优势,进行跨学科建设,取得了显著成效。"临港现代服务业与创意文化研究中心"集合了经济学、管理学、社会学以及文艺学等学科力量,一些研究成果直接转化为现实生产力,如"宁波以第四方物流带动现代化物流服务体系建设"得到省部领导的批示和采纳,成果的推广应用为企业产生经济效益。

目前,学校已经成为一所文、经、管、理、工、法、艺多学科协调发展的应用型大学。现有商学院、法学院、文化与传播学院、设计艺术与建筑学院、外语学院、生物与环境学院、大数据与软件工程学院、信息与智能工程学院、物流与电子商务学院、创新创业学院、基础学院、国际学院、继续教育学院等13个学院,47个本科专业,2万多名全日制在校本科生、研究生、留学生。学校拥有省重中之重学科、一流学科、哲学社会科学重点研究基地、院士专家工作站、实验教学示范中心、重点实验室等75个省级平台。近两年,在浙江省分层分类评价多科性教学为主型的高校中位居前列。近五年,承担国家级、省部级项目等700多项,成果转化取得直接经济效益达85亿元。学校拥有国家特色专业、教育部人才培养模式创新实验区、国家精品课程、国家精品资源共享课程和国家双语教学示范课程、教育部新世纪高等教育教学改革工程项目等54个平台项目,获得国家、省市级教学成果奖77项。学校成立新闻学院、宁波市跨境电子商务学院、凤凰数字创意学院、"互联网+"商学院、华为网络学院、网易直播学院、临港城乡设计学院等7个行业特色学院,旨在为行业培养各类专门人才,并在科学研究、社会服务和文化传承创新等方面实现对行业的有力支撑,从而引领区域产业发展。

四、人才培养

2006年浙江万里学院出台的《浙江万里学院2006—2010年发展规划纲要》中提出人才培养的"六大工程":(1)实施"教学平台夯实工程",开展专业建设,深化教学内容改革,推进课程精品化,强化教材建设。(2)实施"多样化人才培养工程",以能力培养为核心和重点,优化人才培养方案;以多样化培养为着力点,改进教学方法与手段;以提升国际化水平为着眼点,深化国际合作与交流;以学分制管理为载体,推进弹性学制建设;建立发展型学生工作模式,鼓励学生个性发展、全面发展、可持续发展。(3)实施"教学·科研联动工程",致力于科研提升作用,服务教育教学——实现科研与教育教学的联动;增加学科实力,推动专业建设——实现学科建设与专业建设的联动;加大科研投入力度、服务地方经济——实现科研与社会服务的联动。(4)实施"百·千·亿人才建设工程",充实师资队伍,优化师资结构;加大引进力度,培养高层次人才;营建宽松环境,健全柔性化用人与继续教育机制。(5)实施"办学条件提升工程",完善教学基本设施,构筑"实践教学保障体系",推进文献信息资源建设,加快学校信息化建设步伐。

(6)实施"万里文化创建工程",丰富理念文化蕴涵,创新万里特色文化;推进制度文化建设,营建和谐文化环境;凝炼"四季万里"品牌,熔铸校园文化特质。

浙江万里学院在设计"六大工程"时,始终把握一条主线,即人才培养这一学校根本任务和教学工作这一主旋律。"教学平台夯实工程"是考虑到学校设立时间不长,许多基础工作有待进一步深入;"多样化人才培养工程"立足于以适应性为核心的大众化高等教育质量观,贯彻以人为本的教育理念,注重学生自主学习和个性发展;"教学·科研联动工程"意在避免科研与教学的脱节,目的是通过提升学校科研实力、提高教师科研能力来促进专业建设、推动人才培养、增强服务社会的能力;"百·千·亿人才建设工程"是为本科教育提供数量充足、结构优化、质量优良的师资队伍;"办学条件提升工程"是为本科教学提供必要的物质基础,为应用型人才培养提供资源保障;"万里文化创建工程"旨在营造良好的校园文化,加强大学生文化素质教育,使学生在成长、成才的同时成为具有健全人格的全面发展的合格人才。

浙江万里学院是一所新型地方本科高校,其本身就是一个创业的产物。多年来,学校坚持走创新办学之路,以培养高素质应用型全日制本科人才为己任,以适应大众化高等教育发展要求、适应地方社会经济发展要求、适应培养对象个性化发展要求等"三个适应"为导向,明确了教学型本科发展定位、高素质应用型人才培养规格、以能力培养为核心的人才培养目标定位,取得了一定的成效。在《国家中长期科学和技术发展规划纲要(2006—2020 年)》和《中共中央、国务院关于实施科技规划纲要增强自主创新能力的决定》的指导下,学校制订规划,设立基金,创建孵化中心,开设相关课程,同时还引进并开设了 SIYB 和 KAB 专业化创业教育课程。创业教育呈现向专业化、规范化、大众化发展的良好势头。毕业生自主创业率连年攀升,2010 年,学校毕业生自主创业更是达到了 163 家,创业率达到 3.24%,并被教育部确定为"全国创业教育人才培养模式创新试验区"。

一是建立健全创新创业人才培养平台体系。学校充分利用社会资源,联合宁波团市委成立宁波青年创业学院,承担着创业教育的主要任务,开展创业教育培训、创业社团指导、创业实践组织和创业项目孵化等工作,并取得了一定成效。此外,学校还充分发挥校院两级的积极作用,除加强宁波青年创业学院的建设力度外,进一步调动各专业学院的积极性,鼓励各学院结合专业特点,成立相应的创业教育学院,开展依托专业的创业教育,引导学生发挥专业特长,走科技创业之路。2008年,"宁波青年创业学院"创立以来,开创了系统性、全程性、开放性的创业教育模式,形成了有资金、有基地、有公司、有项目、有师资、有组织的系统化创业教育平台。近年来,面向在甬高校学生累计开设了1200余人次的创业系列课程、创业模拟大赛以及创业训练营,得到了社会各界的广泛好评和积极参与,为宁波青年的创业提供了良好的平台,成功实现了将社会创业资源有效纳入学校创业教育,将高校创业教育引向更广阔的社会大舞台。学院被评为"全国大学生KAB创业教育基地""基于合作性学习教学改革的创业教育人才培养模式创新实验区"(为国家级创业教育实验区),KAB大学生自主创业俱乐部为"全国十佳KAB俱乐部"。

二是建立健全创新创业课程体系。目前,学校已开设了10余门选修课程,这些课程大体上可分为:由"浙江地域文化""浙商研究""传统文化与创业管理""创新思维与创业实践"组成的创业意识启蒙课程;由"创业与理财""企业管理""创业风险与回避策略""商机选择与评价""公司注册与法律法规"组成的创业理论知识课程;由"礼仪基础""管理沟通""影响力基础""创业训练营""经理人拓展训练"组成的创业品质拓展课程。据了解,学生选课存在着很大的盲目性,特别是有创业意向的学生,更不知道如何着手。因此,学校进行科学遴选,整合出一套创业课程体系,事先公布、宣传,并由导师指导有创业意向的学生进行科学合理的选择,以实现在公选课程教学中对学生创业通识能力的培养。

三是建立健全创新创业师资培训制度。根据学生创业技能提升的需求,从师资队伍建设入手,选择一批有志从事创业教育的专业教师和辅导员,以相应的激励措施,指导他们参加相应的培训、实践和挂职锻炼,不断提高他们的理论和实践水平,建设一支宁波青年创业学院的核心教师团队,构建具有较高水平的创业教育师资体系。目前,学校共拥有3名专职创业教育组织管理人员,47名兼职创业教育教师,235名政府、企业等外聘专业导师,共同组成了学校的创业教育师资体系。

四是建立健全创新创业组织体系。学校根据学生创新创业需求,除宁波青年创业学院和浙江万里学院创业教育学院以外,努力拓展资源,组建各类组织来开展学生创新创业活动,如组建创新创业类学生社团,充分发挥学生社团的自我教育和提升的组织作用,如KAB大学生自主创业俱乐部、考研俱乐部、SIFE创业帮扶俱乐部、准律师俱乐部、广告与文化创意推广俱乐部、外语应用俱乐部、"意人"创意设计俱乐部、绿色生活俱乐部、移动信息俱乐部、AC软件俱乐部等十大英才俱乐部,使其成为学校开展创业教育的重要阵地。

五是建立健全创新创业资助体系。从历年万里学院毕业生创业情况来看,在创业学生当中,科技创业和依托专业创业的学生较少,有60%以上属于与专业无关,创业层次相对较低,发展后劲不足,参与"红海"竞争,一遇挫折,容易放弃,成活率不高。为改变这种尴尬的局面,学校建立了"创新创业基金"资助体系,加大扶持、孵化力度,鼓励引导学生从自身专业优势出发,以学科专业的视角,前瞻性地预测经济社会发展的需求,走科技创业之路,向人无我有、人有我特的"蓝海"发展。十多年来,学校共出资100余万元来资助在校大学生进行创业,并积极与社会各界联系,争取社会资源来资助大学生创业,先后整合了宁波博洋家纺有限公司、宁波迪赛投资有限公司、宁波博远有限公司等,共募集资金300余万元,主要用于对在校大学生的创新创业教育以及毕业生创业启动资金资助,学校应届毕业生的所有创业工商注册、税务登记等费用一律由学校买单,并且学生创业公司吸收其他学生(包括其他高校的毕业生),分别给予一定的经济奖励。

浙江万里学院以社会需求为导向,以能力培养为核心,以培养学生的自主学习、创新意识和创新能力为目标,构建了"面向市场、一核双基、三体系四平台"的高素质应用型人才培养模式,建立了教育质量保障的制度与运行机制,形成了"理论教学＋实践教学＋素质拓展"三位一体的人才培养体系,人才培养效果得到了专家的首肯与社会的赞誉,已在同类高校推广应用。浙江省教育厅5年内3次在学院召开人才培养模式与课程教学改革现场会,对学校在教育建设与改革上所作的探索给予了充分肯定。学校高素质应用型人才培养取得了一些标志性成果:"基于合作性学习教学改革的创业教育人才培养模式创新实验区"获国家人才培养模式创新实验区建设项目,"生物技术核心课程教学模式创新团队"获国家级教学创新团队,生物技术、新闻学、物流管理、会展经济与管理为国家特色专业,学院还是"全国地方院校新闻传播学应用型人才培养试点单位"。

第五节　宁波财经学院

宁波财经学院是一所经国家教育部批准设立的全日制民办普通本科高校。学校前身为创办于1997年12月的宁波职业教育专修学院。2001年4月经浙江省人民政府批准筹建宁波大红鹰职业技术学院,2008年4月升格更名为宁波大红鹰学院,2015年成为浙江省首批应用型本科建设试点示范高校,2018年更名为宁波财经学院。

一、办学定位

学校坚持"致良知、育实才、立善业"的办学理念,坚守"成为中小企业发展的首选大学"的办学理想,秉承"自信、专注"校训,学校坚定走应用型本科特色发展之路,着力培养具有创新精神和创业能力的中小企业中高端技术、管理岗位高素质应用型人才。学校深化教育教学改革,创新运行"双院制"管理模式,依托传统二级学院,校政企合作建立大宗商品学院、国泰安创业学院、慧科互联网学院等7个特色学院,推进学科专业的特色发展和面向新产业、新业态的应用型紧缺人才的培养。

宁波财经学院以举办全日制应用型本科教育为主,立足浙江,面向长三角,辐射全国;侧重面向信息技术产业、先进制造业、现代服务业和文化创意产业,逐步形成"工、经、管、文、艺多学科协调发展"的学科专业建设格局。学院积极推进质量工程与特色工程建设,以能力培养为主线,突出应用性、实践性、发展性,注重学生个性与特长的发展,注重学生人文素质和创意、创新、创业能力的培养,注重学生潜在发展能力、职业适应能力和职业迁移能力的养成,努力创建以应用型为特征的教学服务型大学,培养中小企业中高端技术、管理岗位所需要的高级应用型人才。

学院在发展的初期阶段,确定了《大红鹰职业技术学院教育纲要》,从办学理念、学院定位到课程设置、教学方法、考试等一系列有关人才培养的环节进行了深入分析,明确发展方向和措施。特色是高职院校生命力的基础。当时大红鹰职业技术学院选择了信息技术教育作为学院的专业特色。俞瑞钊院长解释说:"所谓新经济,就是以信息产业发展和信息资源开发的经济,是各种信息技术资源不断优化组合的经济。目前来看,浙江乃至全国具有新经济技术背景的职业人才,正在成为城市和行业发展极其重要的力量。"

学院着力发展特色学院,将特色学院界定为:依托传统二级学院,引入合作企业、研究机构或地方政府,融合相关学科专业,以特色专业(方向)或专业群为载体,开展新业态研究和紧缺人才培养的一种新型学院。将特色学院作为人才培养模式改革的急先锋和示范基地,各跨学科专业积极探索面向新产业新业态、校企深度协同的多样化人才培养模式改革。学院成立理事会领导下实体运作的专业建设委员会,人员由传统学院、特色学院、相关企业专家三方组成,与新业态对接,共同制定紧缺人才培养标准。在制订专业特色人才培养方案上,兼顾"全局性、综合性、总体性"原则;建立"基础统一,方向自选","层次+模块"(基础课分层次,专业课分模块)为特色的课程体系。例如,微学院通过"微体验""微实践""微实战"三个进阶式的微距离课程学习,培养顺应互联网新业态发展需求的"微"领域应用型紧缺人才;大宗商品商学院的大宗商品交易特色专业形成了以行业标准和职业能力逆向制订的大宗商品交易专业方向人才培养方案,并根据企业用人需求,将企业岗位能力标准纳入人才培养体系,将以专业能力、过程能力、行为能力结合,形成高绩效的三位一体岗位能力模型。基于不同职位的能力标准,在不同能力层级上开发构建针对性的系列课程。如:大宗商品交易特色专业与大宗商品领先企业共同制定职业标准,并将职业标准内嵌到核心课程体系设计。与产学研联盟企业共同组织教学团队进行大宗商品系列特色课程开发,目前已开发"大宗商品概论""大宗商品物流""大宗商品交易""投资技术分析""大宗商品采购与价格管理""大宗商品经济导论""大宗商品市场分析""大宗商品电子交易市场案例分析"等十余门课程和教材。同时,在课程开发的基础上,研发、制定了浙江省新职业标准——大宗商品交易分析师标准。

二、教学改革

在培养计划的制订上,一般的本科培养计划制订的指导思想是"厚基础,宽专业",即从基础出发,要求有宽厚的基础,然后确定专业基础,要求按一级学科打通,最后定专业课,而且要求专业课所占的学分比例要小,并尽可能提供更多的选择性,这种从基础到专业的设计方法,简称为顺向制订法。而宁波财经学院采用了与之相反的逆向制订法:以职业为导向,从人才市场对本专业的实际要求出发,职业技术要求、职业素质和能力的分析,自顶向下设计培养计划。宁波大红鹰学院还构建了"创业教育与实践、创业培育与引导、创业服务与支持"三位一体的创业型人才培养体系。课程内容融入中小企业和民营企业家创业经验与创业案例,专业课程全部采用"课程总监+专家主讲+课程助理"教学模式。

在课程设置上,设计了以职能为核心的"层次—模块"结构,即核心层包含核心技术课模块和职业技能课模块;支持层包括专业技术(包括实验)、职业考证及职业方向(校内职业培训)三大模块;基础层包括数学模块、人文模块和"两课"模块。另外还设有特色课,包括过程性课程模块(如开设"诗文与修养""新技术概论"以加强学生的人文素质和科学素质)、职业指导课模块、选修课模块。这种设计,使各层、各模块紧紧围绕核心,突出核心,再按核心的需要逐层服务于核心。课程的总体结构由内到外依次体现出"职业技术优先""动手能力优先""注重人文和科技修养"等课程设计原则。在课程内容的选择上遵循"最佳衔接""16+2"的原则。所谓"最佳衔接"原则就是在课程内容与教学安排上注重理论知识与技能的衔接问题,提倡最佳理论与技能的结合。"16+2"原则是强调在每学期18周的教学中,根据培养需要安排两周左右的实践教学,安排的时间要根据学生掌握专业知识的需要,采用最佳间隔的形式进行,以提高教学效果。同时以"够用、管用"和"由专业来判断"为指导思想,精选专业基础理论课程的内容,压缩课时为18学时,使课程小型化,且改革课程名称,主要与专业结合,突出实用性。

在教学改革上,推行"三创"制,即"创意、创新、创业"的简称。创意:老师、学生具备创新的思想,进行教与学;创新:老师用创新实践的教学方法授课,学生用创造性的实践行为自主学习;创业:老师教授学生以实际项目管理的方式进行专业课程学习与管理。专业课程构建了"人文素养+专业核心+实践项目"教学模块结构,来体现"创意、创新、创业"能力的课程转化。

(1)动态的学分制。学分制是个性化、结构化、数量化相结合的一种教学管理制度,其基本特性是个性化。其主要内容包括:第一,学生能够自主选择专业。第二,学分可以浮动。这主要是针对那些有明显特长,又有明显弱项的学生而言的。学院规定凡是核心技术课和职业技能课有不及格者不能毕业,但成绩优秀者可以将学分向上浮动。第三,实行弹性学制。学院规定学生因纯粹学习原因而无法进行继续学习的一般不退学,不及格课程可以重修。如果不及格课程实在过多,可以保留学籍,休学一段时间,然后复学重读。学生也可以在学习期间去工作,使学习和工作交叉进行。第四,个性化课程。按照学分制的教学管理办法,学院除了承认培养计划中列出的课程(包括选修课)外,学生通过自学取得的各方面成绩,都给予承认,给予奖励。如:学院设立学习成果课,对学生公开发表的文章,在校外有关专业的各种竞赛中获奖,都给予一定的学分,并根据取得成果的不同水平,给予不同等级的成绩。

宁波财经学院还设立了创新学分机制,旨在使学生加强对于创新意识、创新精神和创新能力的培养,鼓励和倡导学生积极参加学科竞赛、课外科技和科研活动、创造发明活动和各类社会实践活动,提高学生创新素养,促进学生个性发展。另外减少不必要的必修课,增加更多的选修课,让学生有更多的自由度选择感兴趣的必修课,这样能学得更精。同时在学分的设置上,增加选修课的学分值。宁波财经学院还采取了"毕设多样化"即"免毕设"机制,除了传统形式的毕业论文(设计)以外,在确保毕业论文设计质量的前提下,毕业论文设计可以多样化,对学生具有极大的诱惑力。同时也很好地使学生们通过各种方式实现自己价值的最大化,通过参加各种创新类比赛,创新能力得到很大提升。

(2)实践教学手段多样化

在培养方案和课程教学大纲的指导下注重充实、更新教学内容并选择与其相应的教学手段,把教师从一些重复的教学环节当中解放出来,使教师能有更多的时间与学生展开更加自由灵活的讨论,最大限度地调动学生的主观能动性,改变灌输式教学手段,充分调动学生的创新思维,让学生在具体的展示设计中发现问题,返回理论再学习。带着问题接受理论知识,这种逆向教学手段能有效培养学生的创新能力、独立思维能力和自学能力;教学中要先引导学生多观察,并展开分组讨论,开拓学生的思维。在讨论中,教师适时进行示范性实践操作,加深学生的记忆。这种理论性与示范性相结合的互补式教学方法,能够促进学生思维能力、创新能力、综合能力的提高。此外,还有探究式、互动式、开放式等教学手段。

(3)实践教学项目真实化

首先,以课堂教学为先导,引进真实项目。项目进课堂是把真实课题或设计项目分解为若干个研究课题或活动,以项目形式开展,让学生接触到实际案例。这就需要专业教师与外界多联系、多沟通,强化实践内涵,搭建产学结合平台。通过对真实项目设计、管理锻炼学科实践教学的渠道,使设计与实践结合起来,让学生准确掌握企业需求。

其次,以实际需求为导向,开展市场调研。在以往的教学过程中,市场调研部分因各种原因被弱化,而实际上作为展示设计行业,在实际项目制作过程中都会开展相应的市场调研,通过收集大量的展示信息、品牌市场需求、展示预期目标、客户资金投入情况、观众心理行为等调研行动,明确展示最后的设计定位和资金使用情况,为后期的展示项目设计明确方向,使学生在项目设计中能更全面地考虑问题。所以,要针对企业的需求,开展课题性质的调研,指导学生围绕课题进行专项研讨,将所学知识技能综合、融化,培养解决问题的能力。课题研究的内容应结合学生自己的学习情况,对某一环节进行调查、研究、实验,应用所学知识、实践技能,构思制作出展示方案,并运用现有资源实现设计。

(4)以引领创新人才为根本,参加学科竞赛。展示行业的各类竞赛都预示着时代的发展特征和设计的流行趋势,学校里的学生如果只是接受课堂和企业的案例练习,那么在设计创新方面将不能与时代接轨,而培养创新型人才又是大学教育的重要任务。大学生学科竞赛是整合课内外实践教育教学的重要环节,是培养学生创新精神和动手能力的有效载体,对培养和提高学生的创新思维、创新能力、团队合作精神、解决实际问题和实践动手能力具有极为重要的作用。

(5)综合素养隐性化。在实践教学开展过程中,学生除了专业能力得到提高外,个人的综合素养也在各实践项目的开展过程中潜移默化地得到了提升。如“主题展示设计练习”,学生以实际课题为依托,经小组反复讨论及师生互动,确定方案,增强了学生的主动性和团队协作能力。此外,为了使考试成绩能全面反映学生的学习情况外也能提升学生的综合素质,将已有考试方式进行改革,加强考核的“过程管理”和“队员评价”,改变考试的记分方式,在以往以作品效果为重点的记分中加入学习态度、合作精神、队员评价等方面的分值,尽量量化到细节的综合评价作为学生的考试成绩。这种综合评分方式对教学很有促进作用,使学生取长补短,在学习专业知识的同时也注意到个人综合素养的重要性,为今后在企业顺利工作打下基础。

通过“三化一体”的实践体系的教学改革,激发学生的设计创新思维潜能,梳理学生逐步掌握的专业理论知识结构,强化专业技能,帮助他们举一反三解决实际问题。充分调动学生的积极性,开展互动式教学,培养学生独立创意构思的能力,同时提高学生对外交流及沟通能力、团队协作能力。教师充分尊重学生在教学过程中的主导地位,重视学生发现问题、分析问题、解决问题的能力;成立学生学科竞赛小组,强化学生的学习动机,鼓励学生展开良性的竞争,提高学生的作品讲评能力与动手展示能力。实践体系的教学改革在于学生在校期间受到展示设计行业岗位群的适应能力训练,并能适应快速发展的展示设计行业对人才需求的标准和实际工作能力。在教学过程中,既重视发挥教师的主导作用,又尊重学生在学习活动中的主体地位,培养专业能力强、个人素养高的综合性人才。

三、学科建设

作为一所新建地方应用型高校,宁波财经学院自2008年开展本科教育以来,针对浙江省外向型经济、民营经济、新业态经济发达,中小企业在经济结构中占有重要地位的区域经济特征,确立了"面向区域中小企业、培养应用型本科人才"的基本办学定位,并把服务新经济、新业态发展,培养应用型特色紧缺人才作为提升学校服务地方经济社会发展能力的重要途径。在实践探索中,学校充分发挥民办体制机制灵活优势,紧贴区域内新兴产业链、新业态的发展需求,依托特色学院,通过体制机制创新、应用型师资建设和人才培养模式改革,开展学科交叉融合,建设跨学科新兴专业群,取得明显实效,有力推动了学校的差异化、特色化发展。

(一)大宗商品流通产业专业群建设

随着"十二五"期间浙江省海洋经济发展战略的实施,宁波—舟山港成为世界大宗商品生产、运营、物流、交易的核心区之一;该区域大宗商品流通产业蓬勃发展,产生大量的大宗商品金融、大宗商品物流、大宗商品贸易等专业人才需求。

2011年,学校发现这一地域性人才需求缺口,国内尚未有其他院校开设这类专业,立即组织有关学院和产业发展研究机构,合作进行了全面调研分析,确定了大宗商品金融、大宗商品物流、大宗商品贸易三类主要人才的培养规格要求。学校联合30余家国内大宗商品领先企业和研究机构,成立国内首个大宗商品产学研联盟,并以此为依托,在宁波市政府的支持下,创建校内首个特色学院——大宗商品商学院;大宗商品商学院融汇校内国际贸易学、金融学、工商管理、物流工程、信息技术等多个学科资源和大宗商品产学研联盟的人才、技术资源,按照"专业+方向"的方式,构建了由国际经济与贸易、国际商务、金融工程、物流管理等专业组成的大宗商品流通产业专业群。

行业、企业专家深度参与专业课程研发和教学,先后开发了"大宗商品概论""大宗商品经济导论""大宗商品交易""大宗商品物流""大宗商品金融与投资"等三个系列、近20门专业课程,各专业开展"理论讲授＋企业家讲座＋行业实践"的教学模式改革与实践,迄今累计为浙江省、宁波市大宗商品流通领域相关企业培养从事大宗商品交易、市场分析、运营管理、物流管理、金融服务等专业人才2500余名。学院的"大宗商品交易分析师"新职业标准被列为浙江省首批职业标准,大宗商品流通协同创新中心被列为市级协同创新中心,大宗商品交易研究基地被列为市社科重点研究基地,大宗商品综合实验中心被列为省本科高校实验教学示范中心,国际经济与贸易(大宗商品交易)专业获省高校新兴特色专业建设立项,以大宗商品为特色方向的应用经济学学科入选浙江省"十三五"一流学科建设工程。

(二)家族财富管理专业群建设

浙江省民营经济为主的经济结构明显,家族企业数量众多。许多家族企业在转型升级过程中面临同样困境:一是缺乏认同企业文化、具备创新创业精神的管理、技术人才;二是企业进入代际传承阶段,缺乏合格的二代接班人和职业经理人团队。与此同时,随着面向家族企业提供针对性解决方案的家族办公室等财富管理机构进入快速发展阶段,对专业化程度较高的家族财富管理服务人员的需求也日益增加。这些都对高校开展家族财富管理人才培养提出迫切需求。

2013年,学院与国内知名的创新型金融投资集团、中国家族财富管理领域领航者——浙江蓝源资本,联合成立蓝源家族财富管理研究院;同年,与国家级金融教育高科技龙头企业、中国技术创业协会天使投资联盟发起人——深圳市国泰安信息技术有限公司,联手共建国泰安创业学院。学院依托这两个特色学院和研究机构,融合工商管理、金融学、投资学、法学等多个学科,开展财富管理、创业管理专项研究,并以财务管理、工商管理为主干专业,会计学、审计学、金融工程、秘书学等为支撑专业,以依托专业增设特色专业方向的形式构建家族财富管理专业群。

在专业群建设过程中,学院有关学科专业骨干教师与行业资本家、企业家共同制定人才培养方案,共同开发特色课程、编写特色教材。目前已开发出"家族财富管理概论""家族企业治理""家族资产配置"等家族财富管理系列课程,以及"实用型创业基础通识课程(公共＋专业)模块、创业专业课程(必修＋选修)模块、创业实训实践与实战演练课程模块"于一体的创业管理完整课程体系,在国内率先开展了家族财富管理特色人才培养和四年制本科创业人才培养的探索尝试,目前已初步形成了每年培养600名中小企业财务管家型人才、100名家族财富管理咨询服务人才、200名具有较强创新创业意识和创业能力的职业经理人和独立创业者的专业人才培养规模;其间,学院工商管理(创业管理)专业获省高校新兴特色专业建设立项,以家族企业传承与治理、创业生态理论与政策、商业模式创新与中小企业成长等为特色方向的工商管理学科入选浙江省"十三五"一流学科建设工程。

(三)互联网新业态专业群建设

浙江的互联网经济发展处于全国的"第一梯队",作为全国首个提出打造信息经济大省的省份,浙江的互联网营销、移动电子商务、跨境电子商务、互联网金融、社交技术应用、大数据分析等新业态蓬勃发展,兼备网络信息、贸易金融、营销管理等知识和能力的新型应用型人才的培养,具有广泛而急切的社会需求。

学校在毕业生就业调查期间,敏锐捕捉到互联网新业态发展对相关专业人才的大量需求,2014年成立基于微信等社交网络平台应用,培养服务于"微"领域现代服务业应用型人才的"微学院";2015年正式成立宁波市首个电子商务学院;2016年联手慧科教育集团和百度公司,合作共建省内首个"互联网＋"全日制本科特色学院——慧科互联网学院。从"微学院"到电子商务学院,再到校企共建互联网学院,学校不断拓宽互联网新业态人才培养的范围和规模。目前,学校主要依托慧科互联网学院,按照"互联网＋商科"的架构思路,跨信息、经济、管理三大学科,组建了由软件工程、网络工程、信息管理与信息系统、电子商务、市场营销等专业构成的互联网新业态专业群,建成互联网工程中心、跨境电子商务实战基地、互联网创客空间等实践教学场所,与企业合作方共建应用型教师队伍,企业技术高管主导综合实训课程建设,实施真实案例的专业教学,每年为浙江省和宁波市培养社交网络平台开发、移动互联网技术应用、互联网营销等专业人才500人。

此外,根据学校中长期发展规划中明确的文化创意产业服务面向定位,结合宁波"十三五"期间打造文化名城、影视之城的发展目标,学校适时而动,2017年初,与象山县政府、象山影视城合作共建象山影视学院。象山影视学院融合新闻传播学、戏剧与影视学、中国语言文学、美术学、设计学、信息技术等学科,计划构建由广播电视学、影视摄影与制作、广播电视编导、数字媒体艺术、数字媒体技术等专业组成的文化创意产业专业群,培养从事新媒体和影视制作的专业技术型人才。

截至2017年,该校已有省一流学科4个,市重点学科5个,市级研究基地3个,市级协同创新中心1个,近三年,获批省部级以上纵向科研项目113项,其中1项国家自然科学基金项目和7项国家社科基金项目;签订横向课题合同484项,合同经费总额5200余万元。已有省级新兴特色及优势重点专业11个,省级实验教学示范中心2个,立项教育部产学合作协同育人项目25项,获得省、市教学成果奖22项,在校生获国家级各类竞赛奖项1000余项;毕业生创业率在全省本科院校中排名前列,学院获评"全国民办高校创新创业教育示范学校""浙江省普通高校示范性创业学院"。

四、人才培养

新经济的快速发展亟需大量紧缺人才,对人才规格和质量也提出了新的要求。地方高校在办学过程中,还存在着人才规格和标准与社会需求脱节、校企合作模式单一、效率低下以及应用型师资短缺等瓶颈问题。面对这种困境,宁波财经学院以"双院制"模式改革为突破,创新应用型人才培养路径,实现人才培养与产业发展对紧缺人才需求的有效契合。

"双院制"的概念。传统学院设置是按照一级学科和专业类别划分的二级学院。特色学院是指依托传统学院,融合相关学科专业,以特色专业(方向)或专业群为载体,与企业合作开展新产业、新业态应用研究和紧缺人才培养的一种新型学院。传统学院+特色学院="双院制"。传统学院与特色学院实行"双院"协同。

1."双院制"的特征

宁波财经学院创新"双院制"协同模式,其特征有"四共":人才共育、过程共管、成果共享、责任共担。(1)人才共育——合作企业提供前沿技术、资金信息、技术人员、实验项目、实践基地,负责应用型人才培养的专业核心课程教学、特色课程与教材开发;传统学院提供学科专业支持、应用型师资、基础课程与实验室、教学管理与质量保障等,负责对新产业、新业态紧缺人才实施专业基础课教学。(2)过程共管——校企联合设立特色学院理事会,实行理事会领导下的院长负责制,理事会负责重大事项决策及资源链接引入,理事由企业、学校高层、传统学院院级领导担任;设立由企业、传统学院和特色学院三方人员共同组成的优秀管理团队,负责推进日常教学、专业建设及师资建设等。(3)成果共享——合作企业分享学费、分享社会服务的收益、共享编制等;传统学院和特色学院分享企业资源、企业声誉等。(4)责任共担——建立由市场机制为主导,针对合作企业、传统学院和特色学院三方的监督约束机制,明确权责,风险共担。

2."双院制"的分类

根据现实需求及其合作模式,宁波财经学院创新"双院制"模式为三种类型。(1)项目推动型(项目制形式)——与宁波市大宗商品产业联盟合作成立大宗商品商学院;与宁波维科投资发展有限公司合作成立微学院。项目推动型主要依托企业项目,将企业运营实践融入人才培养过程,采用"理论讲授+专家讲座+企业实践"教学模式培养大宗商品产业紧缺人才;采用"微体验""微实践""微实战"三个进阶式的"微系列"项目学习和实践,培养顺应互联网新业态发展需求的"微"领域紧缺人才。(2)企业拉动型(股份制形式)——与深圳国泰安信息技术有限公司合作成立创业学院;与北京慧科集团合作成立电子商务学院。企业拉动型主要以企业为主导,融合校企双方人才、资金、技术等要素,实现理论教学、实训操作与专业核心能力教学一体化,培养具有创新精神的职业经理人、优秀民营企业接班人,以及从事互联网营销等"实战型""外向型"电子商务紧缺人才。(3)研究院推进型(产权或资金)——与浙江蓝源投资管理有限公司合作,以股份制形式成立蓝源家族财富管理研究院。研究院推进型主要依托研究院的研究成果,强化实践教学环节和学生能力培养,探索"学院＋第三方财富管理机构＋家族企业"三方联动的实践教育模式,实施校内教师和业界专业人士共同担任学生导师的"双导师制",培养从事家族财富管理工作的专业化紧缺人才。

学校以区域经济社会及新产业、新业态发展需求为导向,创新构建"双院制"协同育人模式,政校企先后共建大宗商品商学院、国泰安创业学院等6个特色学院,开展特色紧缺人才培养;以信息技术与教育教学深度融合为突破口,规模化推进"翻转课堂"教学改革,持续提升人才培养能力;率先开展创业本科教育探索,构建多层次创业教育体系,促进创新创业型人才快速成长,目前四年制创业管理专业已有毕业生300余人、在校生近700人。

第六节　宁波诺丁汉大学

宁波诺丁汉大学(下简称"宁诺")筹建于2004年,2005年5月获得国家教育部的正式审批,是由宁波市人民政府主办、浙江万里学院与英国诺丁汉大学联办的一所具有独立法人资格、独立校区的中外合作大学。按照合作协议,宁波诺丁汉大学由中方提供建设资金、后勤保障与学生服务;由英方负责课程设置、教学师资与教学管理,任务在于成就兼习中英文化的国际化创新型人才。该校在中国境内实施全英模式教育,是中国教育制度上的创新和高等教育国际交流与合作的一次尝试。2004年宁诺首届招生仅250多名,目前注册学生人数已达6300多名,来自世界上60多个国家和地区(包括本科、硕士和博士研究生,其中包括1000多名大三"2＋2"去海外交换学习的学生)。宁波诺丁汉大学不是一所普通意义上的大学,而是引进国外优质教育资源、实现高质量就业率以及学生在家门口就可以"留学"的优质大学。

一、办学定位

宁波诺丁汉大学在以《中外合作办学条例》的指导下与英方建立起了尊重、信任、负责、协同的"协约式"校务管理模式。学校成立了大学理事会作为"最高决策机构",具体负责发展规划、制定预算、筹措资金等事宜,成立了校务委员会,具体负责执行理事会决议,制订教学计划,安排教学活动,做好教师管理等事务。与此同时,学校还成立了中共宁波诺丁汉大学委员会,从而保障社会主义办学方向。

建校之初的宁波诺丁汉大学以"一流学术成就一流国际化人才"为办学宗旨,引进国际优质教学资源,借鉴国外先进办学理念和方法,横向移植英国诺丁汉大学的特色品牌学科和专业,与中国的具体国情相结合,旨在把宁波诺丁汉大学建成特色鲜明的高水准中外合作大学,使培养的学生成为熟悉中西方文化,熟练掌握和运用中英文两种语言,具有独立思考、创新能力和团队精神,具有国际化思维与视野,达到诺丁汉大学专业水平与能力的高层次人才,能够应对社会、经济和劳动力市场全球化的需求与挑战。宁波诺丁汉大学坚持追求质量"精品",防止盲目"求大",采取的有效措施是限定发展规模,控制招生数量。中英双方共同认为,办学宗旨在于储英育才,造福人类。作为我国最早创办的第一所中外合作大学,也是目前整体引进国外优质教育资源的唯一一所中外合作大学,宁波诺丁汉大学秉承教育的公益性原则,反对"以营利为目的"的办学。正如杨福家院士指出:"一流大学不一定是'综合大学',但一定要特色鲜明;一流大学不一定是大楼林立,但一定要科研领先;一流大学不一定是经费充盈,但一定要以人为本。"

当前,正值全国贯彻落实《国家中长期教育改革和发展规划纲要》,将人力资源大国建设成人力资源强国是各级各类大学的共同使命。这时适逢宁波诺丁汉大学进入巩固提高、跨越腾飞的第二期发展阶段,新的形势对中外合作大学提出了更高要求,研究未来发展前景成为其刻不容缓的一个任务。为此,宁波诺丁汉大学确定了今后相当长的一个时期内的办学定位。

1. 发展成全国中外合作办学示范性大学

《国家中长期教育改革和发展规划纲要(2010—2020)》强调要"办好若干所示范性中外合作学校","吸引更多世界一流的专家学者来华从事教学、科研和管理工作,有计划地引进海外高端人才和学术团队。引进境外优秀教材,提高高等学校聘任外籍教师的比例。吸引海外优秀留学人员回国服务"。这些方面宁波诺丁汉大学积累了很多成熟做法和成功经验,业已具备发展成一所全国中外合作办学示范性大学的前提和条件。

作为率先创办的第一所中外合作大学,前无来路,探索前行;后进比邻,争奇斗艳。作为探路者,宁波诺丁汉大学的目标是《中外合作办学条例》规定的"引进外国优质教育资源",任何时候都不以营利为目的的办学。体现教育的公益性原则永远是中外合作大学生存与发展的生命线。中外合作大学不能依靠"卖文凭"生存或者成为留学生"预科",而应创造一个中国学生"廉价在家门口留学"和吸引"外国学生优惠到中国留学"的双赢格局。教育的公益性原则是中外合作大学的"第一要义",提供优质教育资源是其中的"重中之重"。这是宁波诺丁汉大学在任何时候、任何情况下都不会动摇的根本原则,也是发展成一所全国中外合作办学示范性大学的可靠保证。

2. 打造成某些学科领域达到国际一流水平的研究型大学

从世纪之交开始,中国正在向世界一流大学进军。所以,宁波诺丁汉大学的目标应该是努力打造成某些学科领域达到国际一流水平的一所研究型大学。"特色""大师""科研""人本"八个字,是世界一流大学建设的共同经验。宁波诺丁汉大学"特色"在专业设置方面就是继续坚持中国急需、国际前沿、英国诺丁汉大学最具优势的原则,巩固做强文科与商贸、适度增加理科、重点发展工科,经过数年努力,逐步形成一所文、商、理、工兼备的研究型大学。"大师"就是力求建设一支以学科专业大师为核心的一流教师团队。学校的天然优势是英国诺丁汉大学的雄厚人力资源,坚持面向全球遴选学术带头人和教学骨干,注重引进国际知名专家学者。"科研"重在培养师生孜孜不倦的探索精神和做出攻难克坚的重大成果。鼓励教师瞄准科学前沿,申报国际基金项目和国内资助课题,重视专利的转让与推广,将科研水平提高到一个新的更高档次。"人本"就是将以人为本的教育理念,具体落实到"教师为本"和"学生为本"的实际行动上。弘扬"大爱无疆"精神,扩大"奖学金"的种类和额度,焕发不同种族、不同肤色、不同国度、不同民族、不同文化背景的人们的创造性和凝聚力。

二、教育教学

教学是学校形象的代言人,是教育质量的基石。20世纪中期,美国要素主义教育家贝斯特在《教育的荒地》一书中指出:"真正的教育就是智慧的训练","严格的智慧训练有赖于优良的教学"。可以说,辨别一所大学的优劣得失,主要是看教学的利弊长短。宁波诺丁汉大学的教学秉承了英国教育的历史传统,注入了中国当今的时代特点,是诺丁汉大学先进教学经验的"植入"和当代中国大学改革经验"合成"的共同结晶。宁波诺丁汉大学学术教育的教学体系突出强化学生技能教育和创新能力。学习策略和创新思维能力教育,使学习过程变得更容易,智力因素对学习者的影响减少到最低程度,而依赖于思维产生的创造力,则从根本上增强了学习者的自信心。其教育特色集中体现在:学习目标管理、时间管理、项目任务管理、计划学习管理、导师制度、质量监控和评估。

(一) 教学组织形式

宁波诺丁汉大学第一学年的教育以学术英语达标教育和学术规范教育为主。英语作为基本工具,必须达到雅思6.5分的水平,为将来完成各种学术活动做准备。教学上将语言能力、学术规范和创新思维三者的教育同步进行,重点是转换学生原有的学习策略和学习技能,迅速获得英语能力,同时规范学术行为,包括写作能力的规范化、学术交流,引导学生形成创新思维。每项内容都采用菜单式教学,有规范的学术要求,同时每个菜单又有明确的学习技能要求。学生只要按菜单进行,就可以获得相应的基本能力,而菜单就掌握在学生自己手中。每个学年学生都有一本学生手册,它不同于国内偏重于学生行为规范的手册,而是学生一个学年的教学目标、课程安排、时间分配、学生任务。学生进入核心课程学习阶段,英语能力不再重点强调,学术规范则更加严格,其重点是培养学生的批判性思维和创新能力。

由于学生手册有每学期课时的详细安排、每周研讨课的主题、每节课前学生所需要阅读的书目清单,以及学生所需独立完成的课程论文题目和论文提交截止日期,这使得学生在学期开始就对课程的大框架有所了解,明确了自己的目标和任务,因而可以根据自己的情况,科学合理安排学习时间。学校要求每个学生都制订一份科学合理的学习计划,计划书与导师以协议合同的形式签订。对于制订计划书,学校为学生开有专门技能的训练课,这既是为学生保质保量完成学习任务,更是为学生将来有能力创造性完成各种工作任务做准备。宁波诺丁汉大学的学生不仅要求有全年的学习计划,还要接受更多的训练,使他们学会面对大量的项目做方案,这对培养学生的创造性能力极为有益。

宁波诺丁汉大学教学采用小班化讨论式的全英语授课,在每个阶段有阶段论文。通过这些形式和手段强化学生的创新思维和学术能力。小班教学,课堂讨论;教师讲演引路,学生相互讨论;纯粹英语授课,严禁"双语"交叉。讨论课最能锻炼学生的语言能力、思维水平与学习意志。由于个人表现与课程成绩挂钩,学生课前必须查阅大量资料,课中务必集中注意力、开动思维,讨论力求言之成理、持之有据。针对个别沉默寡言的同学,教师的有效办法是直接"发问",鼓励他们开动脑筋,放飞"想象"的翅膀。

导师的敬业精神和负责态度是做好启发式教学的关键。19世纪末20世纪初,英国著名哲学家、数学家和教育理论家怀特海指出,大学教学"是富于想象地传授知识",目的在于激发青年人的"生命冲动"与"创造冲动","引起一种令人愉快的学习气氛","自由地做出正确或错误的判断,自由地欣赏宇宙万物的千姿百态",使教学能够展开想象的"无限的可能性","成为'青年人和老年人共同富于想象地探讨学术'的故乡"。格雷·任士列教授曾经是该校首位教务长,他是国际传播学的知名专家,他当时执教的班有21位同学。为了调动每位学生的学习激情、拓展想象空间,他又分成两个小班授课。

宁波诺丁汉大学学生的显著进步就在于学习观念的深刻变革和英语水平的迅速提高。以前他们习惯于"排排坐""吃果果","被动学习""死记硬背",现在十分乐意讨论争辩、碰撞交流,经常引发"头脑风暴",变"被动学习"为"主动学习",相继开创质疑问难、刨根究底的学习新局面。

(二) 学术训练程式

创新型教学的做法,是在每门课程教学中设计一些"作业"或者"项目",让学生去查资料,自己去做分析,自己去找答案,开展研究性学习,将研究结果写成三五百字或者一两千字的论文。教师明确要求论文在体裁上不是"综述",不是"总结",也不只是一般意义上的"归纳提炼",而一定要阐明个人观点,写出独到创见;在内容上力求做到材料与认识的统一,依据与观点的一致,理论与实际的结合;在文风上杜绝"抄袭""剽窃",所有注引必须规范地注明出处,智慧的来源应该感恩致谢。这就很大程度上训练了学生的思维习惯,培养了治学品质,发展了他们独立思考和发现创新的能力。项目任务教学是创新能力教育的集中体现,也是英式教育的精髓,它注重学生实践能力的培养,通过不断实践来强化创造性思维能力,实现理论和实践的结合。学生每周要完成很多学术项目,这些项目任务,有的要求个人独立完成,有的以小组形式合作完成。

研讨课是宁波诺丁汉大学实施创新教育、启发式教学的一个突出范例。研讨课上,课程教师将理论知识与当前最新的案例相结合作为主题,在教师引导启发下,让学生进行讨论,充分锻炼学生的理论运用能力和批判性思维能力。研讨课也同样有细分的计划和目标。教师只是起到辅助和引导作用,始终围绕以学生为中心进行各项讨论活动,以师生互动方式,共同参与、一起体验研究性学习。从问题开始训练探究能力,启发创新思维,以学科前沿激发研究兴趣。研讨课在有效地引导学生改变思维方式,提高综合素质能力方面具有积极的意义。

(三) 以学生为主的培养方式

宁波诺丁汉大学对每个学生都建有个人学习档案,包含学生个人学习日志,客观地记录学生在校阶段的学习和生活,以便实施因材施教和个性化教育以及导师个别辅导。导师个别辅导课每周一次,导师与学生一一对应,时间为20分钟,本活动除要解决在学习上遇到的困难外,也可以拿论文初稿与导师共同商讨,教师对学生创新能力进行点评和辅导。

教师对学生的评价崇尚多元思维,理性引导是教师的职责所在,也是"以学生为中心"教育理念的核心之一和教师对学生的评价标准。多元思维在教育表现形式上就是重视个性和差异,鼓励在宽松的学术环境下,师生之间、学生之间通过争论去发现悖论和错误,给学生更多的自主机会。在宁波诺丁汉大学的课堂上,教师很少有对与错的结论,只有在理性与否、逻辑性和完整性的判断,只对学生的各种作品作出客观性和合理性评判。这有利于学生创造性思维的发展和科学精神的养成。

宁波诺丁汉大学施行启发式负责任的导师制管理。知识必须经由学习获得,教学务必调动学生的积极性。英国是古老的大学导师制发源地,这种传统也带到了学校。每个学生配备一名学术导师,全面负责学生的学习、授课与指导。导师经常与学生见面,进行"一对一"交流,了解学习情况,询问疑难困惑,指导方法思路,拓展认知视野。一位英籍教师说:"教师是教练,学生是运动员。"当问到"教师"与"教练"有什么区别时,她说,教练很了解运动员,指导时有的放矢,针对性强,一丝不苟,认真示范;而运动员又必须通过坚持不懈地刻苦训练,才能提高运动成绩。他们的"教"和"练"计划明确,指导得力,动作到位。教师只有同学生"摸""爬""滚""打"在一起,才能够了解每一个学生,找到最为适合的方法,进行最为有效的教学。导师制的实施解决了学生的学习困难,拉近了师生关系,有效地激发了学生的上进心和求知欲,教育质量便由此产生。学校的毕业生经过英国诺丁汉大学评估专家组检查验收,认为教师执教认真,学生治学严谨,质量水平与英国诺丁汉大学不相上下。

这个一以贯之、循环往复的教学范式,已经成为宁波诺丁汉大学师生的自觉行动。教育质量不能凭借最后一道工序"总成",而要依靠一道又一道工序"累积"。一门课程的教学是这样,每门课程的教学都是这样,朝如斯,夕如斯,月如斯,年如斯,质量就在"教学全程"奠定了根基。

（四）基于创新能力养成的教学方法

英式教育强调培养学生的自主研究能力和创新能力。课程论文和研讨课主题是学生自主学习的源动力,它使得学生必须通过大量的阅读和自主研究来完成。课程论文写作不仅使学生充分掌握该课程的主要理论,而且通过大量的阅读与研究逐渐培养学生批判性思维的能力。学生在课程前几天,必须在数据库中收集大量指定书目的章节,仔细阅读后做好摘记,在此基础上要花3~4个小时对指定主题进行研究并进行小组讨论,最后确定课程论文。例如:主题为"对比分析两家中外购物中心的组织结构与潜在问题",那就需要学生去选择一家国内购物中心和一家国外购物中心进行比较分析。为了完成这个研究主题,学生必须进行深入探究,如做问卷调查和访谈,进行数据整理分析,作出对比结论,最后在研讨课上做研究结果陈述,并要接受教师和同学的提问。教师在2个小时的课程中可能只花20~30分钟去介绍教材中的理论知识,但会留出大量时间给学生去做陈述。这个研究过程充分培养和锻炼了学生的自主研究能力和创新能力。

三、学科建设

宁波诺丁汉大学的所有课程实施全英文授课模式。学校在学科专业方面的首要任务是确立全英文模式战略,致力于创造最好的学习环境。从宁波诺丁汉大学的发展规划中可知,学校的办学层次以本科教育为主,逐步达到本科生、研究生教育并举。宁波诺丁汉大学在成立之初开设了三个文科学院,分别为:国际商学院、国际传播学院和国际问题研究学院。通过比较,我们发现,这三个学院在一些学科设置上有很多相同之处。例如,开始设置的课程都有利于宁波诺丁汉大学从英国诺丁汉大学的一些享有盛誉的专业中引进师资,同时,也能使这三个学院最大限度地共享教学资源。随着学生数量和专业需求的增加,学校的学科设置向合理的、低成本的专业衍生。目前该校已经增设了计算机科学学院、英语语言学院、可持续发展技术学院和工程学院。此外,宁波诺丁汉大学根据中国国内大学教学情况和中国社会政治的发展需求,还在国际事务研究的基础上,拓展、延伸了一些相关专业,如欧洲研究、中国/亚洲研究(面向国际学生)、美洲/拉丁美洲研究等。自2004年至今,已经形成了本硕博人才培养体系。目前,宁波诺丁汉大学根据社会的发展和学生的需求增加了一些新兴学科,并且将学校的院系整合成化学科学学院、人文教育学院和理工学院三大学院,15个研究所,院系的特色更鲜明,专业的划分更为细致。宁波诺丁汉大学于2008年12月获教育部批准开展博士研究生教育。2010年,宁波诺丁汉大学国际博士创新研究中心成立,整合中英双方在科教和实业领域的资源,培养高端跨学科国际化应用型人才。宁波诺丁汉大学对引进的优质教育资源进行了充分的吸收和转化,在学科管理方面积累了很多有价值的经验。

在科研方面,宁波诺丁汉大学凭借独特的优势,整合海内外优质科研资源,特别是利用英国诺丁汉大学与国际企业、欧盟等机构的伙伴关系,结合地方发展需求积极开展跨国、跨界、跨学科科研合作和学术交流,促进技术转移和成果转化,在较短的时间内取得了一定成绩。目前,学校国际科研项目占科研总项目的比例超过20%。

服务地方经济社会、直接为所在地城市做贡献是高等教育的责任之一。英国诺丁汉大学有着服务地方、牵手企业的良好传统,早年制定的校训是"城市建于智慧"。目前他们成立了许多研究中心,服务范围辐射到诺丁汉市、周边地区乃至全英,科研收入每年在1亿英镑以上。宁波诺丁汉大学坚持为中国经济社会服务和为所在地城市宁波服务。2008年1月,温家宝总理与英国首相布朗签署《中国可持续发展生态城市项目设计、实施和融资谅解备忘录》,设想建立一个"研究共同体",宁波诺丁汉大学是成员之一;宁波诺丁汉大学的相关专家经常与宁波科技部门保持沟通,寻找攻关项目,通过调查研究,对宁波的纺织、服装、制造业、建筑业等龙头产业的可持续发展提出改进建议,提供咨询报告,为科学决策做出了贡献。宁波诺丁汉大学同宁波市及其周边地区建立了相互支持、密切合作的友好关系。2007年12月聘请宁波市级以及11个县(市)区16名专家担任产学研结合指导委员会委员;2008年2月启动宁波市教育局中小学英语教师培训项目;2008年5月至6月举办宁波金融高管培训;2008年9月20日中国首座碳零排放节能楼正式启用,正在为中国的经济社会发展做出更多贡献。

宁波诺丁汉大学在科研发展过程中,坚持论文数量和质量同步发展。今年1月,软科发布"2019中国最好大学排名",宁波诺丁汉大学首次参与排名,位列全国55位,浙江第2位。其中,"科研质量"这一核心指标得分位列榜单最高。论文质量方面,根据来自Scival的数据,2018年度宁波诺丁汉大学72.7%以上的学术论文与海外高校合作发表,26.0%的期刊论文引用次数位列全球前10%,略高于国内顶尖大学联盟22.5%的平均水平。与此同时,47.8%的论文发表于全球排名前10%的期刊,高于国内顶尖大学联盟的平均数39.2%。

学校的可持续能源技术研究中心大楼是我国第一幢碳零排放示范楼。这座大楼综合了目前世界最先进的建筑设计理念、节能技术和绿色建筑技术研究成果,屡获大奖,得到了国内外各界的关注:2008年获得法国"绿色建筑奖"和中国"最佳环保设计奖",2009年获得美国"国际建筑奖"。楼内设有建筑综合热能蓄存实验室、产品绿色制造评价及可重构制造技术实验室和清洁能源转化技术实验室三大重点实验室,开展的都是可再生能源技术和新型环保节能材料领域的国际前沿研究。

四、人才培养

中外合作大学是中外合作办学活动中出现的一种特殊的高等教育机构,是中外双方签订了办学协议、经过教育部批准所设立的具有专门校园和法人资格的独立大学。这类大学与国内一般大学的最显著区别就在于它的举办者是中外双方两所高校,且基本按照西方大学的教育和管理模式对学校进行运作。作为我国的第一所中外合作大学,宁波诺丁汉大学在中外合作大学中具有一定的代表性,由于整体引进了外方合作高校——英国诺丁汉大学的教育教学模式,其在国际化人才培养方面表现出了一定的优势。因为中外合作大学直接吸引国外高校参与办学,所以,所培养的人才具有更高的国际素质。以宁波诺丁汉大学为例,该校2012年的毕业生中,有70%以上的学生进入了世界知名学府继续深造,其余就业的学生中有将近一半进入了世界名企。中外合作大学学生升学和就业的高度国际性说明这类大学在培养学生国际素质方面有一定的优势,具体表现在如下几个方面。

（一）对国际意识的培养

国际品性属于情感、态度和价值观方面的内容,对学生这方面的培养不能仅靠强制性的灌输,更多的还要靠潜移默化的影响和渗透。在中外合作大学,虽然合作双方是中外两所大学,但作为大学核心工作的学术一般都是由外方主导,学校不但成套引进国外高校的专业和课程,而且还吸收大量外籍教师加入教师队伍,从而使中外合作大学的师资队伍具有较高的国际性。宁波诺丁汉大学以全球招聘的方式聘用教师,截止到2011年,共有来自40多个国家和地区的教职员工400多名。教师队伍的高度国际化自然而然会使学生在课堂上和生活上接触到更多的外籍人士,遇到更多的国际问题,面对更加丰富多样的价值观,而为了顺利完成学业并安排好自己的生活,学生便必须时刻关注这些问题,并以更加开放和宽容的态度包容和理解异质文化。

另外,中外合作大学校园中文化的多样性还便于其通过建立多种多样的文化社团来促进不同文化之间的交流,培养学生的国际意识。宁波诺丁汉大学建立了很多文化和语言类社团,如文化和交流协会、中国文化协会、法国协会、日本文化交流俱乐部、韩国协会、西班牙协会、国际学生协会、模拟联合国协会等。这些协会有的本身就以国际性活动为侧重点,如文化和交流协会、国际学生协会、模拟联合国协会等,旨在激发学生对国际文化和异质文化的兴趣,增加来自不同文化背景的学生之间的交流等。有的虽然重点关注一种文化,如中国文化协会、法国协会、日本交流俱乐部、韩国协会、西班牙协会等,但其主要目的并不是要学生钻研一种文化,而是要让来自其他文化背景的学生更好地了解这种文化,通过各种文化活动促进文化的交流和传播。

（二）对国际专业知识的培养

培养学生具备国际知识是培养国际化人才的重要环节。对于中外合作大学来说,它们在培养学生的国际知识方面具有得天独厚的优势。与中国传统大学不同,中外合作大学由于颁发国外大学的学位,一般会直接采用国外大学的课程和教材,并且采用全英文讲授,从而可以在专业和文化知识方面实现与国际的无缝对接,避免了在将其翻译或重新编撰成中文课本的过程中对意义的遗漏或曲解。此外,中外合作大学的课程内容还能够更好地追踪国际的最新研究动态,这一方面是因为中外合作大学与其外方合作高校联系密切,外方合作高校在课程和教材方面的改革能够及时反映到中外合作大学的课程中,另一方面是因为中外合作大学的师资队伍中大部分是外籍教师,他们能够将教材以外的国际最新研究成果及时地展示给学生,从而使学生对国际学术知识有更加充分的了解。

(三) 对国际文化知识的培养

除了专业知识,中外合作大学的学生能够更加积极和方便地获得国际文化知识。一方面,由于中外合作大学的专业课教材都是外文原版教材,专业知识在表述的过程中必然会以一定的历史和文化为背景,这便能够使学生间接地了解一定的国际文化知识。当然,这种以专业知识为媒介展现出来的文化背景知识有时候是不详细和不具体的,但学生为了更好地理解教材和教师的讲课内容,则不得不在课余时间通过网络、书刊等途径去了解和发掘这些文化背景知识,从而起到丰富其国际文化知识的作用。另一方面,中外合作大学的学生在教学和学习过程中经常会与外国教师接触,由于人是文化的载体,外籍教师的存在必然会有意无意地向其渗透或介绍一些国际文化知识和价值观,从而帮助学生了解国际大势,增强其对国际文化的理解力。

(四) 对民族责任感的培养

除了要培养学生的国际意识,培养学生的民族责任感也非常重要。因为在国际化的环境中,学生时刻面临着国际上多元价值观的冲击,容易造成民族认同感和责任感的淡化。为了防止这种现象的出现,中外合作大学在改造"两课"的基础上针对中国学生开设了介绍中国文化、国情的课程,宁波诺丁汉大学在专业课之外开设了"中国文化课",围绕"现代性与中国"这一命题,设计了"中国思想传统""中国近两百年历史""中国国民与世界公民""中国法律"等具体课程,帮助学生理解古今、中外、自我与他者之间的关系。实际上,在这种中西文化交融的环境中开设的中国文化类课程比在一般的校园环境中更有利于培养学生的民族文化认同和文化自觉,这是因为一个民族在与不同文化碰撞的过程中能更加深刻地认识本民族文化的特质,并在对不同文化的选择吸收中促进本民族文化的发展。对于中外合作大学来说,它的中国文化类课程恰恰能够更好地站在国际化的视域中引导学生审视中国的历史和现实,并以学生在国际化环境中的所见、所闻、所感为触发点,促使其更加深刻地理解中国文化,培养其民族文化自觉和民族责任感,使其具备成为国际化人才所应具备的思想道德品质。

第三章　宁波高等教育的改革与创新

　　在中国历史上,1978年是一个时代标志的分水岭。之前,中国并没有真正走向现代化;之后,中华民族开始改革开放,开启了建设现代化国家的伟大征途。现代化国家的基本内涵有:市场经济、民主政治、法治国家、社会和谐。向现代化转型对中国来说是一种根本性转型,这一转型源自十一届三中全会开启改革开放的伟大实践。毋庸置疑,改革开放是我国自新民主主义革命胜利以来的又一次新的社会革命,是广度与深度均名副其实的社会变迁。[1]中国政府开始推动经济、政治、文化体制改革,尔后,在教育领域进行了深刻的体制改革。宁波作为改革开放的前沿阵地,其高等教育改革在办学体制、战略布局、投入机制、用人理念、服务理念等方面取得了辉煌的成绩,并引起了全国的关注。认真梳理宁波高等教育改革创新的发展历程有益于推动今天的高等教育的进一步发展。

第一节　创新办学体制,激活民办教育

　　在马克思、恩格斯最初创立的科学社会主义理论体系中,教育就是一项重要内容。他们极为重视教育的社会地位和作用,明确指出:"教育会生产劳动能力。"[2]教育不强,国家必弱。没有合格的教育,中国社会主义社会的发展就是一

---

①吴康宁.教育社会学[M].北京:人民教育出版社,1998:177.
②《马克思恩格斯全集》第26卷(1):210.

句空话。改革开放以后,党中央确立了"教育是立国之本"。进入21世纪,随着教育战略地位的不断提升和作用的日益重大,适应科技、经济和社会的发展,以多种形式、多种体制加快教育发展是江泽民同志关于教育发展论述的重要内容。他强调指出"我们的基本国情之一,是在经济比较落后的条件下办大教育。我们必须立足于这个实际,深化教育改革,使我们的教育结构和教育体制适应社会主义市场经济发展和社会全面进步的要求"。[①]宁波地处改革开放的前沿地带,社会经济、科学技术的快速发展以及知识经济在现代社会中的核心作用,使得教育事业承担的责任和发挥的作用越来越大,高等教育的功能目标不断分化,社会分工的精细化,使得跨层级、跨类型、跨学科的教育需求日益强烈,迫切需要高等教育以新的组织方式,培养知识更加实用,更适合社会需要的人才。由于教育水平与工作效率、工作报酬等具有明显的正相关关系,接受高等教育是人们的普遍愿望。教育规模扩大只是提高每个人接受高等教育的概率,并没有从根本上解决现实中的创新型人才培养问题,所以如何提升高等教育的内涵发展是目前高等教育急需解决的问题。解决以上问题需要推进教育体制改革,需要完善教育的组织制度,以使教育更加适应现代化社会发展的需要。改革开放以后,宁波市结合自身的发展历程,从新的视角审视高等教育,认识到制度改革、制度创新是关键与核心。进行高等教育创新,关键是通过深化改革不断健全和完善与社会主义现代化建设要求相适应的教育体制,扫除制约教育发展的体制性障碍。

一、创新办学理念,为激活民办高等教育提供思想引领

高等教育的"质"变指的是办学体制等方面的变革,而引起变革往往需要人的观念的转变,因为观念是"人的看法、思想、思维活动的结果"。[②]观念往往左右着人的行为,正是因为高等教育观念的新旧更替,才会引起高等教育"质"和

---

①《人民日报》,1994-06-20。
②《辞海》(缩印本).上海:上海辞书出版社,1999:1467.

"量"的变化,同时也促进了高等教育的发展。

发展经济也必须转变观念,要把经济增长方式从量的扩张转到质的提高,靠什么?只能靠科技、靠人才。宁波人已经意识到科技是第一生产力,高新技术产业化是第一经济增长点,人才是经济社会第一资源。经济社会要发展,就要抓住三个第一,关键是第一资源,就必须大力发展高等教育。

(一) 科学办学

中共十六届三中全会正式提出了科学发展观,并以科学发展观统领着我们的全局工作。同样,对于宁波的高等教育发展来说,也是以科学发展观指导着办学指导思想。其一,宁波市领导把发展高等教育作为"一号工程"来抓,不断深化对高等教育规律的认识,科学地分析新形势下的高等教育的新特点和新趋势,研究全面建设小康社会对高等教育的新需求,全面深入地把握高等教育发展规律。其二,各高校领导用发展的眼光重新审视高校面临的新情况、新特点、新问题,冲破妨碍发展的观念,改变束缚发展的做法和规定,革除影响发展的体制弊端,凡是能够推进高等教育和高校工作发展的做法和举措,就大胆探索,大胆实验,大胆创新。其三,建立科学的管理机制,全面提高办学水平。首先,在办学体制上进行创新,改进政府对高等教育统得过多的体制,扩大办学自主权,加强高等学校同生产、科研和社会各方面的联系,培养高等学校主动适应当地经济和社会发展的积极性和能力;其次,加强对高校进行办学质量和办学条件的评估;再次,进一步深化高校后勤社会化改革,按照"小机关,大实体"的格局向集团公司方向发展,形成高校后勤保障网络,促进全社会办教育;然后,改革人事制度和分配制度,实现人力资源的合理配置和有效利用;最后,扩大对外交流和引进高层次人才,改善内部知识结构与人才结构。

(二) 开放办学

从教育外部关系规律来看,主要从教育与社会的关系上来分析,宁波进一步解放思想,大胆探索,大力推进办学体制改革,形成以政府办学为主体,公办学校和民办学校共同发展的格局,积极鼓励和支持多种形式的社会力量办学,提高社会力量办学比重。鼓励社会捐资、集资办学,积极开拓民间办学、中外合作办学、联合办学以及教育经济一体化办学等各种办学模式。

开放办学主要体现在:第一,加大对社会力量办学的政策扶持力度。比如企业用税后利润在本地投资办学,与其投资额对应的企业所得税地方所得部分,由同级财政列收列支予以返还,全额用于办学。允许民办学校接纳社会捐助和学生家庭对学校建设的赞助,专项用于校舍建设和教学设备添置;允许以股份形式筹措办学资金;允许按生均培养成本确定学费和住宿费,实行收费备案制;允许民办学校在一定幅度内降分招生。第二,对社会力量办学依法引导和管理,把民办学校纳入整个教育事业发展规划,统筹安排、合理布局。重视对民办学校财产、财务的监督和管理,定期教育督导和评估,切实提高民办学校的教育质量,确保社会力量办学健康有序发展。第三,积极开拓满足多层次、多形式教育需求的途径,形成社会化、开放式的教育网络。充分利用现代通讯、传输技术,以电大为基础,以各县(市)职成教中心为载体,依托卫星和有线电视网,构筑社会化、开放式的现代远程教育网络;努力提高教育资源利用率,使教育网络延伸到农村、海岛、边远山区,促进知识扶贫和科教扶贫;办好现有中等、高等成人学校,优化各类成人教育资源配置,组建几个较大的成人教育集团;对各县(市)区的中心城区加快建设上档次、上规模的成教中心,增强辐射能力;综合利用博物馆、展览馆、图书馆等社会公共教育资源,强化社会教育功能。

从宁波高等教育系统内部来说,宁波高等教育基本实现了从封闭型教育向开放型教育的跨越。积极构建课堂教育与网络教育并重的教育教学模式,建成覆盖全市的宁波教育科研网,实现全市高校"校校通"。校际之间实行开放式办学,互聘师资、互认学分等。加快教育对外开放步伐,以中国第一个中外合作并独立设置校区的宁波诺丁汉大学为效应,与美国、英国、德国、日本、澳大利亚等20多个国家进行课程合作,为创造并利用自身的优势,积极参与国家间的教育竞争。

（三）市场办学

随着我国社会主义市场经济体制的实施,高等教育产业步入了一个全新的阶段,高等教育的产业化机制,将对国民经济发展产生全局性、先导性的影响。这是解决稀缺的教育财政支出和巨大社会教育需求之间矛盾的行之有效的方法。近年来,宁波在高教产业发展方面已经开始探索,比如高校兼并、高等教育规模化等。发展高等教育产业并不意味着将高校当作营利性企业,政府不再参与高教发展计划。即使在西方国家,计划仍是政府管理教育所必须经过的一个环节。政府计划参与高教产业,使高教产业的计划性与高校管理效率相结合。政府的宏观调控应体现在对高教产业的政策上,而不是在高校内部管理体制上,应从规划上、行政控制上、经费资助上进行扶持,对高等教育发展行使应有的整体推动作用。宁波非公有制经济发展迅速,非国有投资占全社会投资的一半以上。鼓励民间资金介入教育产业,既满足了市场的需求,同时又能弥补政府财政投入的不足,推动教育产业结构的多元化。民间资金介入方式有二:一是参与办学。允许工商登记的公司或民政登记的社团直接从事教育经营,按公司法人或社团法人管理,积极推进公办学校的转制工作,使部分教育活动市场化、教育机构企业化、群众受教育投资化。二是参与高校后勤的社会化,让企业出资,按学校规划建设学生公寓、教师公寓、食堂等后勤配套设施并进行企业化经营。

二、制定政策法规,为社会力量办学提供宽松的社会环境

改革开放前我国高等教育办学模式的特点是比较典型的以国家为主体的办学模式,这一办学模式的特点是"集中""统一",即融办学者、管理者、投资者为一体,国家或各级政府在其中起着决定性的作用。1953年的《关于修订高等学校领导关系的决定》[1]中规定:中央高等教育部根据国家的教育方针、政策与学制,遵照中央人民政府政务院关于全国高等教育的各项决定与指示,对全国

---

① 何东昌.关于修订高等学校领导关系的决定.中华人民共和国重要教育文献(1949—1975)
[J].海口:海南出版社,1998:212.

高等学校(军事学校除外)实施统一的领导。凡高等教育部颁布的有关高等学校建设计划,包括高等学校的设立、停办、院系专业设置、招生任务、基本建设任务、财务计划、人事制度、教学计划、教学大纲、生产实习规程,以及其他重要法规,全国高等学校均应执行。这种教育体制的特点是集权性,无论学校的设立,还是专业设置,以及教学计划和教学大纲的制定,都体现出以政府为主导的计划原则。这种教育体制"影响了个人办学的积极性,影响了高等教育办学体制的多样化,影响了高等教育的发展,增加了国家负担"①。

党的十一届三中全会后,"以经济建设为中心,以坚持四项基本原则和改革开放为基本点"方针的确立,有力地推动了市场经济体制改革,以及由公有制到多种经济成分并存的所有制改革的深入。经济体制的转轨,又一次促使社会的转型,必然带来办学体制的改革。原有的由国家完全包揽的高等教育办学体制已不能适应社会发展、科技进步以及高等教育自身发展的需要,客观上要求建立起一个与经济发展格局和水平相适应的高等教育新体制。于是改革开放以后,社会力量办学的形式又得以恢复。宁波的民营经济活跃,实力雄厚,"三分天下有其二"。借助这一优势,宁波突破教育体制性障碍,大胆改革办学体制。

自1986年以来,宁波市先后出台了《宁波市民间办学试行意见》《关于加快发展社会力量办学的若干意见》等特别扶持社会力量办学的政策,特别是1995年出台的《宁波市贯彻实施国务院〈社会力量办学条例〉的若干意见》等。宁波市出台的扶持社会力量办学的各项政策使民办学校在师资、场地建设等方面享受与公办学校同等的待遇。如:允许民办学校在征用土地、免征城建配套费等方面享受公办学校同等政策;允许企业用税后利润在本地投资办学,与其投资额相对应的企业所得税地方部分由同级别财政列收列支予以返还,全额用于办学;允许民办学校在用水、用电、用气等方面享受与公办学校同等待遇;允许出资人从办学结余中取得合理回报。这一系列超前又实在的扶持政策,激发了民资对高等教育的投资热情,民办教育呈现出前所未有的强劲活力。

宁波的高等教育体制改革在遵循政府宏观管理、社会广泛参与、学校自主

①王久长.50年代院系调整的得与失[J].辽宁高等教育研究,1995(2):22-26.

办学的"三位一体"的办学体制的基础上,立足本地,锐意进取,不断创新。在办学体制方面,形成五种类型学校。(1)政府举办的学校,即公办学校。(2)社会力量举办的学校,即民办学校。(3)在原有的公办高校基础上,政府通过一定的政策,将其进行"转制"。转制后的公办学校,实行校长负责制,政府不再下拨经费,但人事关系方面保持不动,档案工资仍以公立学校对待。(4)学校面向市场,自筹资金,独立运作,政府给以一定形式的补助(学校向银行贷款,基建经费由国家补贴利息)。(5)新建公办学校,政府只负责其前期的基础设施部分的投入,将学校硬件部分建成后,交校长去经营,学校财产权属于国有,招生以后,政府不再投入经营费,学校依靠学费和其他渠道筹集经费,通过市场运作来谋求发展,以学养学。(6)中外合作学校。其中第三、四、五类可以统称为国有民营学校,在宁波这类学校比较普遍,15所高校中占8所。"国有民营",顾名思义,国家所有,人民经营。简单地讲,就是在公有制的基础上,引入市场机制,使整个学校按照民营的机制运作。这类学校可以在公和私两套制度规则之间进行运作,既有国有声誉又有民营机制,并吸收公立教育和私立教育双重优点。"国有民营"机制在宁波高等教育大发展时期,为解决政府有限的办学经费,在法律允许的基础上,适度引入市场调节机制,使政府、社会和学校协调一致,共同发展提供了一个很好的模式,并在实践中获得了成功,是"巧抓机遇,创新发展"的一个举措。这种机制成为推动宁波高等教育改革与发展的一个重要因素。

三、发展多种办学形式,构建多元化办学格局

借助于市场经济快速推进和教育服务市场逐步构建的态势,近年来,宁波高等教育特别是民办高等教育得到了跨越式发展,普通高校学生数由1998年的1.5万人发展到现在的10.5万人,其中民办高校学生所占比例超过45%,从而较好地解决了高等教育不足、经费投入短缺的难题。宁波民办高等教育发展的活力和动力源泉在于体制创新,正是在创新理念的引领下,在市场化的态势中,宁波民办高等教育形成了多元的办学模式,探索出了一条充满生机的发展新路。

（一）国际引进模式

应该看到,我国高等教育与世界一流的高校相比还相去甚远。现代世界正越来越成为一个整体,经济全球化推动了人力、资金、知识、信息、技术等跨国界的流动,促进了各种生产要素和资源的优化配置。在这种开放的大背景下,我国高等教育如果没有全球教育观,没有海纳百川的胸怀,固守区域封闭的阵地,将永远无法改变自身落后局面。加快教育的全面开放,推进高等教育与国际接轨,特别是有计划、有选择、有目的地引进部分国际名校到我国办学,零距离学习借鉴世界先进管理模式与经验,构筑起中国与世界的教育之桥,这是顺应新世纪经济全球化潮流的时代要求,也是促进我国高教发展、加快国内高校建设世界一流大学步伐的有效途径。

宁波诺丁汉大学是全国第一所具有独立法人、独立校舍的中外合作创办的高等院校,学校由宁波市政府、浙江万里教育集团与位列世界高校百强的英国诺丁汉大学共同合作举办。这所学校的创立,标志着我国高等教育国际化合作开始从单一开展国际交流活动的形式,跨入了直接引进国外高水平大学合作办学的新阶段。宁波诺丁汉大学总投资约6亿元,在投资上,采用了学校建设、政府支持的机制,其中浙江省政府、宁波市政府分别拨付专项资金5000万元和1亿元。在管理上,学校引入了国外的先进教育管理体制和机制,按照国际化的办学理念和质量标准来设计办学的目标和规划,其教师、教材、教育体系、管理和质量评估等全部接轨英国诺丁汉大学,学生毕业后也发放英国诺丁汉大学的文凭。这种"全盘引进"的国际化办学模式,既有利于推进教育开放,促进国际文化和教育的交融,又能够使许多学子不出国门就能接受世界高水平大学的教育,同时还能够提升城市的形象和品位。2004年该校首批招收的254名学生,绝大多数来自省级重点中学,高考平均分为596分,最高分为670分。从学校招生的情况和社会对这所学校的反应来看,这种办学模式在我国具有十分美好的前景。

（二）依托名校模式

新建高校特别是民办高等院校如果没有深厚的文化底蕴,没有丰富的历史积淀,就很难形成自己的品牌,很难得到全社会的认可。从教育发展的一般规律来看,每一所高校特色的打造、品牌的形成,都需要漫长的时间和过程。宁波高等教育历史起点低,基础相对薄弱,如果循着老路子按部就班地创建和发展新高校,高等教育发展滞后的局面将在很长时间内难以得到改观。因此,宁波积极谋求超常规的发展提升之路。宁波把体制创新作为民办高校发展的动能,采取借梯上楼、依托名校高起点办学的新模式,从而极大缩短了发展的进程。

浙江大学宁波理工学院成立于2001年6月,它是一所经教育部和浙江省人民政府批准,由宁波市政府与浙江大学联袂创建的具有独立法人资格的全日制普通本科院校。学校总投资8.4亿元,宁波市政府投资建设后,由百年名校浙江大学负责办学与管理,实行"以学养学",走的是一条"国有民营"的路子。学院领导和中层管理干部均由浙江大学委派,系主任由浙江大学相关学院负责人兼任,首席主讲教授、专业责任教授均由浙江大学知名教授担任,直接地"嫁接"了浙江大学的资源优势。同时,学院在专业设置、课程开设、教学管理等方面基本上"移植"了浙江大学的办法和模式。从某种意义上说,浙江大学宁波理工学院正是借助了浙江大学的品牌声誉、科研实力和师资力量,从建校伊始就站在了浙大的肩膀上,筑高了发展的平台,从而将"后发"的劣势变成了优势,成为跨越式发展的成功范例。

（三）依托产业模式

发展地方高等教育对于拉动地方经济,推进地方城市化建设,满足全面建成小康社会的新要求具有重要战略意义,地方高等教育必须密切关注本区域在经济发展过程中的产业特色与需求,努力实现与区域经济发展的良性互动,全力为提升区域竞争力服务。近年来,全国各地各类民办高职院校蓬勃发展,作为高等教育发展中的"轻骑兵",高职院校尤其要牢固确立面向企业、面向市场的办学思路,紧密依托和服务于地方优势产业,把握地方产业发展态势,主动适应产业需求,根据地方产业特点定位学校的发展方向和培养目标,只有这样,才能打造并形成自身的办学特色,才能在发展中赢得当地政府和企业的更多支持。相反,如果偏离了地方经济的发展方向,离开了地方产业的支持,那么很有可能举步维艰。

宁波是我国服装行业的发祥地,是著名的服装大市,拥有服装工业企业1600多家,年产服装14.5亿件(套),占全国服装产量的一成以上,服装产业在当地已形成相当规模的区位优势。根据经济发展规划,宁波正在积极打造国际化服装制造基地。浙江纺织服装职业技术学院就是依托这一地方支柱产业,把为服装行业培养生产和服务第一线中高级技术及管理人才作为学校的人才培养目标,坚持产业化、社会化、特色化的办学方向,与雅戈尔、杉杉、罗蒙等一批全国知名的当地服装企业建立了互助、互利的合作关系,并以此为平台,开展多种形式的国际、国内的合作办学,并创立学校自己的时装品牌,引领服装发展时尚,既取得了良好的社会、经济效益,也为学校自身发展开拓了广阔的空间。

(四) 企业办学模式

依托企业办学,强化多种形式的校企联姻,这不仅是我国民办高等教育的一条重要发展之路,而且也正逐步成为公办高等院校改革发展的一个重要方向。其长处在于能够较好地集聚并发挥学校的人才优势和企业的资金、生产优势,从而形成产学互动、学院教学模式与企业生产模式直接"对接"的生动局面,获得学校和企业的"双赢",既增强了学校发展的活力,也推动了地方经济的发展。

宁波大红鹰职业技术学院(宁波财经学院的前身)原是一所高职院校,由宁波的重点企业大红鹰经贸有限公司独家投资两亿多元举办,由大红鹰教育集团管理,学院按市场机制运作。在企业的有力支持下,学院充分发挥"大红鹰"品牌的名牌效应,明确了培养以新经济IT人才为主体的生产、技术、管理、服务第一线的技术应用型人才的目标定位,致力于构建"寓灵气于技术、寓情趣于诗文、寓豪气于市场"的"三寓"鲜明特色,建成先进的校园网络体系和校内外紧密结合的实验实训基地,并面向市场,从人才市场对专业的实际要求出发,从职业技术要求、职业素质和能力分析,自上而下设计学生培养计划。学校培养的优秀人才、提供的智力支持也为企业的发展注入了鲜活的生命力。

(五) 独立学院模式

民办独立二级学院是国内20世纪初才出现的一种新办学模式,它由普通高校和社会力量合作举办,资金投入不靠国家和地方财政性教育经费,而主要由合作方承担或者以民办机制筹措,收费也是按照民办高校标准制定,实行经济独立核算,自负盈亏。独立学院既依托公办普通高校的智力资源和办学品牌,充分发挥现有大学的教育资源的优势,又能吸纳社会资本,有效增加办学投入,满足高等教育迅速扩张的社会需求。

在独立学院的发展上,宁波起步早,运作规范,社会认可度和招生形势都相当好。1999年,经浙江省政府批准,宁波大学吸纳海外和民间资金创办了独立设置的综合性本科二级学院——宁波大学科技学院,这是浙江省第一所具有独立法人资格的国有民办本科二级学院。学院依托宁波大学的品牌及师资优势,按培养成本收取学费。学校明晰产权,实行校董事会领导下的院长负责制和全员聘任制,采取"平台式"教学模式及"2+2"培养模式,致力于培养"宽口径、厚基础、高能力、高素质"的复合型人才。短短几年,学院已拥有专职教师400多人,学生7500多人,走上了良性发展的轨道。

适应新形势,谋求新发展,这是民办高等教育贡献社会和服务国家的职责,也是自身生存和发展的根本性选择。目前我国高等教育正处于由精英化阶段向大众化阶段转变的关键时期,在这种形势和背景下,发展民办高等教育必须建立更为全面开放的办学体系,以高起点、高标准、高质量为原则,走多元发展的路子,实现学校的超常规、跨越式发展,实现学校办学水平和教育质量的快速提升,满足经济发展和人民群众对高等教育资源日益增强的需求。

第二节　创新战略布局，提升教育功能

新中国成立后，由于受苏联影响，教育被打上深深的政治烙印，仅仅把教育看成政治上层建筑的一部分，把教育当作为政治服务的工具，完全处于从属、附庸地位，忽视教育的生产力属性、人才培养属性、文化传承属性等，漠视教育自身发展规律。从新中国成立至1978年改革开放的这段时间，始终将教育作为政治的附属品，有时甚至沦为阶级斗争的工具。在20世纪50年代初期"院系调整"时期，教育被看作国家经济建设的工具，当时经济建设更多的含义是被赋予维护新生的国家政权之需，因而，教育显然是在充当政治的工具。20世纪50年代中后期开始的反"右"斗争及"教育革命"期间，教育被深深打上政治烙印，沦为阶级斗争的工具。1958年中共中央、国务院发布的《关于教育工作的指示》，提出："党的教育工作方针，是教育为无产阶级的政治服务，教育与生产劳动相结合。"①应当指出的是，这一方针是符合马克思主义基本原理的，但由于受到左倾思想的影响，在实际执行过程中出现了偏差：过分强调政治与生产劳动，忽略了科学文化知识的学习，影响了教育质量的提升。尤其是到了"文革"期间，教育成为阶级斗争的重灾区。可以这么说，从新中国成立至改革开放之前，教育一直伴随着政治运动，处于为阶级斗争服务的从属地位。除了遭受阶级斗争冲击外，还把高等教育看作不参与经济发展的"纯消费产业"，因而，对教育的投入严重不足。

十一届三中全会拉开了改革开放的序幕，国家工作的重心转移到经济建设的发展轨道上来。人们对教育的重要性重新加以认识。邓小平"科学技术是第一生产力"的论断给我们指点了迷津，教育要为"社会主义现代化建设服务"，由原来的"从属地位"转变为"优先发展"的战略地位。1982年9月，党的"十二大"

---

①何东昌.中华人民共和国重要教育文献（1949—1975）[M].海口：海南出版社，1998：859.

提出把教育作为经济发展的战略重点之一。[1]1987年,党的"十三大"提出:"必须坚持把发展教育事业放在突出的战略位置。"[2]1993年2月,中共中央、国务院印发《中国教育改革和发展纲要》,强调:教育是社会主义现代化建设的基础,必须坚持把教育摆在优先发展的战略地位。[3]1995年,党中央首次明确提出"科教兴国"战略;1997年党的"十五大"做出了实施"科教兴国"的战略部署;2008年5月在北京大学建校周年大会上,2011年4月在清华建校100周年大会上,胡锦涛强调了"科教兴国、人才强国"战略。宁波市高校资源少、基础弱、起步晚,但宁波市坚持把教育摆在优先发展的战略地位,把促进和推动高等教育作为加快提升城市竞争力、影响力的重要支撑和强大保障。

一、制定高等教育的战略定位,规划长远目标

宁波市把促进高等教育发展作为贯彻落实国家战略,实施城市发展战略定位的核心支撑。一是从对接国家战略看,宁波市紧密对接长江经济带建设、"一带一路"建设、创新型国家建设、"中国制造2025"等国家重大战略,宁波市瞄准世界教育先进水平,提出在全省率先实现教育现代化的发展目标。二是从支撑城市定位看,宁波市紧紧围绕现代化国际港口城市的城市定位,实施"科教兴市"一号工程,一方面推动高等教育错位、特色发展,构建服务型区域高等教育体系;另一方面搭建职业教育立交桥,构建"技能+学历"双证融通办学模式,全面推进学历和职业资格"双证书"制度。三是从长远规划目标看,宁波市颁布实施了全国第一个《宁波市职业教育校企合作促进条例》,编制了《宁波市中长期和"十二五"教育发展规划(2011—2020年)》,提出教育发展主要指标达到发达国家平均水平。

为此,宁波市不断加大对高等教育的投入力度。根据高等教育管理体制,主要由省级政府管理高等教育。但宁波作为副省级城市,同样重视高等教育,

---

①何东昌.中华人民共和国重要教育文献(1949—1975)[M].海口:海南出版社.1998:2037.
②何东昌.中华人民共和国重要教育文献(1949—1975)[M].海口:海南出版社.1998:2679.
③何东昌.中华人民共和国重要教育文献(1949—1975)[M].海口:海南出版社.1998:3467.

加大投入，积极有为地推进高等教育发展。1999年9月，市委、市政府召开科教兴市大会，把教育、科技的优先发展作为推动经济社会可持续发展的重要战略，并把其列为市委、市政府"一号工程"。宁波科教兴市"一号工程"的总体目标是：到2015年，在全市建立起科技创新体系和技术创新机制，初步形成以高新技术为主导的产业结构；形成人才资源优势，建立人才市场体系；在2020年前，教育基本实现现代化。1999年开始的5年具体目标是：建设企业工程技术中心和企业开发机构各50家、省市级重点实验室20家，引进、开发高新技术产品1000项，重点培育年销售收入10亿元的高新技术企业10家。全面实施示范学校、教育网络、名师队伍、学科建设4个工程等。宁波"一号工程"的重点是科技创新。从2000年到2003年，宁波市每年安排技术创新等专项经费近1亿元人民币。截至2018年，宁波已与部分国家级科研院所合作共建了13个技术开发机构，引进260多项高新技术成果，开发了265项新产品，其中高新产品占了111项。

实施"一号工程"的关键是人才。这一时期宁波市制定了引进高层次人才的政策，市里出资100余万元，举办了面向全国的高层次人才智力引进洽谈会，吸引了2300多位硕士及副高以上职称的人才应聘；派出了300多家用人单位先后去重庆、长春、杭州招揽人才。2000年开春以来，市里加大工作力度，建立了市级部门人才工作的考核制度和主要领导的专家联系制度；建立人才数据库；拨出专款购置高层次人才周转用房；着手改革大中专毕业生就业派遣办法，简化有关手续和环节；同时将选送一批优秀人才去境外进行中长期培训。从长远考虑，宁波力促教育上新台阶。首先，增加教育经费占财政支出的比例，从1999起连续5年，每年提高1.5个百分点。同时，特别设立并启动了为期5年、每年增加500万元的骨干教师专项资金。

宁波市科教兴市"一号工程"的推行引起强烈反响，短时间内初步取得一些成果：科教人才的积极性已被调动起来，光电技术工程研究开发中心已进入省级工程中心行列；与科研院所合建的重点实验室开始发挥作用，"冲击与安全工程"实验室已升格为省级重点实验室。用高新技术改造传统企业有了新进展，有13个国家级、53个市级企业通过了CAD应用工程的专家验收。此外，容纳5.5万名学生，占地3.8平方千米的大学城（高教园区）在宁波江东崛起。

宁波市在发展高等教育和现代职业教育上均不遗余力,拿出真金白银持续扩大有效投入。一是基本建设支持力度大。宁波树立"高校也是城市重大基础设施"的理念,推进院区合作共建,高校将二级学院办到经济发达县区,首期基本建设资金由发达县区全额承担。如宁波大学海洋学院建在北仑区,初期累计投入的26亿元建设资金中,市里支持6亿元,北仑区承担20亿元。二是办学经费支持力度大。宁波市先后出台了《应用型专业人才培养基地建设与管理办法》《服务型教育重点专业建设管理办法》《高校重点建设专业管理办法》等一系列扶持政策。自2014年至2020年,为引导宁波诺丁汉大学扩大理工科学生规模,对其每招收一名理工科学生给予每年1.8万元的经费补贴。在《宁波市中长期和"十二五"教育发展规划》中明确提出:中等职业教育生均公用经费逐步提高到普通高中3倍以上,高等职业教育生均公用经费逐步提高到本科院校水平。

二、提升高等教育内涵发展

2007年时任宁波市长毛光烈在"全市高等教育工作会议上的讲话"中指出"十一五"以来宁波高等教育规模实现大跨越,在甬高校总数由2000年的8所上升到15所,全日制普通高校在校生总人数超过12万人,是2000年的6倍,约占全省高校全日制在校生总数的1/6,其中研究生1075人,本科生5.5万人,高职高专学生6.5万人,分别是2000年的38倍、5.2倍和4.2倍。[①]在宁波市高等教育达到一定规模后,"好"与"快"的关系、数量与质量的关系、近期发展与远期可持续发展能力提升的关系,是宁波市政府急需解决的问题。为此宁波市政府提出"以科学发展观为统领,加快推进宁波市高等教育转入科学发展、内涵发展、提升发展的轨道"。为实现宁波市高等教育的内涵发展,改革创新是其途径。

(一)处理好数量与质量的关系

在高等教育发展的全过程中,需要科学把握好质与量的关系。质与量的内

---

①毛光烈.在全市高等教育工作会议上的讲话.宁波教育年鉴(2008年).宁波市教育局.1.

涵标准是相对的,是不断变化的,是有时代特征的。当前提高宁波高等教育发展质量和提升其服务地方经济社会发展的能力成为重要问题。因此要坚持以质量求生存、以效益求发展的原则,在质量上下功夫、在特色上下功夫、在实效上做文章、在获得更多的社会资源的认同上下功夫、在获得更多企业的欢迎上下功夫,更好地融入地方经济社会发展中去,努力创造实实在在的成果,不断提高对经济社会发展的贡献度。建立科学化、社会化、符合市场经济要求的高校办学约束、激励和评价机制,多办受老百姓欢迎的教育,让广大学生、市场主体和人民群众更多、更好、更直接地受益。

这一时期,宁波市加快构建政府与高校政事关系清晰、职责分工明确、政府服务保障到位、学校"不吃大锅饭"的高等教育管理体制。完善高等教育发展体制,首要的是必须加快理清政府与高校之间的政事关系,政府与高校都要准确定位,明确各自的职责分工。作为政府来讲,必须从细微具体的办学事务中解脱出来,把精力主要集中在为高等教育发展营造良好的政策环境上,站在公平公正的立场上鼓励和支持各类高校自主办学,推动高校自身发展;放在为高教发展提供保障和服务上来,加强规划调控,加大财政支持,提供发展的服务和保障;放在加强对高校的监管和指导上来,探索建立提高高校管理水平、促进高校有序发展的各种有效的约束和激励机制,帮助高校化解财务风险和管理风险,满足人民群众和经济社会发展对高等教育日益增长的需求。作为高校来讲,一方面,应充分享有有关法律赋予的办学自主权,加强学科建设和专业设置,大力培养、引进和使用人才,积极推进开放合作,专心致志提高教学质量,提升科学研究能力,多出人才、出好人才,为经济社会发展提供丰富的人才、技术、学术、思想、道德等智力支持;另一方面,必须承担相应的责任,对内部管理负责,对办学绩效负责,对建设风险负责。对内部管理混乱、经费使用不合规,或者盲目扩建、举债无度,学科和专业建设不合理,学生就业率低等等问题,相关学校都必须承担相应的责任。职责明确,权责统一,这样就可以充分调动政府和学校两个方面的主动性、积极性和创造性。

（二）处理好巩固与提升的关系

巩固和提升是相辅相成的关系,没有巩固就没有提升的基础,没有提升也谈不上巩固。宁波高等教育由外延发展向内涵提升的转型过程中,更要从提升中求巩固,在巩固中促提升,努力实现发展动力和发展模式的平衡转换。一方面,要大力巩固现有的发展地位和发展基础,研究在现有条件下如何充分挖掘潜力,如何通过合理定位保持原有的传统和优势,从而站牢位置、实现自身发展。另一方面,要继续发扬艰苦创业、顽强拼搏、勇于创新的精神,通过专业及学科结构的调整、人才培养模式的完善、高校发展内在机制的健全,实现同地方经济社会发展的有机融合,通过不断增强自身的发展优势和竞争力,实现高等教育向更高水平提升和发展。

为推动宁波市高等教育"内涵发展",宁波市加快构建激发高校办学创新活力、内部权责明确、外部激励约束到位的高校办学体制,充分激发高校办学创新活力、提高高校服务经济社会发展的能力,这是宁波市推进高校体制改革的重中之重,也是衡量高校改革得失废败的主要标准。宁波市建立和完善高校办学体制,主要是建立好三方面的体制机制:一是要调整完善高校财政保障机制。按照依法理财、综合预算、优化配置的原则,市财政要建立确保高校经费不低于法定增长的保障机制,同时调整建立学校财政经费分类预算支付制度,即对市属公办高校实行生均定额拨款与基数加增长相结合的日常运作经费、高校内涵提升发展专项经费、基本建设和债务平衡消化经费等三大类"一级预算课目"进行分类预算、分类拨款。在明确政府与各院校政事透明的财政保障责任关系的基础上,各院校要建立相应的债务消化机制和提升发展机制,明确发展的分级管理责任,形成保障发展的激励和约束机制。二是构建产学研相结合、紧密服务经济社会发展的教学体制。各校发挥优势、整合优化资源、加强校校合作、校企合作、产学研合作,构建与产业结构相适应的学科专业体系,建立集人才培养、科技服务和社会培训于一体的有效教育制度,依托优势,办出特色,育好人才,同时努力整合好全市高教资源,加快建设应用型专业人才培养基地,加大社会培训的工作力度,把高校、中职和企业联合起来,实现跨校、跨专业、跨学科的联合,构建与宁波市高新技术产业、传统优势产业和服务业相适应的若干个专业、学科体系,推动高等教育与经济社会的联动。三是不断完善高校内部管理体制。首先,各高校要科学编制经费支出预算,合理确定经费支出结构,提高资金使用效率,形成有利于持续发展、提升发展的自我激励和自我约束的体制机制。要保证重点专业学科、师资队伍建设和教育教学改革的需要,支持人才培养模式创新,加快应用型专业人才培养,促进高校从外延发展为主向内涵提升发展为主转变。其次,要加强内部财务管理,实行依法、科学、民主理财。充分发挥教代会、校务委员会的作用,积极推进校务公开,实行经费预算民主化,增加财经透明度。经费支出预算、基本建设项目、对外投资等重大财经活动应经过科学民主的决策程序。要加强经费预算执行情况的监控,建立完善内部分级分类核算、科学合理的责任制度,建立审核和绩效评价制度。最后,各高校要努力由粗放管理向精细管理转变,坚持勤俭办学,压缩不必要的支出,努力降低办学成本。要发挥高校知识和科技优势,开发和引进新技术,积极推广节能设备和设施,学会向技术要效益,要以节能、节水、节地、节材、节约资金为重点,落实各个环节的监管措施,杜绝各种浪费现象。要发挥科学管理优势,建立有利于节约的制约、激励机制和完备的管理制度,学会向管理要效益,倡导集约管理,统筹整合校内资源,扩大资源共享和对外开放程度,提高资源综合利用率和资金的利用效率。

(三) 正确处理好当前与长远的关系

发展高等教育是一个较长历史阶段的系统工程,有其内在的规律性。当前高等教育的发展要有超前意识,既考虑到当前和近期的需要,又要预见未来教育的变革,使其主动适应未来的需要。任何只顾当前、不顾长远,忽视可持续发展的行为都是不足取的。当有限的资源与精力不能充分兼顾当前、长远与未来多方面的需求时,必须认真权衡当前、长远与未来需求的轻重缓急,以有利于发展的眼光确定优先满足的需求。要在社会相对躁动不定的发展环境中保持清醒的头脑,踏踏实实地按照规律办事,正确把握好发展方向,通过转变高校内在发展模式,实现高等教育的健康发展。

为此,宁波市加快构建全社会关心高等教育、经济社会与高等教育联动发展的社会支持机制。高教为社会,社会办高教。政府、部门、企业和社会都要各行其职,积极作为,逐步建立健全支持、关心高等教育发展,促进经济社会与高等教育联动发展的机制。第一,各级政府从构建服务型高等教育体系、增强高校服务能力、促进经济社会持续发展的大局出发,关心、支持高校发展,强化服务意识,保障经费投入,加强政策调控,并把高校办学绩效纳入政府考评体系。第二,各有关部门加大工作协调力度,积极提供资源和政策支持,切实解决高校发展和管理中的实际问题。落实对本市不同隶属关系高等院校的管理职责和管理措施,加强对高教发展规划、资源配置、条件保障和政策措施的统筹、协调和调控,加强对高校经费的管理、监督、审计,健全高校办学督导、办学情况统计、办学效益评估和定期公布制度,不断完善对高等院校的服务、监管和评价机制。第三,鼓励支持本市行业企业依托地方高校,积极开展产学研结合,充分利用高校办学成果,有效提升生产方式,不断推动高等教育转入科学发展的轨道,优化结构,提高质量,提升发展。第四,构建广泛的社会评价与参与机制。建立对高校办学状态进行动态监测的信息系统,并面向社会公开其监测信息,发动学生、家长、企业、行业等进行监督,探索建立多元的对于高校办学业绩的社会评价体系。同时,积极鼓励学校开放现有办学资源,一方面,要最大限度地使用社会资源,建立“不求所有,但求所用”的教育资源社会化模式;另一方面,要加快推进人力资源、图书信息资源等高校资源的社会化,提高教育资源的使用效率。第五,新闻媒体积极宣传构建服务型高等教育体系、促进高等院校服务地方经济社会的政策导向和先进典型,引导社会各界关心支持高校办学、共同营造高等教育健康持续发展的良好氛围。

三、完善服务型教育体系

要实现宁波高等教育高质量、大众化、服务型的发展战略,需要构建、完善服务型教育体系。2005年,市委、市政府再次召开科教大会,提出服务型教育体系构建的重大战略,先后出台了《关于加快构建服务型教育体系,增强服务地方经济社会能力的若干意见》《关于"十一五"时期完善高等教育发展体制,推进服务型教育体系建设的若干意见》《关于深化服务型教育体系建设,加快培养高素质应用型人才的若干意见》等指导性文件,推动地方高等教育发展。2005年服务型教育体系构建以来,高等教育投入每年增加不低于5000万元的专项建设经费。此外,在《宁波市中长期和"十二五"教育发展规划(2011—2020)》中明确提出"加强服务型学科专业建设。调整和优化高校、职业学校学科专业结构,积极培育与宁波支柱产业及新材料、新能源、新装备、海洋高技术等战略性新兴产业紧密相关的学科专业。到2020年,一批特色学科的科研和教学水平达到国内领先水平"。宁波市在教育管理体系上突出引导服务。建立高校专业设置、人才培养与产业结构、社会需求相挂钩的评估、咨询机制,推进高校教学联合体建设,实行资源共享、教师互聘、课程互选、学分互认。全面推行学分制和弹性学制,推行主辅修制、双专业制、多项技能等级制。在分类指导中突出发展导向,大力发展若干学科或专业具有国内领先水平的本科院校,以及与宁波经济社会发展、产业结构特点相吻合的特色高职院校。具体内容如下。

(一)加强应用型人才培养基地建设,以人才培养服务社会需求

人才培养是高等教育的基本功能。应用型专业人才培养基地建设是在甬高校、职业学校和相关企业以学科为依托、以专业为载体、以产学研结合为途径,合作培养应用型人才的重要社会平台。基地针对宁波主导产业和支柱产业的需求,通过校际合作、校企合作,以及跨学科、跨专业的联合,充分整合高校资源和社会资源,全力打造具有较强人才培养能力和科技开发水平的区域学科专业平台,为经济社会服务。"十一五"末,建成石油化工、生物医药、纺织服装、机电模具、IT产业、旅游会展、文化服务、港口物流、经管经贸、金融保险十类专业人才培养基地,形成基地自我运行机制,开展人才培养与社会服务,进一步加强基地人才培养模式改革、教师团队建设,积极开展培训工作,争取建成在国内具有一定知名度的高素质应用型人才培养基地。

(二) 实施全员培训计划,以教育培训服务市民需求

社会培训是高等教育的重要功能,是高校为社会培养大量适用人才的重要途径,要实现教育与产业互动,将学历教育与职业培训相结合。搭建大型公共职业技能培训平台,重点建设涵盖先进制造业和高端服务业的2个公共职业技能培训基地,探索建立"政府主导、市场运作、面向社会、机制灵活"的培训平台运行机制,立足宁波、服务浙江、辐射长三角,建成集培训、鉴定、信息服务和项目开发为一体的多功能职业技能培训中心。以提高劳动者素质为目标,继续实施"企业职工岗位培训工程",扎实推进"农村劳动力转移培训工程",积极开展"外来进城务工人员培训工程""企业家培训工程"。

加快培育和发展高端培训市场。鼓励和支持企事业组织、在甬院校、社会团体等大力引进一批国(境)内外具有授予国际或国内执业资格证书资质的高端培训机构,面向全市主导产业发展需求,为企业在职人员和在校学生提供教育培训平台。

(三) 推进产学研结合,以科技创新服务企业需求

高校是科技创新体系的重要组成部分,是创新型城市建设的重要力量。要通过政策引导、计划支持等方式推动高校融入区域创新体系,探索以企业为主体、高校和科研机构参与的产学研联合体,形成优势互补、利益共享和风险共担的运行机制。按照建设"创新型高校"的要求,打破学科界限,组织科研团队,积极参与解决地方经济发展中的重大科研攻关项目。通过各种途径,建立激励机制,完善管理办法,支持教师开展科研活动。

建立产学研结合培养人才的长效机制。探索政府引导、院校主动、行业协调、企业参与的校企合作运行机制,鼓励企业全方位参与人才培养工作。探索高校和企事业单位开放式的教育资源共建共享共赢机制,聘请社会、企业的高级技术与管理人才到高校任教;继续推进高校教授、博士进企业、进社区的"双进"活动,建立专业教师到企业挂职、兼职锻炼制度,促进校企智力与人才资源互利互补;开展资金、技术、设备、项目和培训等多层次合作,提高校企合作的水

平和成效。

加强产学研合作平台建设。加强校企合作,建设高质量的实训实习基地,进一步提高学生实践能力;依托相关学科专业的重点实验室、工程技术中心,吸纳学生开展科研工作和毕业论文设计;建立学校、用人单位和行业部门共同参与的学生考核评价机制。继续举办"大学校长与企业家论坛",搭建校企合作双向交流与服务的高端平台。

(四) 推出"文化百科大讲堂",服务文化大市建设

高校是城市的文化高地,要发挥高校对城市的文化服务功能,使高校成为城市文化的引领者,成为区域文化的研究中心,成为城市开展国际交流的中心地带。充分利用在甬高校在人文社科研究方面的优势,搭建有效平台,在城市文化建设中发挥重要作用。继续举办宁波文化百科大讲堂,通过人文经典的解读、文艺作品的鉴赏、文化现象的评析、百科知识的普及,着眼于人文精神的启示,以人文知识普及与提高为使命,努力提高宁波高校学生和宁波市民的文化修养、艺术修养与道德修养,提升城市的文化品位。拓展文化百科大讲堂的服务范围,提升文化影响力,为地方创建文化大市服务。

(五) 加强宁波市数字图书馆建设,提供信息服务

高校是信息资源的主要集散地。拓展高校图书馆的服务功能,将图书馆服务对象由校内为主转向校内外兼重,形成图书服务的新模式、新机制。发挥政府主导作用,面向企业需要,联合教育、科技、文化等部门,共同建设宁波市数字图书馆,把数字图书馆打造成面向地方产业发展的专业性数字文献信息资源服务平台。通过建立便捷高效的政府服务平台,充分利用现有资源,以增量盘活存量,大幅提高资源利用效率,推进校企互动,从而优化信息资源,增强信息服务能力。强化数字图书馆建设的"宁波模式",以用户需求为导向,突出区域重点,为区域经济服务。

第三节　创新管理机制,拓展民办高校筹资渠道

改革开放以来,我国建立了由计划经济向市场经济逐步转变的经济体制,在社会主义市场经济条件下,办学经费来源多元化。江泽民指出:"各级政府要增加教育投入,鼓励多渠道、多形式社会集资办学和民间办学,改变国家包办教育的做法。"①中国的高校只有公办和民办之分,公办高校更是整齐划一。由于受传统计划经济影响与工作惯性制约,所有公办高校的管理者与举办者都是政府的教育主管部门的一种模式。虽然《高等教育法》赋予了学校许多办学自主权,但实际上学校的事情都由政府部门包办,学校没有、也不需要独立自主。高校管理体制改革要转换政府管理方式,由统筹式集约管理向宏观管理和服务转变,通过转变中央政府管理职能,将高校管理主体回归学校,中央政府做好宏观管理,地方政府做好统筹管理,并通过建立规范有序的教育市场管理和社会服务体系,为高校发展营造安定团结的社会氛围。高校教育体制改革应在制度层面上鼓励包括企业在内的社会力量参与高等院校的建设和管理,通过社会办学,实现高等院校办学多样化,拓宽教育渠道,促进高校与社会的紧密联系,使高等院校更适应时代发展需要,使高校培养的高素质人才更能满足社会需求,成为现代化建设的核心生力军。高校教育体制改革还须建立健全完善、规范的教育中介组织管理制度,通过规范有效的教育中介组织,进行高等教育评估、信息共享、筹集资金,发挥其在政府和学校间的桥梁与纽带作用。通过建立良好学术氛围的各种高校权威中介组织,有机结合政府宏观统筹管理和高校自主化办学,实现政府的宏观管理、中介的权威服务、高校自主办学和社会有效参与的教育新格局。要以改革精神提高教育政策环境,创新高校教育体系,完善高校管理体系。普通高等院校、高等职业技术院校和继续教育学院应根据各自特

---

① 中华人民共和国教育部.深化教育改革,全面推进素质教育——第三次全国教育工作会议文件汇编[G].高等教育出版社,1999:20.

点,建立适应各自发展的教育管理制度,进行差异化管理。正确处理好中央、地方政府和高等院校的关系,营造高等院校自主办学的政策环境,落实教育法给予高等院校的招生自主权、专业设置权、外事及财务管理权。高等院校要准确把握发展方向,加强教育质量管理、提高教育内涵,提高高等教育质量。坚持以人民满意为价值取向,坚持科学的教育方法,大力加强专业化教育,以专业教育建设为龙头,促进通识教育和专业教育协同快速发展,促进跨学科教育,切实提升教育质量。

一、政府引导

1999 年,宁波市提出"通过引进、联合、改组、升格、民营等途径,形成办学水平较高、学科门类齐全、专业设置合理、师资力量雄厚、办学机制灵活、适应地方经济和社会发展的高等教育体系"。以此为方向,在社会主义市场经济的背景下,建立合理的新的高等教育运行机制模式,一是政府以遵循教育规律为前提,通过立法、经费分配、信息服务、质量评估、行政管理等多种手段宏观调控高等教育,确立高等教育政策、发展方向,确定高等职业教育发展的战略重点,协调高等教育的总体规模、发展速度和学校布局。在政府宏观调控中突出的监督手段方面,如宁波市逐步建立并完善了高等教育三级质量监控体系,深入开展"高等教育质量年"活动,对宁波职业技术学院、服装职业技术学院、工商职业技术学院等学校进行了市级教学评估检查,取得了明显的效果。二是在市场经济条件下,建立教育市场调节机制、就业市场调节机制、办学要素市场调节机制和科技服务市场调节机制。在科技服务市场调节机制方面如宁波职业技术学院敏孚机械系的教师积极参与敏孚企业技术攻关,共同研制了"摆销链机械无级变速器""提升机电系统""压电型微电机"等十多项机电一体化产品。宁波工程学院建工系教师积极参与杭州湾大桥的建设,获得了"杭州湾大桥结构耐久研究""杭州湾大桥混凝土施工质量检验评定标准及施工技术规范"共 52.8 万元经费资助的项目;化工系教师为中化进出口公司开发了水杨酸乙二醇酯,并出口到韩国,这使学校有效利用国家的优惠政策,积极在科技服务市场中发挥作用,提高科技服务,增加学校的经济实力和办学实力。三是在法律规定的范围内,学校依法履行职责形成自主管理机制、自主发展机制、自我约束机制。通过以上政府调控机制、市场调节机制和学校办学机制全面激活,保持高等教育持续健康的发展。在学校自主运行机制方面,在"国有民营"学校,实行"民营"机制,实行全员聘任制、干部聘用制、教师招聘制和工人劳动合同制等全新的用人与管理模式,形成了管理目标明确、教科队伍稳定、分配制度合理、工作运转协调、办事优质高效的管理体系,有效地激发了教职工的工作积极性,提高了教学质量、科研水平和办学效益。

1998年以前,宁波高等教育与其他城市高等教育一样不仅是数量性缺失,更重要的是一种制度性缺失。高等教育的发展仅仅将原有的办学结构和管理体制放大,没有建立起教育与市场对接的有效机制,这样就与市场经济脱节,得不到可持续发展。宁波高等教育大发展,其根本着力点就在于"发展",也就是说,机制创新、制度创新从一开始就成为了宁波高等教育发展的动能源泉。因此高等教育大众化的过程,实际上是一个不断打破传统思想观念和管理体制束缚,不断变革、不断创新的过程,也就是一个制度创新的过程。在投资体制方面,根据"谁受益,谁付费"的经费原则,创造了"政府投、学校筹、社会助"的"一主多元"投资体制,进一步健全以政府投入为主体,多渠道筹措经费的教育投入体制;在校园基本建设上,宁波主要有五种形式:一是完全由政府投资;二是政府投入少量启动资金,让学校自己贷款建设,以后逐年还贷,形成滚动发展局面;三是投资多元化,寻找一个合作主体,由政府、合作主体和学校三方共同建设校园;四是投资主体为某一企业,学校形成后自筹资金实现继续发展;五是行业办学校只给政策,不给资金,校园基本建设完全由学校独立承担。在日常运行中,政府主管的学校,除少量的专项经费外,基本依靠学校自收自支;企业投资的学校,完全依靠学校自收自支。其中"国有民营"学校均实行"政府投、学校筹、社会助"体制。

浙江万里学院则在公办高校的大前提下,第一次引入了非政府的举办者,使非政府部门的社会组织第一次站上了举办者的舞台,承担起筹措经费、规范办学、保证事业发展方向的责任。学校也成为名副其实的办学者。我国的各种教育法规都明确规定,"国家建立以财政拨款为主、其他多种渠道筹措教育经费为辅的体制,逐步增加对教育的投入,保证国家举办的学校教育经费的稳定来源"(《教育法》第五十三条)。"国家鼓励捐资办学。"(《民办教育促进法》第六条)同时指出,"企业事业组织、社会团体及其他社会组织和个人依法举办的学校及其他教育机构,办学经费由举办者负责筹措,各级人民政府可以给予适当支持"(《教育法》第五十三条)。万里模式正是通过浙江万里教育集团承担起筹措办学经费的重任,解决了政府发展教育缺少财政投入,而在没有财政投入情况下又扩大高等教育办学规模,满足社会需求的矛盾,还较好地解决了学校作为办学者坐收坐支、收支不分可能带来的弊端。

在宁波高等教育的改革发展上,政府将社会投入通过办学活动转化为国有资产,如浙江万里学院。浙江万里学院的主要出资方万里教育集团,其全部资产是在集团创始人自有资金的基础上,通过教育经营滚动发展,积累而来。但个人不持有集团的股份,集团在办学中积累的固定资产全部登记为国有资产,学生的学杂费收入上缴财政,纳入国家财政专项账户,根据教育用途下拨。集团按学院和其他各校的生均经费标准和在校学生数下拨至各校,由学校按财务制度规范使用。集团财务总监对学校教育经费的使用实行全过程监控,由对国家财政部门负责的审计部门严格审计集团的经费使用情况。作为集团一把手的董事长没有财务签字权,有权的不管钱、有签字权的总裁受制约。集团创建了一套与不以营利为目的的公益性办学宗旨相适应的理财制度,保证经费使用合理高效,并全部用于办教育,杜绝腐败现象的滋生。经营所得的积累有100%用于教育的再投入,而不是作为盈利分红。办学者的公益动机和集团内外的多级审计监控制度,防止了以营利为目的的行为以及由此带来的种种弊端。

浙江万里学院的产权结构比较复杂。农技师专的校产,按国家有关规定清产核资,全部划归万里教育集团管理。政府仍按农技师专原有的在校生规模拨给经营费,占万里学院年度经费的10%左右。这一部分来源于国家财政的资产交给万里教育集团管理和使用,所有权属于国家,使用权属于万里学院。学院现在的规模已经10多倍于农技师专,绝大部分资产和经费都是万里教育集团投入的。虽然所有资产都定性为国有,但主要不是来自国家投入,而是按教育成本收费,通过市场运作积累起来的。

万里学院的资产纳入了国家财政,但政府只有监控权而没有使用权;万里学院是国有高等院校,但不是政府的一个部门,院长不像其他公办学校的校长那样对政府主管部门负责,而是对教育集团董事会负责。政府对学院没有直接的支配权。董事会和学院拥有很大的办学自主权。相对公办高校而言,高度自治是浙江万里学院治理结构的重要特点。

从主要资金来源和内部治理结构上讲,浙江万里学院的性质都是社会力量办学。无论现有的财产还是进一步积累的财产,其使用权实际上掌握在集团手中。这一点在万里学院的管理体制和运行机制上也充分体现出来。国有不等于政府所有。万里学院是财团法人所有,而不是政府所有,没有国家财政做后盾,其生存与发展的基础在于教育服务市场,要靠赢得市场竞争来获取学校运行与发展的各种资源。因此,与隶属于行政部门并受其直接控制的公办学校不同,学院已经真正实现了面向社会自主办学,其运行机制也是市场化的。总之,万里学院的产权既不同于公办学校的政府所有制,也不同于私立学校的私法人所有制。其产权主体主要是作为公法人的万里教育集团。尤为重要的是,作为公法人的万里教育集团是独立于政府体制之外的。

万里学院的教育经费完全依靠教育经营的收入,从而将学校的生存与发展奠基于教育市场中。学院在管理中引入市场经济成本概念,按教育成本收费,按固定资产使用年限提取折旧费,按效益提取教职员工工资。收费结构是万里学院模式的又一重要特点。公办学校收取的学费只占学生全部培养费用的20%~30%,政府承担教育成本的50%左右。以营利为目的的民办学校的收费是完全成本加利润。而万里学院收取的学费实际上是完全成本加积累。积累不同于利润之处在于不能作为红利分配给个人,即财产增值的收益权是社团法人而不是个人。即使学校停办,集团积累的所有资产也不能转给个人,而是按其章程,作为国有财产继续用于教育。举办者的亲属、子女对集团的财产也没有继承权。

由于浙江万里教育集团始终秉持公益性至上、以教养教、可持续发展等基本准则,所以就把自己界定在没有国家拨款、自收自支和不以营利为目的的全民事业单位。这种属性不仅将万里与其他所有教育集团区别开来,而且使国有民办与民办国有的转换真正成为了可能。这种制度设计使得将社会投入通过办学活动转化为国有资产有了可依循的路径。具体地说,作为承办者的角色,浙江万里教育集团把经政府部门核定收取的学费如数上缴财政,纳入国家财政专项账户储存管理,自觉接受国家审计部门的严格审计,防止了以营利为目的的行为以及由此衍生的问题。同时,把在办学过程中积累的固定资产全部登记为国有资产,以充分体现教育的公益性和学校的国有性。万里模式作为一个独(原)创性案例,将看似无法耦合的二元分类和体制创造性地转变成为二元叠加,即由单一管理体制、模式转变成为混合型管理体制、模式,开辟了中国大学第三态。这种优势组合,为传统高校在社会主义市场经济条件下办学的嬗变提供了借鉴。

二、创新机制

宁波市不仅在外部条件上尽量给予民办高校以政策扶持,而且在学校的管理上尽量放权。如浙江万里学院,改制后的浙江万里学院,国有性质不变,办学中形成的固定资产国有属性不变,上级主管部门(省教育厅)不变,举办者由省政府转为浙江省万里教育集团。明确了管理者(省教育厅)、举办者(万里集团)、办学者(万里学院)三者的权限、责任和义务,使三者有机协调,形成合力。省教育厅作为主管部门,加强对学院的宏观指导,在专业设置、学科建设、办学规模与层次等方面予以统筹管理;举办者投资办学,且全面负责校园基本建设,实行"交钥匙工程";学院所需的发展经费,不再由政府财政拨款,而由举办者投入;日常运行经费部分来自按教育成本核定收取的学费,部分来自集团投入及省市两级政府按1998年基数的拨款。作为自收自支全民事业单位的浙江省万里教育集团,已拥有6亿多元的办学资产,初步形成了集团化多层次办学的发展态势,统筹集团资金的使用投向。

浙江万里学院实行全新的运行机制:(1)确立董事会领导下的院长负责制。学院董事会对重大问题进行决策并聘任院长;院长作为法人代表,集中精力全权负责办学;学院建立党委,作为政治核心,起监督保证作用。(2)深化内部管理体制改革。精简机构,减员增效,经过对校部机关部处的整合与合并,目前全校只设10个职能处室,机关人员60人(不到全体教职工的10%),实行全员聘任制,竞争上岗;专业技术职务实行评聘分离;分配制度按照优质优酬的原则,施行自营工资制,向教师倾斜,向贡献突出者倾斜。(3)后勤全面社会化。学院的后勤交由具有良好信誉的浙江耀江集团承办,在校园中规划300亩土地作为后勤生活区,计划三年投资1.6亿元建造万人规模的后勤生活及娱乐设施,统一经营管理(一、二期工程已完成投资1.1亿元,建筑面积6万余平方米)。对原浙江农村技术师范专科学校后勤工作的机构和人员,实行企业化,继而社会化。这样,后勤改革全面到位,彻底实行社会化。

由于改革了办学体制,激活了机制,万里学院取得了超常规、跨越式的发展,办学规模扩大,办学实力增强。举办者浙江省万里教育集团三年内计划投入8亿元人民币进行学校基本建设,已完成投入5.2亿元,校舍由7万多平方米增至32万多平方米,校园面积由265亩增至1265亩,在校生从改制前的1200人增至近9000人。改制前,学校仅有5个系、10个专业及专业方向。改制后,调整压缩原有专业,增设新专业,达到了38个专科专业及专业方向,8个本科专业。至此,学院开设的专业已涵盖经、法、文、理、工、农、管等七大学科门类,初步形成了既适应地方经济社会发展的需要,又具有内在有机联系,有一定特色的学科专业布局,形成了多科性大学的格局。学院现有10个系(院),建有文化、数学、生物技术等三个研究所,还与宁波市政府共同组建了宁波市工业经济发展研究中心,密切了与当地经济社会发展的联系。

宁波高等教育发展的国际化是宁波特色,现以宁波诺丁汉大学为例,管窥宁波市民办高校投资体制的改革创新。宁波诺丁汉大学是经中国教育部批准,由英国诺丁汉大学与浙江万里集团合作创办,在中国设立的第一家引进世界优质教学资源、具有独立法人资格和独立校区的中外合作大学。学校目前的融资方式如下。

(1)政府资助。宁波诺丁汉大学的筹建契合了浙江省经济社会发展的根本要求,得到了浙江省政府的大力支持。浙江省人民政府从科教兴省的高度谋划引进国外高等教育资源,邀请英国诺丁汉大学前来浙江办学,并拨付一定的专项资金予以支持宁波诺丁汉大学的基本建设。宁波市把宁波诺丁汉大学的筹建作为"一号工程""科教兴市工程"的重中之重来抓,市委、市政府要求相关部门按照"特事特办、一路绿灯、合规合法"的原则大力支持宁波诺丁汉大学的建设,拨付一定的专项资金,并在征地、建设服务等方面予以大力支持,确保了学校基本建设的顺利进行。学校作为第一家中外合作办学机构,政府在前期对学校的初始投资,构成了中外合作办学的一个重要经费来源,也体现了政府对办学的支持态度。(2)合作双方共同出资。作为双方合作主体,各取所长。分工明确,校园基本建设主要由中方浙江万里学院负责,课程设计、教学安排、学校软件设施购置,教学管理,教学质量把控,等由外方负责。双方以共同出资形式,按约定出资额及比例确定双方的股份比例。(3)学费收入。招生收费是学校的主要收入来源。作为中外合作办学高校,国际师资队伍按国际性的薪资标准来额定。学校师资全部由英国诺丁汉大学选派,同时,学校的收费也就相对国内普通高校要高一倍。(4)私人赠与。作为第一家中外合作高校,地处宁波,学校已经吸引了很多海外华人的眼光,尤其是海外的宁波籍华人,数额不等的捐赠以教育基金的形式捐赠给学校,已经构成了学校的一项重要经费来源。(5)专项学生补助金。作为中外合作高校,绝大部分的学生补助金是无法享受到的,但作为中国高校法人,政府对学生的部分补贴也能有一定的政策补助适用性。目前宁波诺丁汉大学的日常运营费用还是主要依靠学费收入,学费不足支出部分由合作双方的投资者自己补充。

第一,学杂费是其主要收入来源。作为中外合作高校,汇集了两个高校的优势资源,努力创建特色热门专业,以特色为生命,以质量为首要,扩大招生,增加收入。中外合作高校是强强联手,具有独特的师资优势和背景优势,容易建设特色优势专业。教学形式可以多样化,可以四年在国内学习的,也可以是2+2,2+1+1,1+2+1,……,结合学生的自身经济条件、双方学校的教学资源、课程特点,灵活地选择教学方式。如宁波诺丁汉大学每年都给所有的学生出国交换、出国学习等机会。境外学习交流给了学生一个独特的人生体验,学生对境外学习的选择是其自己对未来择业和专业学习的一种思考,它有助于学生发展自我意识,培养自己规划未来人生道路的能力,对学生的发展起到了很大的促进作用。同时,这样的交流也促进了国内外学校的语言、文化和学术的交流,进一步提升了专业能力,带来教学质量的提升,吸引更多的学子,扩大生源,形成稳定的收入来源。

第二,科研项目收入。政府鼓励高校加快科技成果转化,给予政策支持。高校要加强产学研的结合,促进科研成果的转化和应用进程,高校应主动加强和企业的联合,将学校的专利和成果尽快应用到企业,使企业利用这些成果,转化为社会生产力,进而转化为资金。另外,学校也可以直接转让专利和成果,获取经济利益。中外合作高校可以借鉴国内建设大学科技园或教育产业集团等形式,建立国际交流中心,为国内外专业领域的教学科学研究、产业、境内外学生实习等架起一座桥梁,实现高校与企业的联合,使其发挥经济效益。让高校成为经济发动机,让企业为高校带来经济收入。中外合作高校可以利用双方的背景优势,可以寻找到中国政府企业项目,可以寻找到国际基金资助项目,在有关国际性的中国问题研究方面做切入点,利用中外合作高校这个平台,加强中外合作研究项目优势互补,使课题研究的深度和广度得到加强,实现经济收入和科研水平的双赢。宁波诺丁汉大学每年可以从英国的有关基金组织、英国诺丁汉大学的研究基金拿到一些有关中国问题的研究项目,一方面带来了经济收入,一方面为学校融入全球经济的发展创造了有利条件。此外,国内外企业的研发项目也是中外合作高校未来研究发展的亮点。

第三,经营性活动。主要有从事生产学校章程规定的产品、加工件和设备及其销售活动,销售和出租归学校所有的固定资产和设施,提供中介服务购买股票、债券以及其他有价证券,从中获得收入。以股份形式参加各种机构、组织和企业的活动,其中包括开办各种股份公司,培育高科技公司。

第四,大力吸引社会投资,弥补学校资金不足。学校的家属楼、学生宿舍、食堂以及教学、实验楼、招待所等基础设施,都是利用社会资金,甚至以市场模式运作。国家法律规定了优惠和免税政策,这对投资人具有很大的吸引力。而且,高校后勤社会化这一指导精神也为我们指明了改革方向,关键是我们能不能真正大胆地融入到实践中去。校办产业、公司也可以发展为股份制,这样不仅可以借用大量的社会资金,而且也便于打开市场、开拓销路。

第五,提高学杂费收费管理水平,建立资金管理意识。宁波诺丁汉大学建立并培养一支高素质的行政管理队伍,管理人员既要有宏观的办学思路,又要有微观的做事态度,要以学生为中心,服务每一个学生。学杂费已经构成很多高校的重要资金来源,严格的学费收费管理是学校资金运作体系中最重要的环节,足额收取学杂费,单靠财务部门是不够的,需要各个部门的配合,注重人才培养,加强部门配合协同,使学校的资金及时收回。

第四节　创新人才机制,提升师资水平

党的十九大报告提出,人才是实现民族振兴、赢得国际竞争主动的战略资源。高等教育是人才的集聚地,是城市竞争力的核心组成部分。发展教育,人是第一要素,教师是第一战略资源。人才队伍的质量决定了教育的质量。近年来,宁波高度重视高等教育人才队伍建设工作,坚持党管人才和人才强校、人才强教战略,加大人才培养与引进力度,深化体制机制改革,优化人才发展环境,人才总量有所增长,结构持续优化,初步形成了一支师德高尚、业务精湛、结构合理、充满活力的高素质专业化教师队伍,有力地推动了高等教育内涵提升发展。宁波高等教育人才队伍建设的经验举措有以下几个方面。

一、纳入发展规划,加强政策保障

为深入推动宁波高等教育事业改革发展,加快推进高水平大学建设,2017年9月15日,中共宁波市委办公厅和宁波市人民政府办公厅正式发文成立了"宁波市高等教育改革发展领导小组(市名校、名院、名所、名人引进领导小组)",负责指导宁波高等教育改革发展、党建思政、名校名院名所名人引进等重大事项。领导小组由市委主要领导任组长、市政府主要领导任常务副组长,成员由市有关部门和各区县(市)主要负责人组成,领导小组在市委教育工委下设

办公室(引进办)。今后要充分发挥宁波市高等教育改革发展领导小组作用,统筹指导"四名"(尤其是名人名师、创新团队)引进工作,每年定期召开领导小组会议,重点研究解决重大事项。

宁波始终坚持人才强校、人才强教战略,将师资队伍建设纳入整体发展规划,作为提高教育质量的重要抓手。《宁波市中长期教育改革和发展规划(2011—2020年)》提出:"加快科技领军人才培养和创新团队建设,制订学科专业领军人才引进标准,健全高层次人才使用和奖励制度。"设立纵贯幼儿园、中小学、高校的人才奖项——宁波市教育名师奖,并将其列入市级"甬城英才"系列奖项。在宁波市教育规划的指引下,各高校相继制订本校教师队伍建设规划,明确师资队伍建设目标,建立经费保障机制,加大教师队伍建设力度。如宁波大学于2014年10月印发《关于进一步推进人才强校战略的若干意见》,把加快人才队伍建设作为学校发展的重中之重来抓,强化党委人才工作领导小组职能,实行人才工作目标责任制,增加人才专项资金投入,今后五年每年安排不少于1亿元经费用于人才引进和培养工作,确保人才队伍建设各项任务指标落实到位;浙江大学宁波理工学院制定出台了《关于加强人才队伍建设的若干意见》,明确人才队伍是学校推进内涵建设、提升核心竞争力的关键因素,是推进开放办学、实现跨越式发展的核心资源;宁波卫生职业技术学院成立了人才工作领导小组,出台了《关于加强师资队伍建设的若干意见》等10个文件,加强经费保障,在各类政府专业建设和培训项目资助经费的基础上每年单列师资队伍经费200万元。

二、实施重点工程,突出高端人才

宁波市大力实施"名人名师"引进工程,该工程是提升宁波高等教育战略资源的核心载体,是推动高水平大学建设的强力引擎,是夯实城市经济社会发展与高等教育共生系统的重要纽带。2018年市委、市政府印发的《关于引进名校名院名所名人的若干意见》强调,在今后5年中,面向全球招聘引进或培育100名左右顶尖人才和特优人才,引进20个左右高水平创新团队,以引进提升、引领宁波高校高水平的师资队伍建设。根据宁波高校的层次结构,人才引进以分类引进为导向,具体分学术型、教学型、技能型以及服务型四类人才。积极鼓励上述人才(团队)以全职方式受聘在宁波高校工作,同时允许在不改变人事、档案、户籍、社保等关系的前提下,通过建立"院士专家工作站""重点实验室"等形式,采取柔性引进、项目引进、专项资助引进等方式,在受聘高校工作或领衔组建科研团队。设立"名人名师引进计划"专项资金,按照市级财政专项资金管理规定,制定相关专项资金管理办法,支持引进对象开展科研、培养人才、建设团队等。

宁波高校紧紧围绕服务宁波重大发展战略,对接区域产业发展需求,依托高校重点学科专业、重点实验室、高校协同创新中心等平台和国家、省级"千人计划"、市"3315计划"、"甬江学者计划"特聘教授和讲座教授等项目,广泛引进海内外高层次领军人才和创新团队。宁波市层面的"甬江学者计划",工科类、理科类、人文社科类特聘教授分别可获180万元、120万元、60万元专项建设经费,特聘教授、讲座教授在聘期内岗位津贴分别为每年20万元以及每年2万元。至今已在海洋生物学、机械电子工程、高分子材料等重要领域引进21位特聘教授、19位讲座教授,引进人员在相关学科和专业开展了卓有成效的工作。学校层面,如浙江大学宁波理工学院实施"9211"人才专项支持计划,通过专项经费支持,吸引更多的浙江大学高水平的知名教授到宁波来工作,2014年起共有26位来自浙江大学的学科领航教授和教学卓越的教授加盟到浙江大学宁波理工学院,宁波市教育局安排1900余万元经费支持该项目。宁波大学于2017年12月全职引进中科院院士赵玉芬,她是我国生命科学界的权威之一,将担任宁波大学新药技术研究院院长。学校还借助通信工程和海洋药物领域两个国家"111"引智平台,引进了在电磁波领域享有国际盛誉的加拿大两院院士吴柯教授和美国东北大学杰出教授斯拉瓦·爱泼斯坦。吴柯教授带领的团队获得了宁波市"3315计划"高端创业创新A类团队2000万元的支持。宁波诺丁汉大学面向全球高薪招聘李达三首席教授,首期投入2亿元引进国际专业人才、组建科研教学团队、打造世界一流学科。

三、健全培养体系，推进素质提升

宁波各高校都充分意识到教师培养的重要性，从培养对象、培养内容和培养措施着手打造"立体化"的人才培养体系。宁波大学、宁波职业技术学院、宁波卫生职业技术学院等相继成立教师教学发展中心。浙江万里学院先后实施了"博士—教授"工程、青年教师国际化发展计划、人才工程培养计划、"双师型"队伍建设计划、创新团队培养计划等，针对青年教师建立了导师制；宁波职业技术学院实施"分类分层"教师培养模式，为教师提供多元化的培训培养平台，为不同类型和不同层次的教师服务；宁波工程学院加强中青年骨干教师培养，实施优秀创新学术团队和中青年学科带头人支持计划、优秀教学团队和首席教师支持计划、推进教师实践服务计划、研修访学计划等九大培养计划；宁波大学实施"浙东青年学者"培养计划，每年遴选10名左右青年学术精英作为培养对象，实施拔尖人才培养计划，通过5年培养，成为学校自己培养的领军人才，同时推进教师国际化的培养，出国进修人数成倍增长。

2015年6月，在甬16所高校加盟的宁波市高校教师发展中心工作联盟成立，联盟致力于整合各校师资、培训空间、研究资料、外聘专家等资源，主动构建促进教师发展的工作研讨和资源共享平台。经宁波市高校教师发展联盟推荐，宁波市教育局确定了高校教师发展培训第一批67个示范项目，将培训方案统一汇总后供各高校及教师选择参加培训，以扩大示范辐射作用，提高培训质量。

宁波市政府持续加大对教师（教学）发展中心的支持力度，以此为依托围绕教师教学能力提高，建立起完善的教师岗前职后培养体系。一是加强教学技能培训，实施青年教师助讲制度，发挥老教师传帮带的良好传统。发挥宁波市高校教师发展中心工作联盟的作用，利用各高校优质教育教学资源，促进各高校教师教学发展，提升教师的教学能力、教学水平。二是通过协同创新中心、产学研合作平台、院士工作站、企业博士后科研工作站、事业单位挂职等途径，提升青年教师在实践中发现问题、解决问题的科研能力和教学能力。三是鼓励各高校设立青年学术精英培养计划，在指导老师、实验条件、科研经费、学术交流、特殊津贴、职务聘任等方面给予政策倾斜和支持。部分院校可按照宁缺毋滥的原则,面向35周岁以下的青年教师,选拔少量具备冲击国家级人才项目潜力的青年才俊,给予特殊支持和培养。四是改善青年教师成才环境,花大力气进一步改善广大教师的工作条件及生活条件,积极落实、解决人才和配偶落户以及子女入学问题。

四、创新管理体制,强化激励评价

宁波高校制订教师岗位分类管理、分类评价办法,完善以业绩贡献和能力水平为导向的绩效考核指标体系,打好教师培养引进、专业发展、薪酬激励、人文关怀、约束退出等一系列组合拳。宁波大学建立了新引进优秀博士的培养与退出机制,深化职称评审制度改革,按教师从事教学、科研和社会服务等的不同侧重分四个类型进行评审。宁波工程学院深化科研成果转化制度改革,印发了《宁波工程学院促进科技成果转化管理办法(试行)》,激励高水平成果的转化应用。仇丹博士作为项目第二完成人完成的"重要脂溶性营养素超微化制造关键技术创新及产业化"获国家技术发明二等奖,近三年实现销售收入28.72亿元,累计利润达5.84亿元。宁波财经学院全力提高高层次人才待遇,对学科带头人、专业负责人、优秀博士给予岗位补贴、住房补贴、高职称补贴、高学位补贴、优秀博士专项补贴,以期提供较为优厚的工作、生活、发展条件。对副高以上、教学科研业绩突出的骨干教师实行了五年为一个兑现周期的期权金制度,每年有20%左右的教师获得期权金。宁波职业技术学院以人事制度改革为抓手,实施分类分层考核和岗位聘任,合理配置和开发人力资源,实现"人尽其才、才尽其用"。

五、着力提高教师实践能力和国际化水平

宁波市政府建立高等职业学校兼职专业教师制度,鼓励高等职业学校自主招聘具有企业实践经验的兼职专业教师,完善企业工程技术人员、高技能人才

到高等职业学校担任兼职专业教师的政策。一是要积极探索"双师型"教师培养培训的有效途径,通过校本培养、实践锻炼、项目引领、进修提高等方式加强"双师型"教师培养,重点抓好专业带头人和"双师"骨干教师的培养,以达到培养一个、带动一批、影响一片的作用。要完善"双师"教师的激励政策,以物质鼓励、精神激励并结合人文关怀,建立内化的能动机制,提高教师参与"双师"培养的自觉性。二是"请进来""走出去"相结合,开展高校师资队伍国际化建设。依托国家、省"千人计划"、市"3315计划"等海外人才工程,积极引进具有海外留学背景的优秀人才以及科研团队,以引进海外人才来带动国内教师国际化教育理念的更新和国际化教育手段的改进。以国际交流与合作为平台,建立全方位、多维度的国际化师资综合培训体系,有计划地选派教师到国外进修、访问、讲学、参加国际学术会议,加大教师派出力度,使更多教师具有出国访学与研修经历,优化层次结构。

经过上述改革,宁波市高等教育人才队伍不断优化。(1)师资力量不断增强。宁波全市共有全日制普通高校15所,全日制普通高校在校学生15.5万人,教职工总数1.15万人,其中,专任教师8292人。专任教师中,具有正高级职称的996人,占比12%,副高级职称的2511人,占比30%;研究生以上学历教师5071人,其中博士研究生2230人,硕士研究生2841人,占专任教师比例分别为27%、34%。宁波高校获得博士学位的教师无论数量还是比例都有较大幅度的提升,专任教师中博士数量比2011年增长81%。(2)教师队伍年龄结构持续改善,中青年教师已成为教师队伍的主要力量。40周岁以下专任教师4430人,占比53%;40至50周岁专任教师2324人,占比28%;50周岁以上专任教师1538人,占比19%。(3)高层次人才总量持续增加。已拥有中科院院士(全职)1人,加拿大两院院士(全职)1人,国家"千人计划"专家6人,教育部"长江学者奖励计划"特聘教授4名,省"千人计划"专家25人,省"钱江学者计划"特聘教授17人,市"甬江学者计划"特聘教授21人、讲座教授19名,市"3315计划"专家25人,市高端创业创新团队10个。

高等教育发展水平是城市竞争力的核心,也是地区现代化程度和综合实力的重要标志。宁波市委、市政府高度重视高等教育发展,在改革之路上不断探索,积极创新。截至2019年,宁波共有高校16所,其中全日制本科高校8所、高职高专院校6所、成人高校2所,全日制普通高校在校生16万人,共有47个一级学科类别,开设514个专业,[①]基本覆盖了全市一二三产业,涵盖了从专科到博士的多层次学历教育。宁波已基本形成了结构完整、体制灵活、类型丰富、特色鲜明的高等教育体系,省内高等教育副中心地位进一步巩固,高等教育对宁波经济社会发展贡献度持续提升。

---

① 宁波市教育局.2018年宁波市高等教育发展报告.

第四章　宁波高等教育与区域社会经济互动探析

　　"研究现代高等教育的发展,若不将其置于社会背景之上,分析它与社会政治、经济、文化、科学诸方面的关系,那将得不出什么有说服力的结果与理论。"[①]改革开放后宁波高等教育的发展处于新的历史时期,其发展轨迹、发展动力、发展特点及历史作用等都注定具有鲜明的时代性。作为以知识为载体的、具有复杂社会功能的高等教育,在自身发展进程中与经济发展、社会变迁有着千丝万缕的关联,剖析宁波高等教育与区域经济发展之间的双向互动,有着重大理论价值与现实意义,也是探究宁波高等教育发展的客观要求使然。

第一节　高等教育与经济增长的逻辑关联

　　高等教育在促进社会经济稳步发展的同时,要受到社会经济发展,尤其是区域经济发展水平的制约。区域经济是指"一定地域空间内各种经济活动所组成的有机整体"[②]。它是社会经济的重要构成部分。社会经济与高等教育之间存在着制约与被制约的关系,高等教育的发展不能置于社会经济发展之外,需要同社会经济(尤其是区域经济)和谐发展、协调共进。任何一所高校,都不是"挂在天上",而是落脚在一个地方的,要办好学校都离不开地方的支持。[③]同样,高校也要为所在地区做出更大贡献。高等教育与经济发展是一对彼此关

---

①潘懋元,邬大光,张亚群.中国高等教育百年[M].广州:广东高等教育出版社,2003:72.
②刘树成.现代经济辞典[G].南京:凤凰出版社、江苏人民出版社,2004:824.
③李岚清.李岚清教育访谈录[M].北京:人民教育出版社,2003:93.

联、相互作用的矛盾体:一方面,高等教育具有经济属性,通过科技创新、人力资本、信息资源等要素为经济增长提供"动力源"与"智力库",从而推动经济发展;另一方面,经济发展为高等教育发展提供物质基础,决定着高等教育的学科结构、教育投入与就业水平。经济发展与高教发展之间密切相关,相互促进,彼此影响。

一、高等教育推动经济发展

(一)高等教育的人才库是推动经济发展的"智力源"

人力资本理论认为,提高生产率的最有效途径是提高劳动者受教育的程度,两者间存在显著的正相关。高等学校以人才培养与科学研究为己任,为社会培养大批专门实用人才,将科学技术、科学方法、科研成果运用到生产实践之中,大大提高劳动生产率,从而推动经济迅速发展。据国外的一项研究表明,一个人受一年教育可使劳动生产率提高30%,一个熟练工人学习科学技术文化一年,劳动生产率要比过去提高1.6倍。[①]统计数据还显示,从20世纪80年代后期开始,经济增长的八成是靠科技进步创造的。这就充分证明:劳动生产率的高低与劳动者受教育程度之间存在紧密关联,劳动者受教育程度的提高意味着人力资本存量也会得到相应的提高,也会相应地提升劳动生产率。高素质产业大军依靠教育来造就,高等学校要肩负高科技人才培育之历史重任,大规模培养国家建设所需的各类创新人才。

在劳动密集型经济发展阶段,产业发展主要需要技术型人才,而在知识技术密集型经济发展阶段,则主要依靠高素质创新型人才。《世界竞争力年鉴》中指出:中国工程科技人员的国际竞争力在世界范围内处于中等水平,且合格程度处于末端。因此,高等教育的发展可以培养具有复合型知识结构的人才,推动地方经济的快速发展。地方高校围绕自身的办学定位和特色,紧密结合区域

---

① 中华人民共和国教育部.共和国教育50年(1949—1999)[M].北京:北京师范大学出版社,1999:680.

经济产业特点,随产业结构动态调整基础课程、专业核心课程、实践课程的结构,专业设置要控制规模协调基础学科、应用学科之间的关系,优先发展区域经济社会发展所需的专业,重点发展地方高校特色学科、交叉学科,为地方经济发展提供人才保障。

一直以来,我国高校人才培养偏重理论知识传授,缺乏实训和操练,忽略实践能力的培养,地方高校利用教育教学实践平台,锻炼学生的实践能力,为区域经济社会发展培养高素质应用型人才。大学科技园是产学研合作的重要基地,是高新技术企业孵化、应用型人才培育的基地,地方高校建立创业孵化园、实训基地等教育教学实践平台,加强与区域产业之间的联系,鼓励企业在校内建立实验室、建设专业实训平台,开展校企合作,让校内外创业园区成为培养应用型人才的"孵化器"。创造条件为学校培养人才服务,整合资源使校内外的实验室、科技园、实践基地等成为锻炼学生实践能力的"课堂"。

区域经济社会发展不仅需要实践能力强的人才,更需要具有创造性思维和较强创新能力的人才,在高素质创新型人才培养方面,创新与创造性思维始终是相互联系、相辅相成的,是创新人才不可缺少的素质。学者库克利奥斯基认为,地方性大学应从为劳动力提供必要的知识与技能、与当地公司紧密联系两方面来为区域经济社会发展服务。因此,地方高校应充分了解区域的市场类型、人才需求等情况,与企事业单位、行业协会建立沟通机制进行产学研合作教育,将人才培养融入产业需要中。学生通过生产实践和科学研究不断进行相应的分析、计算、比较、判断、推理,运用获得的知识和技能研究和解决实际问题,学校通过产学研实践,创设开放性的课堂和问题情境,引导学生积极思考,从而达到激发创造性思维、培养创新能力的目的。创造性思维和创新能力都要在实践中不断获得。产学研合作教育应遵循实践—认识—再实践—再认识的发展规律,把学习、生产和科学研究有机结合起来,产学研合作教育为学生的实践提供了机会,为开发学生创新素质创造了条件,使其创新能力得以提高。

(二)高等教育改善经济"软环境"、发挥技术支持作用

高等学校作为文明科学思潮、观念的发源地,能为当地提供新的知识、新的

观念、新的风尚,对封建陈腐、落后保守的思想观念、行为习俗起到移风易俗的改良作用。宁波地处沿海,高等教育基础薄弱,来自全国各地的科研工作者和大学生,将文明、开放、创新的思想观念带入宁波,注入新鲜血液,形成科学的人生观、价值观与世界观及文明、科学、健康的生活方式,从而大大改善区域经济的"软环境",形成有助于经济发展的和谐氛围。再者,在经济全球化时代,信息的获取对经济与社会发展具有极端重要性。高校在服务地方经济的过程中,一旦发现地方经济发展中存有的一些问题,势必会通过高校专家、学者集体研讨,找到解决问题之可行路径,并为地方经济发展提出合理化建议,将地方经济置于良性发展轨道。高等学校能为地方经济与社会发展发挥专家辅导、政策释疑以及信息支持的作用,助推地方经济与社会的永续发展。

首先,科学研究,推进区域经济社会科技进步。

地方高校具有较好的科研设备、高水平的科研队伍,通过科学研究活动,能够提供辐射整个区域的新知识、新型实用技术,推动和促进区域经济社会科技进步。地方院校科学研究只有与区域经济建设紧密结合,推进区域经济社会科技进步,其研究才能得到社会的支持,地方院校才能成为企业技术进步的后盾和依托。地方高校科学研究紧密围绕区域经济社会发展的需要,与区域企业合作,创建区域科技创新系统。地方高校基于自身研究特色,从区域特有资源出发,研究区域科学文化遗产和特有资源,提高学术水平,探索科学研究的创新点。鼓励地方高校与企业科研机构共建实验室、工程研究中心,强化技术创新功能。科技发展速度、日新月异,把握好地方高校科学研究与区域科技进步紧密结合的发展趋势,是区域科技进步的重要前提。地方高校建立科技服务体系,让科学研究主动适应区域科技进步。成立科技服务咨询中心,通过员工培训、网上课程等多样化形式,夯实员工在金融、管理等专业领域的技术及产业知识,培养复合型"多栖人才",提高科技服务中心的服务水平,使其成为区域科技决策的"智囊团"。

其次,科技研发,解决区域经济发展中的技术难题。

地方高校通过科技研发以解决区域内各企业单位相关领域的瓶颈问题。第一,推进产学研合作,加强科技研发,推动科技成果与企业、产业对接,我国地方高校可以学习英国剑桥大学成立科技工业园,涌现出大量高科技公司,地方高校可以建立校企联合研发中心、组建产学研合作基地,将学校高新技术和人才引入企业,开展行业关键技术联合攻关,逐步形成稳固的产学研合作关系。地方高校科研人员将科技成果和高新技术带到企业生产第一线,解决经济发展中的技术难题,企业也为科技成果的验证提供了条件,推动了高校科研与企业、产业的对接。第二,地方高校重点开展应用型研究,依托校内各实验室、工程研究中心等科研平台,加强学科交叉融合与协同创新,建立跨学科、跨学院的科技创新平台,致力于技术的前期研发。因此,要与区域内其他科研主体结盟,构建协同创新研究院,进行科学技术的开发、中试与推广,最大限度地激发协同创新研究院的科研活力,有针对性地解决区域内企业生产中的技术难题。

再次,成果推广,提高区域经济社会生产效益。

地方高校科研成果是解决区域科技问题、实现技术转移、提高区域经济社会生产效益的主力军,同时高效率的科研成果是一个区域竞争优势的主要来源。因此,必须完善制度、创新机制,加强科技推广和成果转化力度,增强高校科技创新活力,为提高区域经济社会生产效益做出贡献。

第一,重视互联网对地方高校科技成果推广的重要作用,发挥地方高校新产品、新技术推广与企业技术创新活动之间的媒介作用,加强网络信息服务平台建设,建立科技成果信息资源开发系统和科技成果数据库。如区域政府相关部门可以在网络上成立"科技成果信息服务平台",广泛发布区域内各个地方高校的科研成果以及企业的技术需求,努力实现网上信息共享。企业单位可以迅速找到自身发展所需的科技成果,同时地方高校的科技成果也能投向市场,帮助企业充分了解科技发展前沿,以便在生产实际中加以运用。因此,利用先进的网络信息技术,加强成果推广,以提高区域经济社会生产效益。

第二,完善成果推广激励制度。鼓励和调动科研人员成果转化的创新热情,对科技成果推广有突出贡献的科研人员在社会地位、待遇上进行政策倾斜,在评优晋升时,将科技成果推广业绩作为衡量科研人才的标准之一;在技术职称评定时,以成果转化后的效益水平作为考核内容重点之一。鼓励地方高校科研人员以团队形式,通过创办企业、持有企业股权等方式开展科技成果转化,建立符合成果推广规律的管理机制,保障科研人员顺利进行成果推广工作。

第三,激励机制是在高校科技成果转化系统中,加强成果推广的重要手段。加大地方高校科技成果转化,提高区域经济社会生产效益,必须加强科技成果转化机制创新,激发开展科技成果转化生产力的积极性和主动性。建立激励机制,完善成果评价、分配办法。健全科技成果转化评价体系,针对地方高校基础研究、应用研究和试验发展等不同阶段,建立不同的评价体系,确保科技成果推广活动顺利开展,并及时进行评估工作,使其尽快转化为生产力,提高社会生产效益。制定科学、公平的利益分配机制,能够有效促进成果转化。为适应成果推广,设立科技成果推广转化基金,促进科技成果转化为生产力。明确规定科技成果转化基金的用途、使用办法和相关条款,利用科技成果转化基金,资助科技项目进行推广和转化,并制定合理的收入分配制度。发明人、专利代理人、研究项目单位、大学、学院等各个主体按比例获取收益,如此,将会使科技成果更多地转化为现实生产力。

二、地方经济制约高等教育的发展

根据"经济基础决定上层建筑"的马克思主义原理,高等教育作为上层建筑的一部分,其发展状况显然要受社会经济发展,尤其是当地经济发展水平的制约,具体表现如下。

(一)区域经济发展影响到高校的发展方向

在市场经济条件下,高等学校必须为所处的地方经济服务,唯有如此,才能谋求自身发展。近20年来,宁波市国民经济运行稳健。以2001年为例,全年实现国内生产总值1500.3亿元,按可比价格计算,比上年增长13.2%,高出年初制定的调控预期目标3.2个百分点,分别高于全国、全省约5.2个百分点和0.9个百分点。[1]经济的迅速发展对人才产生了强烈的需求和吸纳能力。对于高层次人

①宁波市人民政府办公厅.宁波市2002年国民经济和社会发展统计公报[EB/OL].www.ning.
　gov.cn/1999-2002(e).

才,主要采用引进的方式。宁波市率先制定政策,对来宁波工作的人才给予物质待遇等方面的优惠政策和措施。这些政策措施使宁波在短短的时间内吸引了大量的高层次人才。对于一般人才则立足于本土培养。正如克拉克指出的,发达国家在完成普及中等教育后,在走向大众化中学后教育过程中,经济引起了有技能的人才的需求,非传统大学能满足这一点,并仍保持是一种大学。①宁波经济的迅速崛起,除了产生对高层次人才的强烈需求外,更需要大量的面向第一线的高级技术人才和新型的技术工人,在非传统大学机构里培养大学层次的职业技术人才成为宁波经济发展的客观需要。从这种意义上说,宁波的经济发展迫切需要职业准备和职业训练的场所。换句话说,经济的持续迅速增长拉动了地方对建设高等职业技术学院的需要。

宁波的制造业、服装业以及物流等产业都是宁波重要的支柱性产业。以服装业为例,三大名牌罗蒙、雅戈尔和杉杉都在宁波;同时,宁波的红帮服装文化和服装设计、加工传统都会产生对培养服装行业的人才的动力和优势。宁波服装学院立足宁波市、面向浙江省专门培养服装行业的基层技术人员,为宁波服装行业的发展提供急需的人才;针对宁波加工制造业的需要,宁波职业技术学院实行校企联合、产学结合共同培养技术应用型人才;随着经济发展的产业构成的提高,办公手段的改善,需要更多的信息管理人才,财经学院立足于培养IT行业的应用型人才来满足地方经济和社会发展的需要。宁波地方经济的大发展引发了对职业技术人才的大量需求,促进了宁波高等职业技术教育的大发展和新的人才培养模式的形成。这反映了地方经济的发展产生了培养人才的动力和吸纳能力。同时,宁波高等职业人才的培养与地方经济特色相协调,各学校的人才特色明显,不同学校的人才类型具有互补性。如宁波高职主要面向"三资"等企业培养应用型技术人才,财经学院培养面向基层的IT人才,服装学院培养服装行业的系列人才,地方院校针对地方企业和社会需求培养大量的合格人才,及时满足地方经济和社会发展的需要,并进一步彰显了宁波的经济特色。

---

① [美]克拉克·克尔.高等教育不能回避历史〔M〕.王承绪,译.杭州:浙江教育出版社,2001:101.

（二）地方经济水平影响教育投入

教育投入是落实教育优先发展的根本保障。目前，高等院校的政府拨款实行的是中央和省级政府拨款为主的财政体制。中央部委所属高校主要由中央财政拨付，省属高校主要由地方政府拨付，这就造成省区之间事实上的不均等，因为每个省区财力不一，因而所拨付的教育投入相差较大。

地方经济实力一方面影响着地方政府对高校教育的投入规模和投资力度，另一方面也制约居民的收入水平，从根本上制约着民众对高等教育的投入热情和投入动力。根据美国人本主义心理学家马斯诺的需要层次理论，生存的需要是人的第一层次需要，也是最基本的需要，只有当生存需要满足后，才可能产生自我发展、自我实现等更高层次的需要。人们在衣食有忧的情况下，对高等教育的投入是没多大热情和动力的，尽管他们深知"知识改变命运"的道理，尽管也有"砸锅卖铁也要送伢读书"的热情。经济越发达地区的教育投入水平也越高，高等教育的入学率相应也就越高。经济增长与高教发展之间有着很强的正相关系。

近年来浙江省高等教育呈现勃勃生机，宁波地区出现了浙江大学宁波理工学院、宁波大学等高等教育机构，这与浙江省各市对高等教育的投资力度息息相关。教育投资是教育相关部门用于培养后续劳动力和专业技术人才以及提高现有劳动者素质的人力和物力的货币总量。一个地区的教育投资直接决定着该地区的经济发展趋势。通过分析浙江省杭州、宁波、温州核心区域1997—2006年间的政府教育投资量，以了解宁波的教育投资状况。近十年浙江省各核心区域的教育投资量均呈现出不同程度的增长，自1997年至2005年，杭州的政府教育投资量一直大于温州和宁波，宁波地区又略高于温州地区。2006年温州地区的教育投资量出现了较大幅度增长并且一度高于杭州和宁波。

在教育投资力度的影响下，浙江省各地区教育结构也出现差异。教育结构指教育机构整个系统的各个组成部分的比例关系及组合方式，它既包含教育系统纵向的层与层之间的比例关系和相互关联，又包含教育系统横向的类与类之间的比例关系和相互联系。教育结构主要涉及教育类别结构、教育层次结构和教育管理体制结构。提高教育经济效益的重要途径之一就是有效地调整教育结构,使教育结构朝有利于经济发展的方向改变。其中,教育层次结构(亦称教育的水平结构或程度结构),是指受教育者由于接受教育的时间长短不同,相应的受教育内容的多少与深浅也不同,因而形成不同素质层次的受教育者系统,教育的层次结构决定了社会劳动者的素质结构和人才的层次结构。教育的层次结构,受到诸多因素的影响,其中包括政治制度、经济水平、文化历史等,其中经济发展水平和人才需求结构模式,是最基本的因素。

通常我们将教育层次结构分为三个水平:初等教育、中等教育、高等教育。以1994—2006年间浙江省内普通中学学校数、中等职业学校数、技工学校数、高等学校数为基点展现浙江省近年教育层次结构演变过程。1994年浙江省普通中学3315所、中等职业学校155所、技工学校102所、高等学校37所;2006年浙江省普通中学2459所、中等职业学校49所、技工学校76所、高等学校68所。二十年来,浙江省高等学校数目呈上升趋势,在教育结构中占有越来越重要的地位;中等职业教育在20世纪90年代末期达到最高峰后逐年递减,这也说明中等职业教育逐渐被高等教育所代替,这和近年对高级人才的需求逐渐增大有关,中等职业教育在实践中被证明无法满足社会需求的变化因此逐渐萎缩;针对专业性较强的技工学校的数目变化虽然并不明显,但仍然呈波浪下降趋势;由普通中学、中等职业教育、技工学校等构成的中等教育均呈现出不同程度的下降趋势,同时高等教育所占比重逐渐加大,政府对高等教育的投资力度也逐渐增大。这也是宁波市的教育现状。这说明高等教育在宁波市整体教育结构中发挥着越来越大的作用。

浙江省整体教育规模自20世纪90年代以来逐年扩大,这表现在社会受教育人数占全体人数比例增大、各级教育机构数目增大;宁波市教育投资尤其是政府在教育方面的投入有了巨大的增幅,这不仅表现了政府对教育的重视程度,而且说明政府已经在积极采取各项政策、措施加快教育发展。从总体上看,浙江省教育层次结构随着教育改革的深化也发生了根本性的转变,由过去的初、中级教育为主导的教育层次结构逐渐过渡到以高等教育为主的教育结构。但是在浙江教育取得全面发展的同时,我们也要看到浙江省各地区之间的教育规模发展速度存在差异,浙江省各地区政府对教育的投入量也存在显著差异,经济相对发达的杭州湾地区包括杭州、绍兴、嘉兴、宁波、湖州地区,政府对教育的投入明显高于经济相对落后的浙西、浙南、浙东南地区。浙江省各地区的教育层次结构因各地区不同的教育发展规模、教育投资力度而存在差异,教育规模齐全、教育投资力度大的地区教育层次结构偏高,教育规模有限、教育投资力度欠缺的地区教育结构偏向中、低水平。

宁波经济的迅速发展产生了强烈的人才需求,但宁波市的高等教育一度不仅落后于全国同等地区,甚至相对落后地区的发展水平。到1996年,宁波只有5所大学(含2所成人高校)。高等教育的规模和层次与宁波经济发展的速度、水平和要求严重不相称。宁波市利用经济发展的优势,做出了教育的大手笔,通过高校重组、引入民办机制和兴办高职等方式使高等教育同时走内涵式与外延式发展的道路,使高等学校的数量和生均规模同时迅速扩大。经过短短几年的快速发展,到2002年,普通高校和成人高校在校学生分别达到6.2万人和3.54万人,均比上年有较大增加。高等教育毛入学率达27.5%,比上年提高10.3个百分点。[①]在此期间,政府、企业和社会向高等教育注入了几十亿的资金,并划地600亩、预计投入30多亿元发展宁波高教园区。

(三)地方经济与高校科研的良性互动,大大提升高等教育的地位

科研工作既是高校的重大使命,也是提升学术水平、优化学科建设的重要路径。高校科研工作要紧紧把握服务地方经济为矢的,科研成果转化为现实的生产力与地方经济发展有着莫大的关联。地方经济强大、结构合理,就有助于高校科研成果向现实生产力的转化,高校的重要性也会日益凸显;倘若地方经济发展迟缓、产业结构单一,高校科研成果转化就会滞后,创新能力就会严重受挫,高校重要性就会被淡化,甚至有被边缘化的倾向。高校地位的历史变迁有一个发展历程。在新中国成立后的17年时间(1949—1966年),群众对教育的

---

①宁波市人民政府办公厅.宁波市2002年国民经济和社会发展统计公报[EB/OL].www.ning. gov.cn/1999-2002(e).

重要性有一定程度的认识,高校被当成专业人才培养的中心,但在此阶段,高校主要被看成是政治的附属物,人才培养主要受政治气候左右,高校办学没有自主化,高校的地位远离社会活动中心;到了十年"文化大革命"期间,教育完全被置于社会边缘,被打入"冷宫"。改革开放以来,教育的重要性再次被确认,教育尤其是高等教育开始从社会边缘走向社会中心,高等学校被看成是高科技人才的培育中心以及高新技术的孵化基地,高等教育被赋予"科教兴国"重任,从而大大提升了高等学校的地位。

地方高校作为区域教育产业,不仅是人才培养基地,也是科技成果的孵化站,其科技成果是区域经济建设社会发展的知识源和技术源。[①]高校科技成果转化,是指将科研项目进行后续中试、应用和推广从而形成新产品,是科学技术转变为现实生产力的动态过程。[②]科学技术是促进区域经济建设和社会发展的根本动力,区域经济社会发展借助地方高校的科技力量,为区域内企事业单位解决技术难题、提高生产效益,利用科技研发促进区域经济社会生产力提高,是地方高校社会服务的根本路径。在此过程中,地方政府充分发挥统筹规划优势,促进高校、政府、企业之间的沟通,重视和发挥地方高校在区域科技进步中的独特优势,通过举办大学与企业合作洽谈会等形式,鼓励地方高校科研成果实行技术转让,与企业联合创办高新技术企业,促进高校科技成果转化。地方政府应提供政策支持,加强地方高校基础设施建设,创设优美环境,支持地方高校科研发展,充分发挥其辐射作用,为地方高校科学研究推动区域经济社会科技进步做好护航。

在认识上、在发展规划和发展战略上,宁波市委、市政府把"大力发展宁波高教事业"作为实施"科教兴市的一号工程"。政府积极引导,实行合并办学,扩大办学规模,增强实力;转换运行机制,引入民营机制,增强办学活力;实施制度创新,兴办二级学院;产学研相结合,大力发展高等职业教育;推动高校后勤社

①周春明,常运琼.地方高校加快科技成果转化的对策研究[J].湖州师范学院学报,2016(12):67-70.
②蒋科兵,刘期达.高校科研服务地方经济社会发展的方式与途径[J].科技管理研究,2014(4):76-79.

会化,建立"小机关、大实体"的后勤格局,形成后勤管理的企业化运行机制。兴办高教园区,把高教园区视为地方发展的"硅谷",把大学作为培养和吸纳人才的基地,视为经济发展的技术支持基地和良好投资环境的一部分。宁波市委、市政府对高教园区建设提出了"一路绿灯,特事特办"的方针,通过引进、合作、改组、民办等途径,加快发展适应地方经济发展、产学研相结合的高等教育,扩大高校在校生规模,实现高等教育大众化。重点抓好宁波大学、浙江大学宁波理工学院、浙江万里学院三所综合性的万人大学和浙江大学网络与软件学院宁波分院的建设。政府积极促成宁波大学建成教育科研并重、有影响、有特色的重点大学;浙江大学宁波理工学院利用与浙江大学合作的机遇,办成以本科为主的工科院校;充分发挥浙江万里学院的机制优势,力争成为全国知名的国有民营高校;促进浙江大学网络与软件学院宁波分院的加快发展,为宁波的信息化建设提供高中级人才和智力支撑;努力提高高职院校和成人高校的办学水平和教育质量。

　　宁波地方高等教育的发展,从一开始就站在现代经济和社会发展的较高起点上,注意把高等教育的发展依托于现代科学技术的平台;注意以开拓创新的精神来创办地方高等教育,在发展的道路上不是贪大求洋。在明确的办学理念指导下,立足于地方经济社会的发展,大力发展高等职业教育,同时也注重对国民教育层次的整体提升;在办学的制度上注意创新,引入了民办教育的机制,提高了办学的灵活性和办学效率,实现了教育对政府和社会的更高回报;在管理上,注重引入经营理念,运用现代的公关策略,办学过程中注意提高学校的知名度和美誉度,使高等教育的发展在培养人才、提高国民素质的同时,真正能够提高城市品位和塑造良好的地方形象。

　　在高等教育发展的选择上,能够以地方产业为依托办出特色,积极探索产学研一体化的人才培养模式,缩短人才的社会适应周期;在经营机制上,采取集团办学、集约经营的方式;在高等教育的专业层次布局上,形成从高职高专到研究生教育的层次梯度,在专业设置上充分考虑地方的特点,形成各个学校的不同特色,从而能够拓展和共享发展的立体空间。高等教育的迅速有序发展本身就是对政府和社会的积极回报。

第二节　宁波高校专业设置与地方产业发展的交互耦合

近年来,国家和社会各界对高等教育高度关注,不断地推行着教育制度的改革和创新,将更多的办学自主权下放给高等院校,越来越多的院校也依据自身情况选择开设若干专业,高等院校所开设的专业若能够和地方经济发展和产业结构升级相协调,无疑对于高等教育以及社会的进步有巨大的促进作用。

一、高等院校专业设置与产业结构

(一) 专业设置

专业一般作为一种行业职业划分体系而存在的,高等教育为了更好地培养人才,把行业职业按照一定体系划分,称为专业。在我国的高等教育体系中,专业教育是被当作培养人才的主要方式和载体,所以专业的设置应该符合学校的性质和社会的定位。对于地方高等院校而言,由于培养的对象是地方紧缺的技术性人才,其专业设置更应该符合社会需求,更应开设贴合学生实际的技术性课程,不断为社会和国家输出紧缺的技术性人才。通常来讲,地方高等院校专业设置有如下几个原则:首先,地方高等院校的课程设置和调整要符合国家产业结构、文化发展方向、地方科技政策等方面的要求,既需要兼顾地方的实际情况,也要通盘考虑,符合广大劳动人民、知识分子、教师等各个工作岗位上的切实需求;其次,地方高等院校的课程设置和调整,其框架要科学合理,不要出现遗漏的专业和高重复率设置专业,这样也可促进教育部门形成教育和办学主题,突出办学特色;再次,地方高等院校的课程设置和调整要与时俱进,不断地更新课程内容,拓宽知识面,满足当代学生成长成才的需要,给社会和经济方面输送与时俱进的人才;最后,地方高等教育的课程设置和调整要遵循教育部等相关部门发布的标准,内容做到充实,教学方法做到科学,环节做到严谨合理,理论做到扎实,特别是不能缺少实践环节,在教师配备等方面、软件硬件等办学基本设施的配置要完善。

　　地方高等院校专业课程设置影响着我国技能人才的培养水平,明确目标和方向是培养高水平、对口人才的关键。总体上来看,外部因素和内部因素是专业课程设置的关键所在。下面分别阐述。外部因素:第一,地方高等教育专业设置受教育外部规律的影响较大,即是否符合经济文化的发展形势,是否符合上级有关专业设置的规定,是否符合人才培养方案的需求,这些都是影响专业设置的重要因素,也是大前提;第二,地方高等院校专业的设置,既要追求全面发展的总体思想,也要突出区域经济文化的特色,设置专业本着促进今后本区域服务的角度,符合当地工作岗位供需特点,不断在专业的教授内容下添加新内容,改造不合时宜的内容,与当地的文化、经济以及社会发展方向相结合,使专业办出当地特色。从另一方面讲,专业设置也体现出了社会的发展,更加会折射出社会的主流价值观,当然,高职教育的发展也只有和社会、时代紧密结合,学校才能实现跨越式发展。内部因素:第一,师资力量,不同的教师会具备全然不同的教育理念,对于专业的理解会有较大的差异,如地方高等院校中的教师职称水平、年龄结构等因素,都会影响专业的设置;第二,专业资源,可以认为是地方高等院校所具备的硬件实力,主要包括教学设备、教学场地、实习基地等物质基础。专业资源被视为专业设置的前提和保障,只有在拥有专业资源的前提下,专业设置才有可行之处。

　　专业特色可以认为是设置专业所具备的软实力。其中,主要包括该专业在学校所在地的影响力以及专业在未来的发展趋势等方面的内容。尤其是地方高等院校需要培养出具有专业特色的、专业性技能人才,更需要专业的老师,给学生们做相应的指导和训练,需要比普通高校更高水平的动手能力和实践能力,通过大量实践,才能将学校所教授的专业内容体现出来,能够让培养的人才,在未入社会之前就能接触到专业方面的经验,对未来所从事技术工作有一个清醒的认识。与此同时,专业资源也是地方高等院校的一个特色,专业特色被认为是专业设置的新鲜血液、优势之处。

（二）产业结构

产业结构,也称为国民经济的部门结构,是国民经济各产业部门之间以及各产业部门内部的构成。研究它的意义在于分析生活资料和生产资料的相互联系,通常包括农业、轻工业、服务业、重工业、建筑业等产业之间的关系,以及各自内部之间的相互联系。

目前我们通常使用1988年的三次产业分类法,一般将渔业、林业、牧业和种植业划归为第一产业;建筑业和工业划归为第二产业,其中,工业又细分为供应、煤气、电力等;第三产业则是指第一产业和第二产业没有涉及的部分。根据我国的基本国情,第三产业通常细分为以下三个种类:邮电通信、仓储、交通运输等流通产业属于第一个分支;生活服务和生产部门的产业属于第二个分支,例如餐饮业、零售批发;其他的,比如教育、社会团体、党政机关等非物质性生产部门属于第三个分支。

（三）专业设置和产业结构的关系分析

第一,地方高等院校的专业设置的关键在于产业结构。产业发展的速度和侧重点不同,专业发展程度不一,需要专业人员的知识背景和工作技能也是各自不同的。因此,地方高等院校要想有一个相对较好的发展,就要根据当下产业结构来设置专业以及课程。专业设置的一个重要目的是培养社会发展需要的人才,换句话说,地方高等院校必须以学校所在地的切实状况、切实需求为专业设置的出发点和落脚点,只有这样,区域乃至全国未来的经济发展才能得到持续的高精尖技术人才,地方高等院校专业的设置才能符合和适应当下大环境的发展。除此以外,全国各地,导致区域社会的发展有快有慢,同时也各具特色,城市区域的职能也各有不同。所以,一定要注意的是,需要把社会需求的空间异质性考虑进来,结合当地的情况,不能随便地吸取、模仿和借鉴,应切实设置出与当地产业结构相辅相成的专业。由于地方高等教育承担了为地方输出技术性人才的功能,所以它是我国教育体系中和地方经济、产业结构联系最为紧密的部分。就地方发展而言,如果产业结构合理,经济需求旺盛,自然对毕业生的需求就十分巨大,催生了高等院校多开设相关的专业;反之,如果地方产业结构不合理,经济发展缓慢,则对高等人才的需求不大,影响就业,直接导致地方高等院校缩减相关专业的培养计划,甚至调整专业设置。

作为地方经济发展的命脉,产业结构是地方经济最为显著的特征之一,反映了国家宏观的战略布局,基于不同的产业结构,自然会对高等院校的人才培养具有客观的要求,若产业结构形成了集群优势,会形成对某一专业非常迫切的人才需要,同时会对其他一些专业产生排斥,这也提醒地方高等院校在设置专业时,不能单一追求大而全,有时办好几个特色专业,服务地方产业的效果反而会更好。

第二,产业结构反作用于地方高等院校专业设置。高等院校的专业设置反作用于产业结构,在此期间,地方高等院校也应该主动适应和接受随着社会发展的产业结构调整。例如政府的调控政策就会对专业设置造成影响。高等教育无疑与地方经济发展紧密相连,本地区政府基于自身的发展战略,会在某一时期做出相应的社会经济发展计划,来凸显本地区在本时期内的发展重点。这对于高等教育,特别是高等职业教育具有十分重要的指导意义,政府的政策会有效引导院校的发展,为了弥补专业技能人才的缺口,政府会出台相应的调控措施,间接引导学校的招生计划,所以对于地方高等院校的发展政府的政策将会产生很大的影响,地方高等院校只有切合政府调控,才能实现更好的发展。为了顺应全球经济发展,中国经济更加深入地融入世界经济发展大潮中,我国产业结构也在做相应调整,以适应全球经济的发展,同样,国内各个行业的人才培养,也应该积极地响应和做出相应的对策,以适应当地和整个大环境的变革。有时候,不仅需要进行调整,还要有适度的超前,决策人员要有对专业宏观发展前景的把握,摸清社会经济发展中,各个行业未来发展的大体走向等。这样学生在毕业之后才不会出现没有用武之地的现象,也防止出现学生培养的滞后性。

通过以上两方面的分析,我们可以看出专业设置和产业结构之间相辅相成、相互影响的潜在关系。地方高等院校务必做到专业定位准,仔细考虑专业设置与产业结构的关系,并参照其内部和外部因素,才能使高职院校专业的设置更有意义,符合区域经济发展的需求。

二、宁波市产业结构的现状与分析

（一）宁波市产业结构总体概况

经过三十多年的改革开放,宁波市经济得到了较为显著的发展,产业结构不断优化。1985年,宁波市经济总量仅有71.05亿元,到了2015年,宁波市经济总量突破了8011.5亿元,是1985年的一百多倍。其中第一产业产值从1985年的16.85亿元增长到2015年的285.2亿元,而第二产业则从1985年的40.4亿元增长到2015年的3924.5亿元,第三产业则从1985年的13.80亿元增长到2015年的3801.8亿元,三次产业之比为3.6∶49.0∶47.4,目前宁波正处于"二、三、一"的产业结构形式。[①]

宁波市近年的经济发展情况较为乐观,经济实现稳定增长,民营经济十分活跃,三产结构形式进一步得到优化,产业结构趋于完善,加之国家政策诸多利好信息,经济发展前景十分光明。

（二）宁波市产业内部结构分析

宁波市三产从业人员结构随着各个产业结构的变化而发生改变,两者变化趋势相同。在这个过程中,第一产业从业人员的数量正在下降,占总从业人员的比重也在下降,与此同时,另外两大产业的从业人员占比正逐步上升,而且第三产业的从业人员主要由青年向成年转变。随着全国人民生活水平以及收入水平的提高,就业人口转变方向主要从第一产业到第二产业,随着收入的增长,便开始转移至第三产业。[②]目前宁波市的演变趋势正符合这种规律。据统计,宁波市第三产业的从业人员数增加最多,且增长速率也最快。在全国产业结构中,三大产业的比重分别是10.1、46.8和43.1。而这三种产业结构从业人员占比

---

① 潘懋元,王伟廉.高等教育学[M].福州:福建教育出版社,1995.
② 王力俊,曹晔.广西高职高专院校专业设置与区域产业结构适应性研究[J].教育与职业,2011(30):12-15.

分别为36.7、28.7、34.6。通过与宁波市产业结构数据比较发现,三大产业在全国范围内的占比与在宁波市内的占比有如下特点:第一、第三产业在全国的占比比在宁波市内的占比要高7%及13.1%;而宁波第二产业结构的占比要高于全国平均水平。这种变化趋势反映了目前宁波市产业结构的特点与全国变化趋势不一致,宁波市目前城市工业化程度相较全国要更高。

在从业人员的结构中,2015年宁波市三产从业人员占比相对于全国平均水平分别低20.7%、高21.09%以及大致相似。但第三产业的劳动力分布与全国相差甚远,这也正是中国未来产业劳动力的发展趋势。为了让产业结构得到优化,政府部门就要引导第一产业和第二产业向第三产业转变。从某种程度上来讲,高职教育的主要目的是培养专业技术型人才,且该类人才大都是服务于一线作业的技术人员,因此,市场的需求和产业结构会对技术人才的培养影响较大。在我国的教育领域,产业结构会对教育专业的设置产生直接影响,而高职专业的设置也会直接反映我国的产业结构,一定程度上,市场产业结构直接决定了高职类院校的专业设置。因此,设置合理的高职教育专业结构至关重要,只有这样才能培养出满足市场产业结构需求的技术性人才,才能为我国社会经济的发展提供高质量、专业高度对口的人才,才能切实促进我国经济的飞速发展。高职教育的专业设置应当根据我国产业结构的相应变化进行调整。产业结构发生变化,社会所需要的人才也会发生变化,因此社会对教育机构的要求也会发生变化,社会希望教育机构能够提供与产业结构相适应的人才,否则,极易出现错位的现象,会造成学生就业难以及公司人才难觅的现象。[1]例如,新中国成立之初,产业结构较为单一,国家致力于达到农业现代化水平,建立了很多农业类高职院校,高达7000多所,但是,经济在飞速发展,我国产业结构不断进行升级和调整,农业人口的比重降低,因此,高职院校及时调整了涉农专业的结构和设置,相关农业专业的招生比例大大缩减,随着社会的进一步发展,第二、第三产业的比重越来越大,农业类院校大量进行改造或者被合并,涉农专业的比重也大大降低。

---

[1] 王晶.河北省高等职业教育专业设置与区域经济发展相适应的对策研究[D].石家庄:河北师范大学,2013.

（三）宁波市产业结构发展趋势

第一,结合"中国制造2025",带动宁波产业升级。

2015年,工信部发布了"中国制造2025"计划,宁波作为第一个试点城市成功入选,对于宁波未来的产业升级转型具有十分重要的作用。宁波作为我国民族工业的发源地之一,拥有良好的工业基础,民营经济十分活跃,国家选定宁波作为"中国制造2025"的首个试点城市,无疑是对宁波长期坚持产业升级的支持和肯定。作为我国东部沿海和长三角地区重要的制造基地,宁波拥有较高的基础,未来可以围绕国家战略,重点实现"一圈三中心"的战略目标,重点推动产业转型,寻找制造业和信息技术融合的有效途径,中国工程院副院长田红旗曾根据自己对宁波的考察,提出了宁波未来产业结构发展的建议,宁波可以培养数百家"专精特"的世界品牌,并将基础零部件和基础材料作为未来产业发展的重点。[①]此外宁波市副市长陈仲朝也曾表示:宁波大可抓住"中国制造2025"试点城市的契机,推动制造业产业升级,并带动相关产业服务转型升级。将石墨烯、稀土磁性材料、高端金属合金材料、关键基础件、专用装备、光学电子、汽车电子、专用集成电路等八大产业作为未来重点培养的对象,争取在十年内打造一批千亿级企业。

以入选"中国制造2025"示范城市为契机,建立一批新型工业化示范基地,加快产业升级,集中打造产业聚集区和产业合作园,促进产业提速发展。除此之外,在信息服务、现代金融以及物流贸易方面也可以大做文章,推动休闲旅游以及教育文化事业稳步向前发展。推动"互联网＋"政策的落实和信息产业的发展,建立城市大数据中心,为地方产业的发展提供必要的技术支持,宁波市预计到2020年,服务业增加值比重需提高50％。

第二,结合智慧城市创建,打造创新创业新城。

早在2010年,宁波市率先在全国范围内发布了《关于建设智慧城市的决定》,开始了轰轰烈烈的智慧城市建设活动。虽然宁波市不是第一个提出建设

---

① 王炎斌.高职专业设置与区域产业发展契合研究[J].中国职业技术教育,2014(29):86-87.

智慧城市的,但是是第一个付诸行动的。宁波智慧城市建设主要分为智慧交通、智慧医疗、智慧物流和智慧商务等数十个应用体系。宁波市正在通过建设智慧城市,加快工业化和信息化的融合,不断扶持新型产业的发展,为城市的发展寻找新的动力源泉,当前宁波市正在进入城市化的中后期,加之政府政策的正确引导,未来在智慧城市方面的人才缺口必定十分巨大,所以相关高职院校要抓住机遇,迎合智慧城市建设浪潮,培养相关专业人才。与此同时,要不断加强先进人才的引进力度,在高职院校中也可以尝试国家间合作办学,创新职教人才的培养方式,努力放大人才的优势。[①]宁波市的产业结构中最为明显的特征,在于第二产业在总产业结构中占的比重最大,紧随其后的是第三产业,由此便形成了第一产业占比最小的产业结构格局。劳动力结构的重心主要集中在第二和第三产业上。在过去的"十二五"中,宁波市迎来了发展经济的绝好机遇,而在未来经济加速转型期,宁波市的经济可能会面临许多直接或潜在的风险挑战。基于这样的背景,宁波市应该将现有的产业结构进行调整优化,并提高转变的速率,促进现代化新型产业发展,农业以及服务业等都应该纳入转型的进程中,将信息化与现代工业化相结合,加快推进现代化产业的发展,将宁波市打造成具有突出现代化产业结构的城市。

结合宁波市"十三五"规划文件精神,重点在未来几年打造创新大平台。城市发展的核心驱动力在于创新,而且在目前如火如荼的创新浪潮中,打造创新城市是建立人才强市的必要前提,重点支持中科院宁波材料所、中国兵科院宁波分院等科研机构发展,培育一批具有地方产业特色的平台,做大做强,推动众创、众包、众扶、众筹空间的发展,鼓励大学毕业生创业。到2020年,高新技术企业达到2500家,众创空间和创客服务中心达到100家,高新技术产业增加值占规上工业增加值比重提高到40%,研究与试验发展经费支出占地区生产总值比重达到3%。

第三,结合"一带一路"建设,推动临港产业发展。

宁波市作为著名的港口城市,本身具有显著的港口运输优势。在具备港口

---

①王艳.新疆高职教育与地方经济互动发展研究[D].石河子:石河子大学,2008.

基础设施以及临港产业发展的基础条件下,随着经济全球化的推进,将带动国际港口贸易的发展。因此宁波市可借助优越的地理位置,将港口运输产业作为主要的发展产业,特别要重视北仑港、象山港运输业的发展,围绕港口经济圈,构建开放的大格局,结合国家大力提倡的"一带一路"建设,大力构建甬舟开放大通道,并积极争取综合保税区落地,同步推进跨境电子商务综合试验区建设。[1]借助港口优势,可以推动宁波国际枢纽的建设,加大江海联运服务中心建设,重点加快甬金铁路、甬舟铁路、沪嘉甬跨海通道、杭甬高速复线等项目的推进速度,加快海洋产业发展,重点推动海港、海岛和海湾联合发展,以海洋新兴产业为突破口,着力建设海洋新兴产业城,打造海洋科技基地,促进宁波成为具有国际竞争力的海洋科技名城。到 2020 年,宁波舟山港集装箱吞吐量达到 2600 万标箱以上,外贸进出口总额超过 1200 亿美元。

此外,餐饮服务、制造业等其他产业的发展,同样对宁波市经济和产业结构发展有重要作用,可培育为未来宁波市的主导产业。作为民族工业发祥地,宁波市的纺织行业有较高的市场地位,特别是男装闻名于海内外,如果能发展纺织行业,特别是男装品牌,将其打造成国际化品牌,也将是未来宁波产业结构发展的重要方向。

三、宁波产业发展与高校专业设置的交互耦合

(一)宁波市地方高校专业设置的总体概况

宁波市主要的七所高等院校共开设 190 多个专业,其中面向第三产业的专业个数达到 140 多个。宁波地处长三角地带,位于我国海岸线中段,历史上就是我国有名的商埠,改革开放以来,国家大力发展外向型经济,与此同时,宁波市中小企业也迅速发展,进而形成了传统产业与外向型经济并重的产业格局。宁波市地方高等院校的专业设置也充分兼顾了这一特点,所以财经大类、电子信息大类等专业得到众多高职院校的青睐。特别是宁波地方依托宁波港,发展

---

①王耀华.高等职业教育与区域产业协同发展研究[D].秦皇岛:河北科技师范学院,2012.

了以石化、钢铁和造船为主的临港重工业,所以机械类和贸易类的专业也是宁波市高职院校的一大特色。总的说来,宁波市地方高等院校在专业设置和办学转型中,都在结合自身情况寻求独特的专业设置方向。个别学院则重点寻求国际化发展,依托宁波市的港口优势,引进国际化的经验,促进学生的就业。而宁波财经学院则基本转型成功,学院始终坚持内涵式发展,努力形成先进制造业、信息技术产业、现代服务业和文化创意产业相关的优势特色专业。

总体而言,宁波市地方高等院校专业设置呈现如下的特点:其一,宁波处于我国东部沿海地区,对外贸易发达,所以财经大类、电子信息大类等专业受到了众多地方高等院校的青睐;其二,宁波市依托港口优势,地方高等院校为了满足临港产业发展,开设了一批以石化、钢铁和造船为主的临港重工业;其三,宁波民营经济十分活跃,加之高等院校服务地方的能力不断凸显,所以众多高等院校中出现了诸如机电、模具、计算机、电子信息、生化、物流等和宁波地方经济密切相关的专业。

(二)宁波产业发展与高校专业设置的交互耦合

第一,随着地方经济发展,专业种类和名称不断变更、细分。

纵观宁波市高职教育的专业结构设置,不难发现,一直紧跟宁波市经济社会的发展在做不断的调整。20世纪90年代以来,宁波市的经济就保持着良好的发展势头,大力发展传统支柱性产业,旅游业、建筑业以及服务业也紧跟其后,不断扩大宁波市的招商引资规模,各大行业迅速发展。宁波市的高等院校在专业结构的设置上也不断进行调整,立足于传统行业,以老专业为基础不断进行变革,紧跟区域产业结构的发展需求。专业种类和名称不断细分,如加工制造类的专业,为了满足企业的用人需求,从机电专业中细分出数控专业,并不断发展和壮大;再如随着商业贸易以及旅游行业等的繁荣发展,旅游类和商业贸易类的专业也逐渐形成并不断壮大。随着经济的发展,各大高职类院校都在积极调整专业机构、细分专业类别和名称,为社会各行各业的发展提供大量的技术型人才。

第二,依托特色资源,打造特色专业。

众所周知,高等院校的专业设置必须和所在地的经济发展水平以及区域资源优势相匹配,并充分利用院校所在地的资源以及人文优势,以此提高专业知名度,探索出一条与众不同的发展道路,努力做到一枝独秀,并带动地方经济发展。比如当前宁波市作为"中国制造2025"的试点城市,未来制造业的发展大有空间,宁波市作为华东沿海地区最为密集的制造业基地,借助国家政策的东风,将不断巩固老牌制造业基地的地位,同时带动制造业转型与升级。又如宁波市地处我国东南沿海,与日韩和东南亚国家的距离较近,能够吸引大量外资前来投资,所以高职院校针对外资企业纷纷来甬投资的背景下,可开设韩语、日语和东南亚语种等专业。实践也充分说明高等院校在专业建设时,可以契合地方的特色资源,开设一批特色专业,形成学校的标志专业与王牌专业,从而带动整体专业水平的提高。

第三,紧跟产业结构调整,适应产业结构发展。

产业结构的形成受高等教育专业结构的影响,合理的专业设置和专业结构会带来积极的影响。目前,我国正在不断优化和调整产业结构,高等院校所培养的人才结构也必须与产业结构相匹配,这也就意味着专业设置也要紧跟产业结构调整的步伐,不断进行完善。在完善和调整高等院校专业设置的过程中,需要注意的是,不仅要保持专业设置和产业结构的相适应性,还要保持适当的超前性,因为高等人才培养存在滞后性,高等人才需要一定的时间才能投入生产工作中,因此,高等院校在进行相关专业设置的时候需要适当的超前性,科学客观地进行分析和预测。

专业设置对产业结构具有一定的适应性,产业结构可以影响和决定高等院校的专业设置。高等院校的专业设置会影响技术人才的专业素质和类型,产业结构也会受其影响,因此,如果经济能够和专业设置同步发展,那么高等院校所培养的一线人才恰好能促进产业的升级、进步。例如美国的电子工业基地"硅谷",正是有众多优秀学校,如加州理工大学、斯坦福大学等在专业上的支持,才能有如今的成就。倘若高等院校忽视区域经济发展需求,在专业设置上盲目追求热门专业而忽视长远利益,则很难发挥人才的作用,也可能会引发高职学生就业难的问题,对产业结构的发展来说,也很难产生好的促进作用。

第四,加速产业升级,合理优化专业。

教育不仅可以培养人才,还可以提升人才的质量,而合理的教育结构不仅可以优化产业结构,还可以推进科技成果转化,切实带动经济的增长。人才岗位类型以及人才的专业水平共同决定了经济结构的形态,而人才岗位类型以及人才的专业水平则依赖于高等教育的专业结构,决定专业结构的则是专业设置,由此可见,高等教育中专业设置的变化可以影响人才的素质和结构。当前经济环境下,劳动密集型产业受到严重冲击,高附加值、高技术含量的商品层出不穷,面对这一转变,宁波高等院校合理地进行专业设置,其所形成的专业结构为该转变过程提供了有力的技术支撑。当今社会,高等教育不仅会影响和制约经济的发展,经济也会反作用于高等教育的发展。好的教育可以促进经济的发展,差的教育则会阻碍经济的发展,高等教育旨在培养优秀的各类型人才,只有当其与产业结构相一致才能发挥最大的促进作用。我国目前正在积极调整和优化产业结构,而高等教育的专业设置也要紧跟其后,不断调整和改革,促进经济和高等教育的共同发展。合理的专业设置依赖于科学、客观的预测市场对人才的需求,产业结构、就业结构以及专业设置之间的关系是处于动态变化之中的,而高职教育改革的任务就在于进一步优化和调整专业结构,促进产业结构、经济结构等的优化升级。

第三节　经济视域下宁波高校存在的问题及其归因

改革开放多年来,宁波高等教育取得了辉煌成绩,与之同时,由于政治、经济、社会、历史传统等诸多因素影响,宁波高等教育与地方经济发展之间存在一些突出问题,主要表现有:办学整体实力不够强,服务地方能力有待提升;高等教育结构与产业集群不协调;专业动态调整机制尚未建立,专业结构未对接产业集群优化;办学模式空间结构未对接产业集群变革;高校、政府、地方三者之间的目标错位,互动不畅。

一、办学整体实力不够强,服务地方的能力有待提升

宁波在师资实力、学位点、重点学科、重点实验室、科研实力、成果转化等指标上与国内同类城市相比,存在一定差距。目前,宁波市高校办学层次和重心偏低,教育质量和办学水平不高,竞争力不强,难以适应宁波市经济与社会进一步发展的需要。宁波经济社会发展正在转型期中,产业的再次升级和产业结构的再调整,粗放型经济正向集约型转变,特别是高新高端技术的开发和投产,宁波的高水平科技创新与开发体系以及高层次的人才培养体系的缺失,使高校对宁波经济建设、科技文化和社会发展的支持和贡献相对不足。

高校功利性目的较强。宁波有15所高校,就其发展来看,从领头高校宁波大学到各个职业技术学院,高校的奋斗目标主要还在学校自身的发展上。具体讲,高校是在发展自己的教学与科研,虽然服务地方是高校的三大任务之一,但是其在绝大多数高校发展中所占据的地位并不是特别重要。这是因为在市场经济条件下,高校在决策时带有明显的自利行为,追求其行为的利益最大化;在其做出选择时,其选择的行为举措必须基于高收益。教学、科研和服务地方是学校的三大职能,其职能的表现形式为具体的物化衡量指标,主要指标是申报高级别的科研项目和高级别的科研奖励,附带的还有学科点和学位点的增加。因此,产学研结合的主要形式和内容在宁波不少高校中的表现更多的只是与企业一起挂名去申报高级别项目和奖项。对教师而言,其科研的目的多数情况下在于应付考核,用于申报项目和奖项,或者用于申报高一级别的职称,很少有教师想到把自己的科研成果转化应用。因此,在宁波,高校的很多科研成果都仅仅停留在纸面之上。

当前,宁波市高校社会服务方面存在的问题主要表现在以下方面。一是社会服务观念的偏差。虽然高校为社会服务观念已经有了很大改变,但在某些方面仍存在一些偏差。部分高校认为现在连年"扩招",教学任务重,教师数量少,承担教学任务繁重,没有时间、没有条件开展社会服务;部分高校对市场经济观念淡薄,对社会需求和市场缺乏了解和研究,科研能力低,社会服务能力更低,

没有能力开展社会服务。二是组织协调不力。在高校体制方面,管理机制不完善,在社会服务方面的政策不完善,存在着缺少激励政策、分配政策不配套、政策导向模糊等问题。在组织管理方面,高校在社会服务的组织协调方面与地方沟通能力较差。三是科学研究总体实力差。宁波高校大多以教学为主,科研活动在学校的工作中所占比例较低。四是社会服务的物质技术基础薄弱。高校开展社会服务,必须具备必要的实验条件、情报条件、设备条件,没有这些条件,开展社会服务活动特别是工农业生产领域的社会活动,是很困难的。

二、高等教育结构与产业集群不协调

浙江是我国产业集群最为密集的区域,无论是产业集群数量,还是产业集群创造的价值都远高于其他省份。浙江省工业和信息化研究院对浙江省年销售收入50亿元的118个产业集群的调查显示,"2015年浙江省产业集群共实现销售收入2.61万亿元,占全省工业总量约30%"[①]。宁波是浙江经济发展的重要引擎,"十二五"时期,宁波市高新技术产业集群规模日益扩大,已经成为浙江经济发展的重要增长点。在产业集群蓬勃发展的背景下,作为以服务区域经济发展为宗旨,以促进就业为导向的高等教育,应主动承担起紧密对接产业集群,有效服务与支撑产业集群发展的使命。浙江省出台的《浙江省人民政府关于进一步加快块状经济向现代产业集群转型升级示范区建设的若干意见》明确指出,"要加强对产业集群示范区主导产业发展和新兴产业培育所需技能型人才的需求预测,并根据人才需求,采取合作办学、开设分校等方式建立职业院校、技工学校、培训基地"[②]。然而,按照浙江省的要求,当前宁波高等教育的主体结构、专业结构、办学模式空间结构与产业集群并不协调,还未能在有效支撑产业集群转型升级过程中,形成与产业集群相匹配的高等职业教育结构。宁波全市高

①浙江省工业和信息化研究院.浙江省产业集群调查报告[EB/OL].(2016-12-30)[2017-02-14].http://zjgy.gov.cn/index.php/fields/detail/853.html.
②浙江省人民政府.关于进一步加快块状经济向现代产业集群转型升级示范区建设的若干意见[Z].2010-09-20.

等院校共有16所,其中全日制本科院校7所,高职高专院校6所,并对100余家企业通过政府渠道发放了调查问卷。由于有科技行政管理部门的大力支持,问卷回收率比较高,有效问卷达到75份。作者选择宁波市部分有代表性的政府机构、企业、科研院所进行实地走访和问卷调查,通过对走访情况和调查问卷的汇总分析。调查结果表明,被调查企业政产学研一体化,38.67%来自和高校、科研院所合作,共同研发,其余的依靠企业自主研发或者从外部购买科研成果。75家被调查企业和高校、科研院所有科技项目合作的总共有63家。近三年政产学研的项目数分别为2.61个、2个、2.7个,占企业总的科技项目比例分别为12.63%、13.61%、12.85%。三年(2009/2010/2011)产学研一体化的投入金额数分别为144.90万元、69.45万元、101.97万元,占企业总的科技经费比例分别为10.52%、10.71%、10.78%。综上,在宁波,高等院校的科研效果对区域产业集群发展的贡献率不高,这与宁波以产业集群为主导的产业经济发展模式非常不协调。

三、专业动态调整机制尚未建立,专业结构未对接产业集群优化

专业是高等教育适应产业融合,创新自身发展方式的基础与载体。由于我国普通高校学科教育的专业设置机制固化,在产业转型升级背景下还不能有效适应符合自身特色的专业开发、建设与发展的需要,具体表现为专业结构与产业结构不相适应,专业设置同质化倾向严重,并且不适应区域产业转型的需要。当前我国高等教育的专业体系还是基于传统工业生产的分工模式建立起来的,在专业设置上集中表现为专业狭窄、界限分明,不利于复合型人才的培养,直接导致产业融合催生的新产业缺乏相应的复合型人才支撑。

产业融合不断催生出技术更加复杂的新产业,导致产业的发展表现出诸多不确定性,加剧了劳动市场需求的不断变化,使高等院校对职业能力预测变得愈加困难。尤其是在新一代信息技术作用下的产业融合,模糊了不同产业之间的边界、提高了新产业技术复杂性,在此局面下,迫切需要高等教育改变传统的静态专业建设与调整机制,建立起专业随产业发展的动态调整机制,使专业的

建设与发展能够更加灵活适应产业融合引发的诸多不确定性,为高等职业教育转变发展方式奠定基础。然而,当前大多数高等职业院校仍未建立专业评估与动态调整机制。这在产业融合程度日益加深的趋势下,导致高等教育缺乏适应产业融合创新自身发展方式的基础与载体。

专业集群是高等教育专业对接产业集群进行内涵式、集约式发展过程中,不断优化专业结构后形成的专业结构形式。专业集群与专业群并非同一概念。高等教育的专业集群比专业群具有更大的专业整合跨度,尤其是专业集群的产生与发展必须紧密依托产业集群,而专业群与产业集群之间没有直接联系。专业集群建设对于高等职业院校的发展具有重要的战略性意义,是提高办学效益,适应区域经济社会发展,服务地方经济的重要途径,也是高等院校专业发展规划的重点,是形成高等院校办学特色的关键。[①]但是长期以来,高等教育专业集群的优势却未能充分发挥。从专业集群建设实践来看,对于专业集群结构要素中核心专业的确定,各高等院校基本形成共识,即根据本区域产业实际发展需求,依据自身专业建设的基础和支撑专业集群建设的基本办学条件,选择重点专业或优势专业作为核心专业。但是在专业集群内与核心专业相关的其他专业的选择上,很多高等职业院校的选择不够合理,很牵强地把一些不相关的专业划分到同一专业集群内,并且很少有跨系部专业集群的组建,导致专业资源不能在更大范围内共享。这主要是专业集群的建设及其结构的优化并没有一个明确的服务目标作为指引,各专业之间没有共同的发展方向所导致的。

通过梳理宁波市的地方产业结构,可以得知当前宁波市正处于大力发展现代服务业的阶段,目的是建成国际化和现代化的港口城市,宁波市立足传统的优势产业——纺织、服装、日用家电、塑料机械、汽配产业、文具和模具行业,力争在2020年建成全国范围内具有重要影响力的物流大港、进出口大港,并在此基础上形成区域性创新服务中心和金融中心,成为全国一流的宜居城市。一方面,目前宁波市的产业结构仍以传统的优势产业为主,所以纺织、服装、机械等

---

① 高宏梅.服务与支撑——基于产业集群的职业教育专业集群建设研究[M].沈阳:辽宁人民出版社,2012:376.

行业的人才需求旺盛,但是宁波的高等院校中,相关专业设置显然不够,专业的设置显然滞后于产业的需求,每年培养的相关专业毕业生都供不应求。另一方面,随着宁波市大力加强金融中心和服务中心的建设,现代服务行业的相关人才需求也会越来越明显,但是基于当前的实际情况,宁波高等院校财经类人才的招生规模十分庞大,已远远超过金融行业需要的人才数量,若不顺势缩减招生规模,必定会造成相关专业毕业生就业困难。所以对于专业的设置问题,必须高度契合地方产业经济发展的重点,某个专业过多的招生或者过少的招生对于人才的培养都是不利的。

除此之外,根据2016年1月发布的宁波市"十三五"规划,文件中明确指明了未来宁波市地方经济发展的重点。要努力建设更具创新能力的经济强市,基本形成更具有影响力的港口经济圈,并推动《"中国制造2025"宁波行动纲要》尽快实施,实现对外经贸合作水平的显著提升与投资贸易机制的进一步健全,建设地区性的服务业和金融业高地,同时加快旅游业、生产性服务业发展,大力建设生态文明。上述产业多为新兴行业,未来前景可期。通常来讲专业设置具有一定的超前性,所以宁波高等院校基于这一现状和地方产业结构发展重点,可以着力培养上述有关行业的人才,比如旅游管理、环境工程等专业,一般高等院校开设密度低,与地方产业的匹配性还不够高,所以需要进一步的优化与调整。高职院校作为专业设置的主体,在相关专业的开设上拥有高度的自主权,所以学校相关部分在规划专业时,必须对地方产业结构特点有清晰的了解,并将相关产业未来发展和政府的规划趋势也考虑进去,但宁波市部分高等院校的重点大多在如何扩大学校的招生规模和吸引学生报考方面,最终造成地方经济发展的主导产业、未来经济发展的重点与专业设置不相适应。总体来看,尽管宁波高等院校专业群建设都积极对接区域产业,但是区域产业范围较大、内容十分复杂,往往使高等院校的专业群建设失去针对性和集约性,导致高等职业院校专业结构同质性较高,还未能够形成契合产业集群需求的集群化专业结构。

四、办学模式空间结构未对接产业集群变革

宁波虽然作为产业集群数量较多、集群创造巨大经济价值的城市,但是大部分高等院校并未紧密对接区域产业集群而变革自身办学模式空间结构。在宁波多所高等院校中,浙江工商职业技术学院紧密对接产业集群,对办学模式空间结构进行了变革,形成了极具特色的"总部—基地"办学模式。但是总体来看,宁波高等院校布局结构与本地经济发展对接不足,高等院校布局与宁波区域产业集群特征的匹配度较低。

教育活动的质量与效益离不开学校空间的设计与营造。学校空间布局有其特定的功能和意义,不同的空间设计和呈现状态为不同类型知识技术的传授奠定了基调。学校空间的封闭性、排他性和等级性与高等职业教育的开放性、技术性和实践性存在着明显的矛盾。高等院校传统的空间布局结构使班级授课制依然是高等教育的主流,导致高等职业院校主要从事的仍是理论知识的传授,学生在教学过程中更多以听讲为主,这显然不符合高等职业教育强调"做中学"的实践操作特性。不仅如此,学校空间把受教育者和其他社会成员区隔开来,从而造成了学校空间与非教育空间的"脱域"。安东尼·吉登斯(Anthony Giddens)认为,"脱域是指社会关系从彼此互动的地域性关联中,从通过对不确定的时间无限穿越而被重构的关联中脱离出来"[①]。学校空间通过"脱域"化,实现自身系统的制度化运行方式,但同时使学校空间与非教育空间联系的紧密性削弱,导致学校空间中的知识脱离了区域情境,成为抽象的符号,使学校处于社会化过程中的个体脱离地方性知识体系之外,这显然不符合高等院校服务区域产业经济发展的宗旨。

以教室为主的校园形态适于知识的传授,而不适于技能的训练,高等职业院校的校园形态不应该是教室为主,而应该是以实践基地为主。高等职业教育的类型特征和层次特色不鲜明,这与高等职业院校的学校形态与普通高等学校

---

① [英]安东尼·吉登斯.现代性的后果[M].田禾,译.南京:译林出版社,2011:18.

相似有很大关系。根据当前高等职业院校的生源特点,高职学生不适合长时间在教室里单纯接受理论知识学习,理想的教学模式是"教、学、做"一体化,因此以教室为主的学校形态不适合高等职业教育,高等职业教育应形成以产学研基地(实训基地)为办学主体的空间结构。宁波全市高等院校共有16所,其中全日制本科院校7所,高职高专院校6所,有半数学校都不止一个校区,不同类型和特色的高校根据自身具体情况的不同而采取了不完全相同的多校区办学形式。一般来说分为两类:一是将功能较独立的院系设在分校区,如宁波工程学院、浙江工商职业技术学院、浙江纺织服装职业技术学院和宁波城市职业技术学院;二是以公共教学为主的低年级设在分校区,如浙江万里学院、宁波财经学院等。相对独立的校区有自己独特的学科文化特征,可更有针对性地容纳更多学生,以实现多校区高校产学研合作教育。如浙江工商职业技术学院宁海机电学院校区(宁海产学研基地),位于宁海县模具工业区,紧临宁海模具城,由浙江工商职业技术学院与宁海县政府于2004年9月签约建立,2007年落成开学。该校区占地150亩,总投资1.5亿元,可容纳1500名学生同时在校学习。宁海产学研基地的建设,开创了政府、高校、企业三方合作办学的新模式,被模具行业专家和产学研合作教育专家认为是先进的、创造性的探索和尝试,被媒体评价为"中国高职教育的'宁海模式'"和"成为专家学者解读高职院校县校合作模式的范本"。但宁海县位于宁波市最南部,远离宁波市中心城区,单趟车程至少为1小时,相对偏远的地理位置不可避免会造成一些问题。首先,管理成本提高,包括交通运行成本、物资采购成本、薪资福利成本等多个方面。由于不同校区之间有一定的距离,为保证正常的教学与管理秩序,学校设有专门校车往返于宁波、宁海两校区间负责接送师生;而校车的数量班次有限,仍有教师、职员出于工作需要,乘坐公共交通工具或自驾车往返两地,由此产生大量交通费用。由于校区的不同,主要的管理者难以做到每天驻扎在分校区,往往会出现白天的教学工作有人督促,而到了晚上,教学及学生的课余活动就少有人关注,无形中降低了相关教学、工作人员对自身的严格要求,良好的学习氛围不易营造;虽然学校付出了巨大的管理成本,依然可能得到并非理想的教学效果。例如,为了方便和节约时间,教师愿意选择将原本分散安排的课程调整为集中式授课、晚间补课,课时量虽然没有减少,但严重影响着学生的课堂接受能力,从而影响到教学成效。随着产业集群日趋成为区域经济发展的主动力,一些经济发达地区的校外产学研基地开始建设在产业集群区内,使校外产学研基地在高等教育办学模式空间结构中的地位逐渐得到提升,引发了高等教育办学模式空间结构的变革。但总体来看,当前宁波高等教育仍是以学校为主体的办学模式空间结构,并未紧密对接产业集群进行办学模式空间结构的变革。

五、高校、政府、地方三者之间的目标错位、互动不畅

坚持科学定位,促进高等教育与地方政府、企业之间的和谐互动,是推动高校健康发展、经济平稳增长的有效路径。宁波高校发展定位要把握三个因子。一是学校层次。宁波仅有宁波大学属于研究型大学,绝大多数高校属于普通教学型、职业培训型。因而,在确定高校发展时,不应超越自身所处的类型层次。宁波高校的主体属于普通教学型和职业培训型,因此,发展目标"要以培养生产或社会活动一线的实用型人才为重点任务,或者围绕人才培养目标的实现而展开"。二是服务面向。高等学校的发展定位应与当地经济、社会发展相对接,特别是应根据地方产业结构特征和独特的文化资源规划学科、专业建设,这是地方性高校发展的社会实践基础。三是特色发展。无特色就无优势,无优势就无发展,只有办出了特色,才能办出水平,才能在激烈的竞争中求生存谋发展。高校若要谋求特色发展,就要提炼教育理念,建设相应的教师队伍,学科(专业)设置应以服务地方发展为皈依。不同层次的高校应该合理定位,明晰职责,强化特色,才能构建高等教育与区域经济的良性互动。但遗憾的是,宁波高校在办学过程中错位现象严重:研究型院校本应以搞好研究生教育为主,为宁波经济、社会发展培育"高精尖"人才,但受利益诱惑,其办学重点在悄然"下移",大办成人教育、远程教育和自考教育。教学型院校本应以本科教学为主,兼顾少量的研究生和专科生培养任务,为宁波经济社会发展培养大量"应用型"人才,却定位建设成研究型大学。为何不妥呢? 一是自身并不具备那样的实力;二是学校发展失去特色,变成重点高校的降级版。高职院校本应针对当地经济发展设置

专业,为当地经济与社会发展培养大量的技能型人才。然而,很多职院的发展定位就是为了"去职业化"、为了"升本",在办学中搞成压缩版"本科教育",造成教育层次结构不恰当的"上移"。

由于高校、政府、地方三者之间的目标错位使得校企合作仍处于浅层次。在以传统工业化为基础的产业经济中,以固定化产业边界为特征的产业分立是一个普遍现象,使不同产业之间形成了产业技术边界,构成了产业经济的运行基础。产业融合的融合性创新过程导致产业技术边界逐渐消融、产业生命周期缩短和产业体系重构,加快催生出高技术含量的新产业、新业态和新需求,对传统三次产业的划分提出了挑战。企业为了适应产业融合的新需求,不断开发新产品,更新设备,技术也随之不断升级,对技术技能人才的要求越来越高,要求职业培训型高等教育培养的技术技能人才,必须适应产业融合引起的企业技术升级加快的趋势,能够胜任产业融合催生的具有复杂工艺和技术要求的工作岗位。而高等职业教育人才培养的周期性等因素,导致高校教学的知识技术内容滞后于企业当前的技术发展水平,实践教学设备也难以跟上现代企业设备更新换代的速度。这在产业融合趋势愈加明显的情况下,十分不利于高等院校及时、准确把握产业融合催生的前沿技术与先进工艺。在上述情况下,浅层次的校企合作已经不能有效满足产业融合的新需求。高等院校必须紧贴产业融合趋势下企业发展的现实状况与实际需求,跨越浅层次校企合作阶段,向更深层次的校企一体化发展迈进,不断满足产业融合打破产业技术边界后快速催生出的新产业、新产品和新技术的需求,并且使双师型教师队伍知识技能的更新及时跟上产业升级的步伐和现代企业发展的趋势。

在宁波的高等教育中,"双师型"教师及实践指导教师缺乏。虽然近年来国家在教育层面不断加强师资力量建设,特别是"双师型"教师的建设,但社会各界对于"双师型"教师的理解还存在误区,这大大阻碍了高职院校师资的建设。伴随着从中央到地方巨大的财政投入,国内的高职院校逐渐认识到师资力量,特别是服务于一线教学的复合型教师队伍的重要性,故而"双师型"教师的重要性就不断凸显。笔者在对宁波高校的调查中发现,不少教师对于"双师型"教师的认识还不够全面。长期以来,对于高校教师的定位,社会各界甚至高校教师自身都存在误区,看重学术,崇尚理论,而轻视操作,不重实践等观点始终影响着高职院校的人才培养。高校出现该现象的根本原因在于"双师型"教师的匮乏,现有教师无论是从知识结构,还是能力水平上都难以满足学生的全面发展需要,在教学中造成了难以弥补的教学问题,具体细分又包括以下几方面。

第一,职业型高等教育课程与普通学校的课程有较大差异。"双师型"教师的提出,就是为了区分出普通教育和职业型高等教育的差异。相对于普通教育,职业型高等教育则体现出更多的特色与内涵,特别是在文化课上,职业型高等教育的教学内容基本包括了普通教育,普通教育大多以教室为蓝本,以教材为载体,从而开展日常的教学任务。但职业型高等教育尽管在教学内容和学科分类上与普通教育相似,但其培养目标和受众的差异性,导致在实际开展教学时,不得不做出相应调整,在教育目标和方法上进行适当创新,如果全部按照传统的普通教学方式,将难以完成既定的教学目标。基于这样的背景,显然普通的教师难以胜任日常的教学任务,"双师型"教师将显得更加重要。

第二,职业型高等教育在向学生传递基本知识的同时,还要担负向他们输出必要的职业技能的任务,以方便他们在未来的职场中顺利发展。学生必须在掌握一定的文化知识的前提下,学习更多的技能知识,才能得到用人单位的青睐,特别是在许多技术性企业对招聘岗位的职业经验做了特别要求的前提下,培养复合型人才将更为必要。高职院校的合格毕业生,至少应该具备两种职业能力——专业能力和处事能力。"双师型"教师正好能促进学生该方面能力的提升,对其专业能力以及处事能力进行合理的引导,培养他们积极进取的职业观念。

宁波"双师型"教师的发展需要政策的支持,不仅教师方面,在高校发展进程中,政府也扮演着重要角色。政府的职能(角色)主要体现在两个方面。一是对高校发展进行宏观指导。主要包括:监控高校财政经费使用;规范高校改革与发展方向;制定高校整体发展规划等。二是进行高校教学评估,促进高校教育质量的提升。但是,在现实操作中,政府没有真正行使好这两个职能。在宏观指导方面,政府远未真正"放权",高校也远未真正"独立办学"。长期以来,政府始终主导着高校的发展,从高校的办学定位、招生计划、专业设置到课题立项、人事安排、职称评定等,无不受政府因素的影响。地方要发展,科技是核心。高等学校为所在地方提供了丰富的智力资源,地方企业可以优先得到高校的科技服务。但是,高等学校与地方企业在合作过程中,政府也扮演着重要的角色。其实我国的产学研结合一直是在政府的推动下形成发展的,从最早的"863"计划,到今天诸多的科技开发区,如以北京大学、清华大学、天津大学、上海交通大学和东北大学等高校为依托的高新技术园区,都深深打上政府推动的烙印。而且,相比其他国家和地区,我国的产学研工作中政府的作用非常大。宁波也不例外,刚刚升格为国家级高新区的宁波科技园区以及高教园区,还包括宁波大学等高校与著名企业的合作等,政府在其中都扮演了重要角色,甚至是决定性角色。但是在关键的问题上,如产学研具体的运作方式该如何操作?政府提供的保障支持环境如何? 这些问题都没有得到深入研究并提供政策保障。公共选择理论认为,政府必须履行某些市场无法完成的功能,就是它必须弥补一些"市场缺陷",其中一条政府必须提供公共产品,也就是私人不愿意生产或者无法生产而由政府提供的产品和劳务,企业、高校都有着自己的利益,都要求在市场条件下自身能够取得更多的自主权,在这种条件下,高校和企业都无法建立一个公平的利益处理机制。在产业融合趋势下,高等教育校企合作的深度却普遍处于浅层次,在整体上并未实现更深层次的校企一体化。校企合作的深度主要是指校企合作向高级阶段发展的程度,其主要标志是合作中双方资源交流的程度决定于企业参与程度。然而,当前我国高等职业院校与企业双方存在明显的教育责任分离现象,即高等职业院校主要承担入职前的学历教育,企业主要承担入职后的在职教育,企业承担高等职业教育的责任意识十分淡薄。这就要求政府用非市场的力量来修正,作为社会最大多数成员利益的代表,政府不仅要考虑高校、企业的利益,还要综合考虑社会其他因素的利益,建立一定的机制和体系,为产学研的顺利有效开展提供良好的公共利益平台和基础。

第四节 "两大中心"背景下宁波高等教育发展之路径

一、两大中心:"国际先进制造中心"和"国际贸易物流中心"

今天宁波的城市主导功能是以世界城市体系为坐标,在东亚乃至全球范围内,建设具有全球影响力的"国际先进制造中心"和"国际贸易物流中心"。

早在1980年宁波市第五次党代会首次明确提出"建设现代化的港口城市",此后历届党代会始终没有偏离这一总体目标。这一目标既是国家对宁波发展的殷切期望,也是宁波各界的普遍共识。在这一总体目标的引领下,国家、浙江省和宁波市在不同历史时期提出了具体的城市功能定位。如国务院批复的《宁波市城市总体规划》中,宁波城市职能为国际贸易物流港、东北亚航运中心深水枢纽港、华东地区重要的先进制造业基地、长三角南翼重要对外贸易口岸;国家长三角规划将宁波定位为先进制造业基地、现代物流基地和国际港口城市;国务院印发的《物流业调整和振兴规划》明确宁波为全国性物流节点城市。浙江省"十一五"规划提出宁波要成为浙江临港重化工业的核心区、上海国际航运中心的重要组成部分;浙江省《全面深化改革决定》中提出宁波要打造长三角南翼区域金融中心和国际贸易中心城市。宁波市历届党代会对城市功能定位也做了表述,如宁波市第十次党代会提出"基本建成华东地区重要的先进制造业基地和东北亚国际航运中心的重要组成部分";宁波市第十一次党代会的提法是"基本建成国际一流的深水枢纽港、全国重要的对外贸易口岸和华东地区先进制造业基地、现代物流中心";宁波市第十二次党代会围绕"四好示范区"建设提出"成为国内有地位、国际有影响的先进制造业中心、贸易物流中心和航运服务中心"。近年来,宁波市从创新、金融等不同角度提出了若干城市功能定位,如区域性创新中心、区域性金融中心等。综观上述定位,尽管表述有所不同,但主线是清晰的,即宁波的功能定位要围绕港口、制造业、物流、对外贸易等关键词。但从实践和认识两方面看,宁波市功能定位也存在一些需要关注的问题。一是功能定位的层次还不分明,主导功能和辅助功能有待厘清,不同层面的功能定位需要明确;二是不同功能定位之间的内在联系没有揭示清楚,如区域性金融中心与国际航运中心之间的内在关系是什么等;三是不同功能定位的落实、推进在不同时期的侧重点和着力点有所不同,一定程度上存在没有一以贯之的问题;四是对制造业、港口、贸易、物流等具体功能的内涵的认识不尽一致;五是缺乏适应新时期要求的基于世界城市体系的功能定位。城市功能定位是一个有机统一的体系。我们认为,对上述功能定位需要进行梳理,形成主导功能与辅助功能相协调,全球、国家、区域等层面功能定位相衔接的功能体系,以主导功能来统领其他功能,以其他功能来支撑主导功能。在明确功能定位的基础上,制定清晰的发展思路和发展战略,提出分阶段的务实、有力的措施。

今天宁波的城市定位为建设"国际贸易物流中心"和"国际先进制造中心"两大中心。主要基于以下原因。

(1)基础较好。综合分析比较优势、历史沿革、发展现状、国家要求和社会认知等多重因素,在诸多功能定位中,"两大中心"基础较好、优势突出。一是区位条件优越,工商传统厚重。港口的自然条件世界一流,地理位置得天独厚,腹地背靠中国最发达的长三角,市场面向世界最具活力的亚太经济区,具备打造世界航运中心的潜力。宁波崇商重实业,工业、商贸、海运等历史悠久、积淀深厚,"宁波帮"享誉海内外。二是综合实力较强,发展基础扎实。宁波港吞吐规模位居世界前列,综合实力和专业能力较强,全球知名度和影响力较高。制造业发达,贸易地位高,临港工业、传统制造业、部分高新技术产业在全国具有较高地位,外贸进出口总额突破1000亿美元,口岸进出口额突破2000亿美元,在15个副省级城市中位居前三位,工商企业的实力、产业技术水平、品牌数量和知名度、市场占有率、国际化水平总体领先。交通等城市基础设施比较完善。三是社会共识广泛,政策导向明确。改革开放以来,港口、工业、贸易、物流一直是中央和省对宁波功能定位的关键词,也是宁波历次党代会和中长期规划发展目标、战略任务的核心内容。围绕港口、工业、贸易、物流确定功能定位、明确发展战略有着广泛的社会共识和一贯的政策导向。

（2）需求迫切。"两大中心"回应了当前宁波发展的突出矛盾，顺应了产业和城市发展的前瞻性要求。一是实现转型升级、创新突破的迫切需要。当前，宁波市正处于转型升级、创新突破、争先进位的历史性关口。面对错综复杂的宏观环境和日益激烈的区域竞争，迫切需要以准确的功能定位来把握转型升级、创新突破的发力点和突破口，为"十三五"乃至更长时期理清发展思路，把握战略导向，聚焦政策起源，凝聚社会共识。这一发力点和突破口，归根结底，是要实现以先进制造业为主体的工业振兴、以港口航运为龙头的贸易物流业加快发展。二是融入国家战略和顺应世界潮流的客观需要。"一带一路"和长江经济带战略，其目标是互联互通、市场一体，支撑是产业投资、贸易流通。全市要融入这一国家战略，实现战略支点和"龙眼"功能，就必须充分发挥并不断提升先进制造、贸易物流的产业优势。同时，推动制造业升级跨越是世界趋势，德国的"工业4.0"等概念的提出和规划制定，目的都是要实现制造业升级跨越，增强产业竞争力。三是突出城市特色、发挥主导优势的内在需要。城市核心竞争力依赖于、也体现在城市的个性特色和主导优势上。在全球、国家、区域等层面综合审视城市功能定位，需要充分认识城市分级分工的客观事实，以鲜明特色和主导优势来保持战略定力、增强发展自信。"两大中心"体现了宁波的港口优势、产业优势和商贸物流优势，与同类城市的功能定位相比具有相对鲜明的特色。四是丰富和深化现代化国际港口城市目标内涵的现实需要。新的历史起点和发展阶段，把建设现代化国际港口城市这一奋斗目标全面推向新境界，需要进一步丰富这一目标的具体内涵，明确这一目标的功能支撑。"两大中心"是放眼未来30年的国际城市体系，对宁波城市功能定位的积极探索。

（3）内涵丰富。"两大中心"的内涵也是建设"两大中心"的路径和策略。

"国际先进制造中心"的主要内涵：创新驱动、体系支撑、高端集成、市场引领。

创新驱动："三中心一平台"支撑区域性创新中心。第一，技术创新中心。在新材料、现代信息技术、节能环保等少数领域，技术和产业创新具有世界先进水平和全球影响力。第二，成果转化中心。依托发达的制造体系，拥有强大的创新成果转化能力,在创新成果转化为实体产品和服务的关键环节居全国领先并具有世界影响力。第三,创新服务中心。在创新链的各个关键节点,建成集科技金融、技术转让与交易、创业孵化、知识产权、科技招商服务等于一体的创新服务体系,这样能够满足区域内创新需求并具有较强的辐射影响力。第四,高新区、杭州湾新区等创新平台具有国际先进水准,创新基础设施比较发达。

体系支撑:形成完善的产业配套体系。第一,若干现代产业集群具有国际竞争力,产业高度集聚、产业链完整、企业协同发展、全球资源整合能力强。第二,生产性服务业有力支撑制造业发展。研发设计、检验检测、产业物流、现代会展、专业市场、产业金融、商务服务、工业设计等生产性服务业形成完备体系,支撑和促进先进制造业发展。第三,杭州湾新区、国际海洋生态科技城等成为先进制造中心的核心载体。

高端集成:"四高"彰显产业发展新格局。第一,产业技术水平高,生产工艺、装备水平等世界领先;第二,品牌知名度高,拥有若干个总部或主要生产基地位于宁波的世界知名品牌、世界知名企业;第三,产业综合效益高,工业增加值率、成本利润费用率等核心指标达到国内外先进水平;第四,劳动力素质高。

市场引领:若干行业或产业领域的企业、技术、产品、市场地位处于世界前沿,能引领该领域全球市场格局和发展趋势。

"国际贸易物流中心"的主要内涵:通道功能强、贸易地位高、市场主体优。

通道功能强:第一,成为上海国际航运中心的重要组成部分,与上海共同构成中国面向亚太区域的东部门户;第二,成为"一带一路"倡议的支点城市,铁路向西通达中亚和欧洲;第三,成为江海陆联运中心和长江经济带的"龙眼"之一,与域内城市保持紧密的交通和经济联系;第四,空港成为国内先进、国际重要的航空枢纽港。

贸易地位高。第一,经济流量大。商品流量和信息流量的规模、结构与质量具有世界影响力,是全球经济网络和信息网络的重要节点。第二,成为国际进出口贸易中心。贸易规模全球靠前,贸易结构集中于中高端产品,国际采购、进口分拨、服务贸易等形成规模。第三,航运服务发达。树立国内外知名的高端航运服务品牌,航运交易、航运金融、国际海事调解与仲裁等航运服务比较完善,宁波航运交易所国内领先、国际知名。第四,成为国际知名、国内领先的大宗商品交易定价中心,建成若干集网络交易、融资结算、区域交割、专业配送于一体的大宗商品交易平台。第五,建成具有自由贸易园区功能的国际投资贸易空间平台,对外开放的政策、体制接轨世界、领先国内。

市场主体优。一批国内外知名的国际贸易商、大宗商品交易商、跨境电子商务服务商、物流运营商、航运服务商、国际金融机构落户宁波,设立总部或区域运营中心。宁波港集团成为具有全球资源配置能力的跨国航运集团。

二、合理规划宁波高等教育发展

宁波市政府提出"两大中心"的总体任务后,为配合这一战略任务的实现,宁波高等教育被寄予厚望,委以重任。首先宁波需要合理布局、理性定位宁波高等教育的发展。

(一)提升宁波高等教育的均衡发展

宁波高等教育的发展战略实质上是建立在非均衡发展理论基础之上的。非均衡发展理论是西方发展经济学中一种很有影响的理论群,主要代表有佩鲁的增长极理论、缪尔达尔的循环累积因果理论、赫希曼的区域经济增长空间传递理论和弗里德曼的核心边缘理论等。非均衡发展理论的主要思想是极化和扩散。宁波在规划和实施发展高等教育时,在注重全局、注重整体的前提下突出重点,选准突破口,集中资源,重点发展某些领域,按照"有所为,有所不为"的发展思路形成优势;然后利用高等教育各个领域之间的内在联系,从而由点及面地推动整体办学水平和办学质量的提升。具体做法为:一是充分利用宁波大学的良好发展势头和基础,加大宁波大学的改革和发展力度,迅速提升宁波大学的办学质量和水平,将其建设成为现代化一流的地方综合大学,主要承担宁波市精英教育和科技创新的任务,成为宁波高等教育的龙头和标志;二是根据宁波市现代制造业、高新技术产业和现代服务业发展的迫切需求,大力发展高等职业教育,提高办学质量和水平,将宁波市高等职业教育做大做强,建设高水平的高等职业教育体系;三是根据宁波社会经济基础良好的情况,整合成人高校,改革成人高校的办学方向和形式,将成人高校转制,积极支持社会力量举办各类社区学院,实现普通高等教育和成人高等教育错位发展,提高办学效益。

（二）加快宁波高等教育的区域性发展

区域发展理论主要有区位理论和区域空间结构理论等。20世纪初,德国经济地理学家 A.韦伯提出了"区位优势""区位因素"等概念,进而产生了传统的区位理论。在此基础上,又逐步发展为现代区位理论和空间结构理论。德国学者 E.V.博芬特尔的区域空间结构理论形成于20世纪30年代。该理论以节点、线及网络和域面为基本要素。相对于高等教育而言,高等教育的空间节点是人口与高校,线是指以海陆空线路为主的交通、通信和能源的集合,节点与线形成高等教育网络。高等教育网络以外的更大区域称之为域面。随着域面发展水平的提高,高等教育网络的结构就会相对合理,功能将渐趋完善。浙江是我国东南沿海经济发达地区之一,杭、甬、温则是其中三个增长极。省委、省政府要求宁波建成浙江省高等教育副中心,其宗旨在于充分发挥宁波高等教育的极化作用,并将之扩散到绍兴、舟山和台州等附近地市。

（三）协调宁波高等教育的适应性发展

高等教育发展的适应性,是指高等教育要与经济社会发展相适应,促进经济社会的发展。高等教育作为一种社会文化的遗传机制和创新适应方式,其存在价值和本质特点,只有通过高等教育对环境变化的及时反应和不断适应的过程,才能真正得到维护、体现和不断巩固发展。因此,适应性发展是高等教育发展最本质的属性,是高等教育变革发展的必然趋势和基本方向。作为经济发达的沿海城市,宁波高等教育发展滞后于经济发展,总体实力和办学水平与宁波雄厚的经济基础和实力极不相称,难以适应和促进生产力的进一步发展。因此,宁波高等教育的适应性发展应做到:(1)政府要高度重视高等教育在宁波经济社会发展中的基础地位和先导性、全局性作用,明确市属院校在提高市民整体素质、开发人才资源、促进科技进步、提高城市综合竞争力中的重要作用,加大对高等教育发展的支持和建设力度,努力打造高水平的高等教育体系;(2)高校坚持为地方经济建设和社会发展服务的办学指导思想,面向社会开放办学,主动适应地方经济和社会发展的需要,建立高校与地方之间多层次、多形式的互动,强化对区域经济和社会发展的支持,避免过分强调大学的内在逻辑和自我发展需要,封闭办学,脱离地方实际;(3)高校根据地方经济发展、产业结构优化升级的需要,调整优化学科专业结构和人才培养体系,建立以就业、市场和社会需求为导向的专业调整机制,使人才培养目标及人才培养的数量、类型、层次以及综合素质满足区域经济和社会发展的需要。

(四) 推进宁波高等教育的全面发展

教育发展在战略上应该是非均衡发展,分类指导、重点发展,有利于教育资源的最佳配置。而在教育系统内部,则要走同步协调,平衡发展的道路。高等教育的全面发展观认为,教育的发展应按照其内在的整体性要求,实现教育系统各个部分的均衡发展以及教育与社会之间的协调发展。主要内涵包括:高等教育应积极主动地适应经济和社会发展的需要,与社会其他子系统协调发展。既不应离开社会发展孤立地谈教育发展,也不应片面地只适应社会某一方面的发展;应注意教育系统内部各个部分的协调发展,不能只注重高等教育量的"增长",而忽略高等教育质的"提高"。高等教育发展的内涵是数量增长、质量提高、结构优化、效益增进和适应性增强等方面的有机统一,离开了其中的任何一个方面,高等教育的发展都不能实现;高等教育发展必须实行规模、结构、质量、效益协调统一的发展方针,做到规模适度,结构合理,提高质量,增加效益。

用全面发展观来分析和探讨宁波高等教育发展。首先,宁波高等教育应根据城市制造业基地、港口城市的定位,在职业教育、社区教育、提高市民素质的高等教育中下功夫做文章;充分利用区域内丰富的高教资源与经济发展优势,以超前的发展眼光,借势创办新兴专业学科,填补产业结构调整、技术升级而形成的"缺";同时在办学结构、层次和功能上与省内其他地区的高校形成合理互补,错位竞争,从而提升宁波高等教育的办学质量与办学效益。其次,高等教育坚持内涵式发展与外延式发展并重的原则。从1999年高校扩招以来,宁波高等教育规模迅速扩大,高速增长。从世界各国高等教育发展的经验来看,当数量扩张到一定阶段,高等教育发展中往往出现结构不合理、质量与效率下降、毕业生就业困难等问题。因此,宁波高等教育规模不能再以年均近24.43%的速度增长,而应转向以内涵式的质量型发展为主,即在发展规模适度的前提下,完善办学体制,优化办学结构,充实师资队伍,提升办学水平,提高办学质量和效益,实现高等教育的可持续发展。第三,宁波高等教育的内部实现协调发展。目前宁波市的高等职业教育其质量和水平并不能很好地适应宁波市经济发展的要求。因此,如何建设一个高质量的适应宁波市产业结构调整和经济发展需要的高等职业教育体系,将是宁波高等教育实现协调发展的重点和关键。目前,我国经济发展对技术型人才没有更高层次的要求,职业教育的层次是随着社会发展和科技进步而逐渐提升的;同时,随着专科层次的高等职业教育办学规模不断扩大,"专升本"的毕业生将不断增多。因此,探索更高层次职业教育,建立中专、大专、本科乃至研究生各层次的职业教育体系,并与普通高等教育体系相互贯通的高等教育的"立交桥"体系,将是宁波高等教育健康协调发展中的一项重要课题。第四,进一步完善办学体制。国有民营是一项特殊制度,作为一种创新,在现阶段公私立高等教育制度尚未形成公平竞争格局的情况下,有待进一步完善。

(五) 保持宁波高等教育的可持续发展

科学的高等教育观认为,高等教育不但可以为社会、经济的可持续发展战略服务,而且自身也存在可持续发展的规律。高等教育的可持续发展是指高等教育按照自身规律,以长期、持续、稳定地与经济协调发展为目的,以最大限度地与社会经济可持续发展相协调为准则来选择自身的发展道路。以可持续发展理念为指导,可以使人们对高等教育本质与规律的认识更加全面,更加深刻,更加自觉。在高等教育大众化时期,要实现宁波高等教育的可持续发展,须解决以下问题。第一,正确处理数量与质量关系问题。在高等教育规模迅速扩张的同时,必须加大支持和保障的力度,加大高等教育经费的投入,及时充实师资队伍,完善办学基本条件,建立与健全教育教学质量监控体系,确保其办学质量。第二,正确处理规模与结构关系问题。为确保"扩招"后的教学质量,宁波高等教育发展要坚持扩大规模与优化结构"两手抓",走内涵式发展为主道路。在加快发展、扩大规模的同时,要努力优化结构,避免发生盲目追求规模,忽视质量与效益的倾向。第三,正确处理速度与效益关系问题。在高等教育发展中,没有速度不行,没有效益也不行,要把"讲效益"摆到教育投入产出规律的重要位置上,把提高教育质量和办学效益摆在突出位置上,促进教育发展方式从只重视速度向既重视速度又提高效益的方向转变。

三、积极推进产学研一体化进程

近年来,宁波实施科教兴市"一号工程",以高教产业化为中心,通过加大引进力度,促进引进和创新相结合、产学研一体化,高等教育在加快发展高新技术产业方面,取得了令人瞩目的业绩。发展高等教育关键在体制创新,要大力引导重点行业、重点企业积极参与到高教事业发展中来,使企业在高等院校中建立研发机构和技术创新队伍,强化企业在高教发展中的主体地位,提高高等教育产业化的能力。加快高教园区与生产力促进中心等各级各类科技创业中心的联系,加速科技成果向现实生产力的转化,扩大企业和高校各类研发机构的科技合作,使高教园区成为高科技成果转化基地。

(一)明确企业是投资的主体

产学研合作创新计划项目必须符合企业的需要,并使企业成为产学研合作计划的主体。至于企业直接委托或共同研究的产学研合作创新,企业更是主体。宁波拥有这方面的优势,区域内有相当数量的著名企业集团,且资金实力比较雄厚,经营管理能力比较优秀。同时,宁波又是国家重点发展的港口城市,港桥海联动,物流、化工、机械、服装、生物制药以及新材料等行业齐头并进,具备信息化和工业化融合发展的优势。因此,宁波的企业要体现作为产学研合作的主体角色,加大对研究目标的经费投入,加强对创新成果应用的投入和管理。要通过制订创新战略等措施,在创新链的上端,加大对高校和科研院所资源的利用力度,通过企业投入,使企业内部资源和外部资源实现良性融合。

为此需要落实以企业为主体的产学研一体化模式,企业是创新的主体,但是却是弱小的主体。针对目前我国中小企业众多的情况,鼓励中小企业成立企业技术创新联盟,加强企业的主体地位。将企业的个性化产品创新需求集中化为行业共性技术创新需求,通过产学研合作解决行业内重大关键性技术创新问题,以点带面,迅速提高行业自主创新能力。高等院校和科研院所要在产学研中发挥重要作用,高等院校在做好为国家社会输送人才的同时,要积极与国家及地方政府、企业建立广泛的联系,要为国家、社会提供知识创新和技术创新服务。面对国家创新、企业创新的迫切需求,科研院所和高校人员,尤其是行业内的专家学者要转变观念,科研工作要充分重视企业的需要和市场的需求,使应用成果能够更接近生产实际,能够为企业科技创新服务。鼓励不同层次科研院所和学校展开不同层次的科研和技术创新活动,同时高等院校要加强人才培养,保障产学研的各个阶段和领域都有高层次的人才。

在人才培养上可以促进高等职业院校与企业资源互补。第一,顺应企业寻求外部优质资源的趋势,高等院校应对接企业资源缺口,实现与企业一体化发展。企业执行战略所需的资源与实际拥有资源的差距,即是企业的资源缺口。企业通过资源整合等方式寻求优质外部资源,以弥补资源缺口,这是企业重新获取竞争优势并形成核心竞争力的途径。高等院校与企业一体化发展,必须紧密对接企业资源缺口,与企业形成异质性资源的有机融合。第二,高等院校在对接企业资源缺口的过程中,要获取企业的教育资源,如企业的师资资源、技术资源、训练环境和设施资源、就业岗位资源、培训受众资源等。企业则应从高等院校获取能够有效弥补资源缺口的复合型人才和技术创新等关键性技术资源,使企业保持可持续的竞争优势。高等院校与企业异质性资源的有机融合,会使双方产生资源依赖,从而深入推进校企一体化发展。第三,校企双方通过共建共享优质教学资源库,加快实现资源互补。校企双方要不断完善专业教学资源库的结构化设计,对双方不同层次、结构与内容的资源进行识别与选择、配置与融合,赋予教学资源库中的资源较强的系统性和价值性,使双方均能够有效利用教学资源库中的资源,为学生和企业职工提供个性化的学习服务。

(二)建立合理的风险投入机制

宁波作为计划单列市和副省级城市,具有一定经济自主权,可以结合当前我国进行的金融制度改革,利用强大的民营经济资本和政府的大力支持,努力发展资本市场,鼓励民间风险投资,形成具有多种所有制和多种经营形式、结构合理、功能完善、高效安全的现代金融风险投资体系。具体来说,在明确企业投资主体的基础上,要实现利益风险分担的机制。对于不同的合作形式,可以采取不同的做法,但要明确一条,就是产学研各方,包括高校都要投入资金,而且要明确具体的比例,对于技术、人才以及专利和其他投入等也要折算成具体投入比例进行界定。在此基础上,要利用建立股份合作制、股权分配制等制度解决产学研联合所涉及的利益分配问题。高新技术成果产业化的过程是风险控制的过程,为降低企业在政产学研合作中的投资风险,减少国家直接投资的盲目性和监管困难,应利用多种渠道建立政产学研风险投融资体系,通过建立风险投资基金、企业担保和信贷的方式获得风险资金。同时要建立好评估体系、监督体系及配套资金投入机制、回收机制和补偿机制,在降低投资风险的同时提高资金利用效率和效益。

此外,探索建立科学的产学研利益分配机制,这种机制能够保证产、学、研各方利益的合理分配。产学研利益机制的建立要充分发挥市场导向的作用,产学研各方在合作中所追求的目标不一致,企业更多的是从创新产品的利润率和创新技术带来的收益角度来权衡产学研合作,高校和科研院所在促进科技成果产业化的同时,更关注技术的知识产权、产业化的收益和人才队伍的培养,因此要寻找各方利益的结合点,通过契约形式明确规定各方的权利和义务,避免合作中出现的技术和经济纠纷。政府在制定政策时,要从各利益主体的角度出发考虑各方利益,通过引导和支持,保证各方合法权益。

(三)充分发挥政府的服务和宏观管理能力

产学研的推进,与政府的服务、引导以及外部的激励是分不开的。要明确政府在宏观管理上的职能。政府要结合当前进行的行政管理体系改革,在分工、决策、执行、监督等方面发挥政策服务功能,规范自己的行政行为,减少对产学研微观运行的干预,加大政府与中介组织脱钩分离的力度,减少审批手续,规范垂直管理和地方政府的关系,健全市级和县区级之间的协调配置机制,减少多头管理现象,努力把握产学研合作创新的全局,创造良好的政策环境。政府还要积极支持产学研联合的中介体系建设,重点发展符合产学研结合的生产力促进中心、科技成果转化中心、创业服务中心等中介服务机构,加强电子政务建设,加大网上技术市场的建设力度,构筑网上信息交流平台,造就一批具有高水平、高素质、高能力的产学研服务中介组织。中介与专业服务机构成为产学研创新环境的重要组成部分,对科技创新和产业发展具有重要作用,目前产学研体系中中介缺位对政产学研健康发展有很大影响。应鼓励技术中介机构与科研院所、高等院校加强联系,向科研院所和高校提供中小企业急需的研究项目和课题,同时中介机构也要向企业推荐科研院所和高校的研究成果,充分交流信息,促进科技成果的应用,发挥中介技术机构在技术创新方面的重要作用。

国家在产学研层面应做好宏观统筹,有目的有计划地对重点行业、重点领域的共性和关键技术进行规划,全力支持部分科研院所、高校及企业开展创新研究。政府在推进产学研合作建设时要坚持目标导向,充分考虑在市场机制下产学研各利益主体的利害关系,对于具有技术外部性的重大关键技术,政府要做好政策鼓励和财政支持;对于一般性技术研发,应让市场机制发挥作用,政府起到引导作用即可。政府在做好产学研引导和扶植的同时,要加强法治环境的建设,依靠透明的法律条例明确政产学研各方合法权益、知识产权归属等重要问题,同时要采取财政、税收、金融等多项政策鼓励产学研发展。

四、基于地方优势,打造品牌专业

2016年1月发布的宁波市"十三五"规划建议,明确地指明了未来宁波市地方经济发展的重点,积极推动《"中国制造2025"宁波行动纲要》尽快实施。所以根据宁波市地方产业的规划,各高职院校要紧密结合实际,打造一批特色品牌专业。学校的品牌专业意味着是该校声誉好,人才培养质量高以及就业情况好的专业,品牌专业一般是在学校长期的发展过程中形成的,凝聚着学校的发展积淀,而且企业一般也乐于接受品牌专业的学生。

第一,品牌专业要具有区域地方特色。高职院校的办学使命就是为地方经济建设输送合格的高级技术人才。由于地方经济发展水平不同,相应的产业结构特点也会有较大差异,无论是对于宁波市高等院校的专业设置还是品牌专业建设都会造成一定影响,所以品牌专业务必使地方经济着力发展的区域和地方的经济支柱产业相匹配,并适当兼顾其他产业发展;应符合宁波地区主流的生产力发展需要,同时考虑较为先进、较为落后的生产力发展层次;应与区域经济结构调整相同步调,形成与地方支柱产业、重点发展产业、特色产业相适应的品牌专业,根据区域人才需求建设品牌专业,提升专业质量。

第二,努力建立稳定的校外实训基地和良好的院校合作伙伴关系。由于品牌专业社会声誉好,影响力大,可利用这一优势开展和地方企业的合作,一方面有助于品牌专业的可持续发展,另一方面可以促进学生实际操作水平的提高。宁波市高等院校的校内实训基地十分有限,难以提高学生的动手能力,无法满足培养复合型人才的需要。而借助于校企合作,高等院校可以利用学校的优势,加强和企业在技术、科研、咨询和产品开发等方面的合作,在一定程度上可以改善学校的办学环境,弥补高等院校教学经费的不足,快速地提高学校的办学水平。对于企业而言,通过校企合作模式培养出的人才,对于企业的技术规范和基本操作较为熟悉,能够快速适应企业的生产,企业省去了新员工的培训时间,节约了培训资金。

第三,加大宁波市高等教育实训基地建设的力度。加大宁波市高等院校实训基地的资金投入,加快建设步伐,推动企业、行业等与高等院校的交流合作,充分吸引社会各界的资金投入,结合高等院校的专业技术和科研成果,建立起完善的校内外实训基地,共享高等教育资源。此外,还应当积极借鉴其他国家与城市先进的高等教育发展经验和成果,推进宁波市高等院校与企业行业等的联合办学,促进高等教学和生产实践的结合,将专业知识和专业技能转化为实践生产成果,带动高等院校和企业的共同发展。

第四,加大示范性高等院校建设,引领宁波高等教育发展。建设示范性高等院校,往往具有事半功倍的作用。具体来讲,示范性高等院校应当拥有众多的社会资源,能够紧跟时代步伐,在高等院校与企业合作新模式和新机制的探索中能够发挥领头羊的作用,能够切实完善校企实训基地的条件和环境建设。因此,宁波市应当合理规划当地高等院校,选择部分高等院校作为重点培养对象,加大建设示范性高等院校的力度,选择与当地主导产业的相关企业进行合作,建设适应市场需求的实训基地,推行就业准入制度。此外,还应当建设一批集教学、培训、研发等于一体的国家级示范性高等院校实习实训基地,充分带动宁波市高等教育的发展。同时,还应当积极发挥示范性高等院校的领头作用,促进宁波市其他高等院校的发展,进而推进宁波高等教育的发展进程。

第五章　改革开放以来宁波高等教育发展特征

改革开放以来宁波高教发展是中国高教发展的重要组成部分。除了具有高等教育发展进程中的政治主导性、制度改革巨变性、经费投入多元性等共性特征之外，由于特殊的地理位置及特定的政治、社会、文化发展状况，宁波高等教育凸显独特的地域特征。

第一节　适度超前,高水平大学稳步发展

改革开放以来,宁波高等教育通过创新教育发展理念,引入市场机制,扩大办学规模,优化高等教育结构,积极推进高等教育大众化,使宁波高等教育进入一个新的历史发展阶段。特别是1999年高校扩招以来,宁波高等教育通过体制机制创新,加大财政投入,加大基础设施建设,加快人才引进,基本构建了宁波高等教育的新格局,实现了从小到大的转变。

高等教育的适度超前发展是由教育的本质属性以及教育与经济社会发展的关系所决定的。因为人才的培养需要一定的过程,甚至是较长过程,所以作为培养高级专门人才的高等教育也必须适度超前发展。高等教育"量"的发展,即高等教育规模扩张,"量变"要"适度超前",但在某些方面"质变"也有"适度超前"的必要。要把握好"适度"和"超前"的辩证关系,高等教育既不能脱离经济水平的制约——"度"的问题,又不能局限于现有经济的发展水平,而失去发展的机遇——"前"的问题。所以,既要保证在一定承受能力范围内的高等教育投入的不断提高,又要努力优化现有高等教育结构,提高办学质量和效益。这里

所说的"前",也有个"度"的问题,即超前的"度"的问题。"适度超前"其实质也在于如何正确地把握这个"前"的度。"稳步发展"是高等教育发展中既有"量"的要求,又有"质"的规定,主要指的是高等教育发展中"质"的稳步发展,这里所谓的"质"既包含马丁·特罗理论中关于"质"的十个维度,也包含对高等教育质量的规定和要求。在高等教育规模扩张的同时,必须重视高等教育的质量,"稳步发展"主要是对这两方面的规定和要求,也就是说,在高等教育"适度超前"发展的同时,确保高等教育必要的质量标准。

得益于国家改革开放政策和宁波市计划单列政策,20世纪80年代,宁波经济开始步入发展快车道,但同期高等教育的规模与办学水平始终没跟上步伐。1997年只有3所普通高校(其中本科院校1所)和4所成人高校;全日制高校学生只有1.15万人,成人高校学生为1.15万人,高等教育毛入学率仅为7.9%,落后于9.1%的全省水平和8.9%的全国水平。这与走在全国前列、发展充满活力的宁波经济不相适应。1999年高校扩招以后,宁波市借助于国家和省积极发展高等教育的政策,努力推进高等教育大众化。经过20年的努力,宁波高等教育已取得跨越式发展。宁波高等教育的规模通过高速发展,实现了扩张。2018年,全市共有高校15所,其中全日制本科高校7所,高职高专院校6所,成人高校2所,另有浙江大学软件学院归口宁波市教育局管理。全日制普通高校在校生15.61万人,其中本科生9.68万人,高职高专生5.39万人;全日制研究生5416人;成人高等教育在校生3.97万人。全市每万人在校大学生人数为195人。全市高校固定资产总值136.53亿元,建筑面积563.89万平方米,教学仪器设备总值31.1亿元,图书资料(不含电子图书)1791.11万册。全市高校共有专任教师8673人,其中具有正高级、副高级职称的3752人,博士2568人,全职拥有中国科学院院士、工程院院士2人,加拿大院士1人。全市共有一级学科博士点6个,二级学科博士点13个,一级学科硕士点30个,国家人才培养模式改革试验区3个,国家特色专业建设点11个,国家精品资源共享课24门,"十三五"浙江省一流学科A类8个、B类27个,"十二五"省"重中之重"一级学科2个,"重中之重"学科3个,省"十二五"高校重点学科43个、省"十三五"优势专业36个,省属高校人文社科重点研究基地3个,省级精品在线开放课程26门,市重点学科41

个,市品牌专业17个、市特色专业45个。有宁波大学"非线性海洋和大气灾害系统协同创新中心"等16家市级高校协同创新中心,宁波大学海运学院、宁波职业技术学院机电(海天)学院等11个市试点特色学院,宁波旅游学院、宁波跨境电商学院等7个行业特色学院。①宁波成为浙江省高等教育副中心。

宁波市高校根据经济社会发展对人才层次的需求以及高等教育自身发展要求,高校设置朝多层次多类型方向调整,目前已基本形成了专科、本科、研究生三层次的结构态势。其中本科教育基础较好;研究生教育起步晚,但发展较快,2007年开始自主培养博士生;职业教育各具特色,宁波职业技术学院被选为首批建设的28所国家示范性高等职业教育院校之一。除全日制普通高等教育外,远程教育、网络教育等新兴高等教育形式均有同步发展,成人高校和远程网络教育注册学生达8万人,基本构建了终身学习的平台。截至2018年,15所在甬高等院校中,既有中央部委属高校和省属高校,也有市属高校;既有普通高校,又有成人高校;既有公办高校,又有民营机制办学的高校,还有中外合作高校;既有综合性高校,又有行业性、单科性高校;既能培养本科生、专科生、高职生,也能培养博士生、硕士生,基本形成区域高等教育的结构体系,宁波作为全省高教副中心的效应日益彰显。

2018年3月,宁波市委、市政府把高水平大学建设列入全市"六争攻坚、三年攀高"重点项目。宁波市以大项目带动大投入,以大投入带动大发展,聚焦高水平大学建设,量质并举、以质为先、精准发力,取得了显著成效。回望历史,宁波高等教育的快速发展离不开政府的积极支持。

一、政府重视,加大经费投入

根据高等教育管理体制,主要由省级政府管理高等教育。但宁波作为副省级城市,同样重视高等教育,加大投入,积极有为地推进高等教育发展。1999年

---

① 宁波市2017—2018学年度高等教育基本情况.宁波市政府信息公开网:http://zfxx.ningbo.gov.cn/art/2019/1/28/art_2459_3580220.html.

9月,市委、市政府召开科教兴市大会,把教育、科技的优先发展作为推动经济社会可持续发展的重要战略,并把其列为市委、市政府"一号工程"。2005年市委、市政府再次召开科教大会,提出服务型教育体系构建的重大战略,先后出台了《关于加快构建服务型教育体系增强服务地方经济社会能力的若干意见》《关于"十一五"时期完善高等教育发展体制推进服务型教育体系建设的若干意见》《关于深化服务型教育体系建设加快培养高素质应用型人才的若干意见》等指导性文件,推动地方高等教育发展。市财政经费投入不断加大,1999年启动了大学园区(南区)建设工程,至2007年底园区总建筑面积达到213.6万平方米,总投入达到52.2亿元,六所高校入驻园区。高教园区的建设大大改善了办学环境,保障了宁波高等教育的规模发展。2005年服务型教育体系构建以来,高等教育投入每年增加不低于5000万元的专项建设经费。从2018年起五年内,宁波市投入高水平大学建设经费将不少于150亿元,其中市财政投入不少于50亿元,主要用于支持高水平研究型大学、应用型大学、高职院校、中外合作大学等建设。

今天宁波高校的办学条件与1999年相比,无论是学校的建筑面积,还是学校的固定资产总值,都实现了较高的增长率;几项重要的办学质量指标(如生均固定资产值、生均仪器设备值等)不降反升,在一定程度上有效保证了高校的办学质量;图书、实验设备等硬性教学条件建设得到加强,专项经费投入加大。如早在2005年底,全市高校占地面积7177535平方米,图书馆藏书总量686.28万册(不含电子音像资料),教学仪器设备总值86519.04万元,固定资产总值455755.6万元,[①]占地面积、建筑面积、图书馆藏书总量、教学仪器设备总值和固定资产总值分别比1999年增长4.2倍、5.5倍、4.6倍、11.1倍和13.6倍,宁波高校在生均固定资产值、生均仪器设备值等重要办学质量指标均高于学生规模的增长,为宁波高等教育事业规模的迅速扩大奠定了坚实的基础,办学条件明显改善,有力地保证了宁波高等教育数量与质量的同步提高。

---

① 宁波市教育局.宁波市各级各类教育事业统计分析表(1997—2005).

二、抢抓机遇,规划建设高校

党的十六届三中全会正式提出了科学发展观,并以科学发展观统领着我们的全局工作。同样,对于宁波的高等教育发展来说,也是以科学发展观指导着办学指导思想。其一,宁波市领导把发展高等教育作为"一号工程"来抓,不断深化对高等教育规律的认识,科学地分析新形势下的高等教育的新特点和新趋势,研究全面建设小康社会对高等教育的新需求,全面深入地把握高等教育发展规律;其二,各高校领导用发展的眼光重新审视高校面临的新情况、新特点、新问题,冲破妨碍发展的观念,改变束缚发展的做法和规定,革除影响发展的体制弊端,凡是能够推进高等教育和高校工作发展的做法和举措,就大胆探索,大胆实验,大胆创新。

1996 年,宁波市委、市政府推动了原宁波大学、宁波师范学院、浙江水产学院宁波分院合并组建新的宁波大学。1999 年,宁波乘势而上,发挥自身优势,一方面按照中央部署扩大招生规模,同时规划升格建设了一批高职院校,如宁波职业技术学院、浙江纺织服装职业技术学院、宁波城市职业技术学院、宁波天一职业技术学院等,宁波大学在省内率先创办国有民办的科学技术学院。宁波各高等院校也抓住高等教育发展的重大契机,不断提升办学层次,如宁波大学 2007 年获得博士学位授予权,宁波大红鹰学院于 2008 年升格为民办本科院校等。2018 年宁波市出台一揽子政策推进宁波高水平大学建设,发布《宁波市人民政府关于支持宁波大学加快建设"双一流"高校的若干意见》,支持宁波大学"双一流"高校建设,辐射带动全市高校整体办学水平提升。市政府常务会议通过《关于加快高水平大学建设,推进高等教育跨越式发展的若干意见》,从落实立德树人根本任务,提升人才培养质量,提升服务经济社会能力,优化高等教育布局结构,创新高等教育管理体制等方面进行纲领性、战略性规划,推进宁波高水平大学建设。2017 年 9 月,宁波大学入选"双一流"大学,开启了宁波高等教育发展新征程。建设"双一流",推动一批高水平大学和学科进入世界一流行列或前列,是继"211 工程"和"985 工程"后,我国高等教育领域又一国家战略。

2018年12月30日,宁波财经学院举行新校名揭牌仪式,宁波大红鹰学院正式更名为宁波财经学院,学校更名后办学性质和管理体制不变。

20世纪90年代以来,宁波的经济社会以超常规的速度发展,国民生产总值连续以每年超过12%的速度增长,2008年全市生产总值达到3900多亿元,人均生产总值超过1万美元,达到中等发达国家水平,市区居民年人均可支配收入和农民年人均纯收入达到25304元和11450元,城市综合竞争力在全国200个地级以上城市中排名第6位,这是高等教育迈进大众化高级阶段的社会基础。当前,宁波高等教育的毛入学率已达到48%,从规模上看已经进入了高等教育大众化阶段。

三、创新管理,出台支持政策

宁波市政府通过建立科学的管理机制,全面提高办学水平。首先,在办学体制上进行创新,改进政府对高等教育统得过多的体制,扩大办学自主权,加强高等学校同生产、科研和社会各方面的联系,培养高等学校主动适应当地经济和社会发展的积极性和能力;其次,加强对高校进行办学质量和办学条件的评估;再次,进一步深化高校后勤社会化改革,按照"小机关,大实体"的格局向集团公司方向发展,形成高校后勤保障网络,促进全社会办教育;然后,改革人事制度和分配制度,实现人力资源的合理配置和有效利用;最后,扩大对外交流和引进高层次人才,改善内部知识结构与人才结构。

2005年,宁波市委、市政府召开科教大会,明确提出构建服务型教育体系的发展战略,通过优化结构、提升内涵、强化服务,使高等教育与全市经济社会发展逐步协调。市委、市政府出台人才引进、学科专业建设等政策措施,如《宁波市应用型专业人才培养基地建设与管理办法》《宁波市数字图书馆建设管理办法》《宁波市服务型教育重点专业建设管理办法》《宁波市高校特色教材建设管理办法》等,搭建各类平台,促进高校发展。宁波坚持高等教育内涵发展和特色发展,积极引导在甬高校在不同层次、不同类型上提升内涵,办出特色,聚焦服务国家、区域、行业发展和学生全面成长,集中力量发展社会和产业急需的优势学科专业。宁波高校特色发展之路已初显成效：2018年，宁波大学一流大学建设有进展，学位点增量明显，引进人才力度大，新增4个一级博士学位授权点和17个硕士学位授权点，硕士学位授权点新增数量位列全国第一，信息与通信工程学科排名首次进入全国前5％。宁波诺丁汉大学在2019年软科中国最好大学排名中居第55位，人才培养质量名列全国前茅，国际化优势明显，工业设计9名学生组团拿下10项国际设计大奖；宁波工程学院产教合作推进有力，专业认证成效明显，在浙江省本科院校毕业生职业发展与人才培养质量排名列全省33所本科院校第二名，跻身全国百所应用型本科产教融合发展工程试点高校；浙江万里学院等4所院校入选浙江省首批应用型本科建设试点示范建设学校；宁波职业技术学院等3所院校入选浙江省重点(优质)建设高职院校；宁波大红鹰学院获批更名为宁波财经学院，填补了宁波财经类院校的空白。宁波教育学院学前教育特色鲜明，明确启动体制转型，杭州湾校区启用。宁波广播电视大学专业服务地方有成效、有特色，成立了全国首家辅警学院，为市民提供大规模普惠教育。宁波职业技术学院综合实力显著提高，人才引进力度大，在高职院校排行榜中较上年全国排名前进6个位次，在省内稳居第二。浙江纺织服装职业技术学院行业影响力扩大，特色鲜明，行业合作平台有突破，国际化办学全省前列。宁波城市职业技术学院人才分类培养有特色，就业质量高，3个专业入选全国第三批现代学徒制试点，专升本录取率在全省高职院校中排名第一。宁波卫生职业技术学院深化人才培养模式改革有成效，新增口腔医学专业并于同年开始招生。

第二节　体制创新，教育多元化走向纵深

高等教育体制改革与创新，一直是我国高等教育改革与发展的重点和难点。坚持抓住高等教育体制改革与创新这根主线，是改革开放30年宁波高等教育实现跨越性发展的关键。

一、在管理体制上,建立政府和学校两级管理、分工负责的管理体制

改革开放以前,我国地方高等教育管理体制基本上是以政府权力高度集中为主要特征的。到了20世纪八九十年代,随着我国社会经济体制改革的不断推进,特别是社会主义市场经济体制的建立,客观要求扩大学校自主权、转变政府管理职能、以间接管理和宏观管理为主,管理权高度集中的管理体制已难以适应形势发展的需要。以往政府在高等教育领域管理权过于集中,"包得过多、统得过死",束缚了各高校的主动性和热情,改革开放以后特别是1985年以后,宁波在中央政府的领导下开始探索高等教育管理体制改革的路子。

1985年5月,中共中央颁发《关于改革教育体制的决定》,指出了教育体制改革的方向,确定了教育发展的政策目标和指导方针,拉开了改革开放新时期我国高等教育管理体制改革创新的序幕。1986年颁布的《高等教育管理职责暂行规定》和《普通高等学校设置暂行条例》明确了中央各部门、地方政府、高等学校的管理权限和责任。1992年11月国家教委发布的《关于加快改革和积极发展高等教育的意见》和1993年2月中共中央、国务院正式印发的《中国教育改革和发展纲要》,都把高等教育体制改革作为重要内容。特别是《中国教育改革和发展纲要》指明了深化高等教育体制改革方向,即"进行高等教育体制改革,主要是解决政府与高校、中央与地方、国家教委与中央各业务部门之间的关系,逐步建立政府宏观管理、学校面向社会自主办学的体制"。在这一系列文件的指导下,宁波也根据自身情况积极推进宁波高等教育体制改革。具体而言,在政府与高校的关系上,要按照政事分开的原则,通过设立法规,明确高校的权利和义务,使高校真正成为面向社会自主办学的法人实体;政府转变职能,由对高校的直接行政管理,转变为运用立法、拨款、规划、信息服务、政策指导和必要的行政手段,进行宏观管理。

这一时期,宁波市加快构建政府与高校政事关系清晰、职责分工明确、政府服务保障到位、学校"不吃大锅饭"的高等教育管理体制。在完善高等教育发展

体制的过程中,先要明确政府与高校之间的政事关系,政府与高校都要准确定位,明确各自的职责分工。从政府的角度看,政府需要从具体的办学事务中解放出来,把发展的着力点放在高等教育的宏观把控上,放在为高等教育发展营造良好的政策环境上,放在为高教发展提供保障和服务上,放在加强对高校的监管和指导上;站在公平公正的立场上鼓励和支持各类高校自主办学推动高校自身发展,加强规划调控,加大财政支持,提供建设和发展的服务和保障,探索建立提高高校管理水平、促进高校有序发展的各种有效的约束和激励机制,帮助高校化解财务风险和管理风险,来满足人民群众和经济社会发展对高等教育日益增长的需求。从高校的角度看,一方面,应充分享有有关法律赋予的办学自主权,加强学科建设和专业设置,大力培养、引进和使用人才,积极推进开放合作,专心致志提高教学质量,提升科学研究能力,多出人才、出好人才,为经济社会发展提供丰富的人才、技术、学术、思想、道德等智力支持;另一方面,需要承担相应的责任,对内部管理负责,对办学绩效负责,对建设风险负责。对内部管理混乱、经费使用不合规,或者盲目扩建、举债无度,学科和专业建设不合理,学生就业率低等等问题,相关学校都要承担相应的责任。职责明确,权责统一,这样就可以充分调动好政府和学校两个方面的主动性、积极性和创造性。

二、在办学体制上,构建以政府为主导的办学主体多元化格局

我国高等教育办学主体单一是造成高等教育投入不足的重要因素。在计划经济时代,我国高等教育办学主体单一,完全由政府包揽,政府既是高校的举办者、投资者,又是高校的管理者和所有者。加上我国长期形成的"穷国办大教育"局面,政府用以投入高等教育的公共财政十分有限,严重制约了高等教育的发展。改革开放后,随着人们物质生活水平的不断提高以及国际高等教育民主化思想和终身教育思潮在我国的广泛传播,接受高等教育逐渐被视为公民的一项基本权利,并且日益成为人民群众的热切愿望。宁波作为中国改革开放的前沿阵地,其高等教育改革也始终走在全国前列。

为解决人民群众日益增长的高等教育需求与有限的高等教育供给之间的

矛盾,中央政府以渐进的方式对高等教育办学体制进行了改革。1982年12月颁布的《中华人民共和国宪法》规定:"国家鼓励集体经济组织、国家企业事业组织和其他社会力量依照法律规定举办各种教育事业。""社会力量办学"首次在宪法中得到明确规定。1985年中共中央颁布的《关于教育体制改革的决定》要求:"在加强宏观管理的同时,坚决实行简政放权,扩大学校的办学自主权。"这说明国家在担当高等教育的主办者和管理者的前提下,有意识地让地方政府,尤其是社会力量,包括个人和非国有部门参与高等教育服务,为群众创造更多的高等教育机会。1992年党的十四大报告提出:"鼓励多渠道、多形式社会集资办学和民间办学。"1993年国家颁布的《中国教育改革和发展纲要》提出,"改变政府包揽办学的格局,逐步建立以政府办学为主体、社会各界共同办学的体制",指明了办学体制改革的方向和目标。对社会团体和公民个人依法办学,国家采取"积极鼓励、大力支持、正确引导、加强管理"的方针,这充分体现了国家改革教育办学体制的坚强决心。1995年通过的《中华人民共和国教育法》规定:"国家鼓励企业事业组织、社会团体、其他社会组织及公民个人依法举办学校及其他教育机构。"1997年国务院发布了《社会力量办学条例》,社会力量办学事业不仅被确定为"社会主义教育事业的组成部分",而且被纳入"国民经济和社会发展规划",这标志着高等教育办学体制改革取得了重要进展。1998年通过的《中华人民共和国高等教育法》明确规定:"国家鼓励企业事业组织、社会团体及其他社会组织和公民等社会力量依法举办高等学校,参与和支持高等教育事业的改革和发展。"1999年1月,国务院批转教育部《面向21世纪教育振兴行动计划》,强调"深化办学体制改革,调动各方面发展教育事业的积极性",争取在几年内"基本形成以政府办学为主体、社会各界共同参与、公办学校和民办学校共同发展的办学体制"。同年6月,国家颁布《关于深化教育改革、全面推进素质教育的决定》,重申了《面向21世纪教育振兴行动计划》中关于办学体制改革的要求,并强调"进一步解放思想、转变观念,积极鼓励和支持社会力量以多种形式办学,满足人民群众日益增长的教育需求","凡符合国家有关法律法规的办学形式,均可大胆尝试","在民办教育方面迈出更大的步伐",社会力量可以以各种方式举办高等职业教育,经教育部批准可举办民办普通高校。这标志着我国教育办学体制改革取得了重大突破。从此,"社会力量办学"这一概念,在国家政策文件中正式被"民办教育"取代。2002年,《中华人民共和国民办教育促进法》的颁布标志着我国发展民办教育和办学体制改革的有关政策进一步明确和法制化,民办高等教育和民办高校的合法性有了法律依据,民办高等教育成为我国高等教育体系中的重要组成部分。

在中央政策指导下,自1986年以来,宁波市先后出台了《宁波市民间办学试行意见》《关于加快发展社会力量办学的若干意见》等特别扶持社会力量办学的政策,特别是1995年出台《宁波市贯彻实施国务院〈社会力量办学条例〉的若干意见》等。宁波市出台的扶持社会力量办学的各项政策使民办学校在师资、场地建设等方面享受与公办学校同等的待遇。如:允许民办学校在征用土地、免征城建配套费等方面享受公办学校同等政策;允许企业用税后利润在本地投资办学,与其投资额相对应的企业所得税地方部分由同级别财政列收列支予以返还,全额用于办学;允许民办学校在用水、用电、用气等方面享受与公办学校同等待遇;允许出资人从办学结余中取得合理回报。这一系列超前又实在的扶持政策,激发了民资对高等教育的投资热情,民办教育呈现出前所未有的强劲活力。宁波在大力发展高等教育的过程中,积极探索有特色高校的发展路子,如采用国际引进模式,建成了国内第一家具有独立校舍、独立法人资格的中外合作大学——宁波诺丁汉大学;采用名城名校合作办学模式,创办了浙江大学宁波理工学院;通过国有改制,作为公办高校实行新的管理模式和运行机制,建立了浙江万里学院;与中科院合作,由中科院托管、与北仑区合作共建了宁波职业技术学院。这些院校体制各异、特色明显、前景广阔,大大丰富了宁波高校发展的内涵,激发了高校的活力。近年来,宁波民办高等教育发展迅猛,公办高校和民办高校共同发展的办学格局已初步形成。借助于市场经济快速推进和教育服务市场机制逐步构建的态势,近年来,宁波高等教育特别是民办高等教育得到了跨越式发展,普通高校学生数由1998年的1.5万人发展到现在的10.5万人,其中民办高校学生所占比例超过45%,从而较好地解决了高等教育不足、经费投入短缺的难题。

实践证明,宁波市动员社会多方力量共同举办高等教育事业,形成"一主多元"的高等教育办学体制,拓宽了我国高等教育的发展空间,在中国高等教育现代化的进程中具有特殊意义:一是民办高等教育特别是民办高校的发展有助于满足人们日益增长的高等教育需求和选择,为高等教育机会公平做出了贡献;二是推动了我国高等教育大众化进程;三是民办高校异军突起,有益于高等教育结构的调整和优化以及管理效益的提高;四是民办高校的发展在某种程度上缓解了我国高等教育经费的严重不足,使高等教育有了一个多渠道、多主体投入的经济基础。宁波民办高等教育发展的活力和动力源泉在于体制创新,正是在创新理念的引领下,在市场化的进程中,宁波民办高等教育形成了多元的办学模式,探索出了一条充满生机的发展新路。

三、在发展道路上,积极探索教育国际合作新路径

近年来,宁波以加快推进城市国际化为契机,积极探索教育国际合作的新模式、新机制和新路径。2018年2月,教育部与宁波市政府签署《推进共建"一带一路"教育行动国际合作备忘录》,共同推进宁波在更高层次、更大范围、更广领域上的教育国际合作交流。作为全国首批教育国际合作与交流综合改革试验区,宁波发挥先行先试的优势,不断创新体制机制、合作模式、发展路径,全面激活发展动能。宁波职业技术学院在贝宁开设中非(贝宁)职业技术培训学院,浙江万里学院在德国汉堡建立中德汉堡学院,宁波财经学院在斯洛伐克建立中国教育与科研中心等等。2017年12月,45名东帝汶学员来到宁波职业技术学院参加为期一年的非学历培训。中国老师为每个学生制订了个性化的教学计划,让他们不仅掌握了专业技能,还感受到了浓浓的中国文化。如今,宁波教育在很多国家已经成为一块响当当的"金字招牌"。

自2014年开始,宁波已连续举办五届中国(宁波)—中东欧国家教育合作交流会,与中东欧的78所院校建立了合作关系或兄弟学校关系,两地的教育合作项目达100项,还建成了"一带一路"产教协同联盟和丝绸之路商学院联盟,建立了拉脱维亚研究中心等近10个地方特色智库。在2018年第二届职业教育国际开放论坛上,宁波在全国率先发布了《"一带一路"职业教育发展三年行动

计划》,明确到2020年在全市职业院校建设15至20个"一带一路"特色院校(专业),培养1万名左右高素质技能人才。

"宁波的教育是高度开放的,但我们的教育不唯有开放,还有在教育国际化背景下的中国魂",在国际化打开教育视角的同时,宁波教育更要注重练内功,在整合国际优质资源的基础上,探索一条高质量的宁波教育之路,最终目的是培育有中国底色、有世界眼光的未来人才。

在推动与中东欧合作的过程中,很多宁波企业积极寻求商机,但是,不少企业对这些国家了解甚少,哪些货品可以出口,在出口过程中需要办理怎样的手续,包括对方国家在进出口检验检疫方面的特殊要求,都存在空白。为此,浙江万里学院于2017年5月建立了捷克语言文化中心。该中心为宁波市出入境检验检疫局法制处开展了"一带一路"背景下捷克进出口贸易政策调研,为宁波市与捷克的进出口贸易奠定了良好的基础。

"集全球智慧,解地方难题。"宁波以国际化科技和产学研合作平台为基础,积极引进高水准资源。宁波大学海洋信息感知与传输国际合作联合实验室、宁波大学海洋生物医药"111"创新引智基地、宁波诺丁汉国际海洋经济技术研究院、中乌新材料产业技术研究院等,为宁波城市的提升发展和产业结构的优化升级提供了强有力的人才保障和智力支撑。时代的变革催生教育的变革,开放的城市呼唤开放的教育。宁波教育国际化已经基本构建了全方位、宽领域、多层次的对外开放新格局,正坚定地走在高水平开放合作的创新路上。

第三节　内涵发展,优质高教资源逐步聚集

当前,世界正处于深入发展与持续变革时代,我国也正处于全面深化改革和转变经济发展方式阶段,国家"十二五"规划中,明确提出发展之路由外延扩张转变到内涵发展。在高等教育方面,《国家中长期教育改革和发展规划纲要(2010—2020)》明确将全面提高教育质量、提高人才培养质量、提升科学研究水平和增强社会服务能力等方面作为其创建一流大学的重要内容,而这也正是宁

波高等教育内涵建设的主要内容。

近年来,宁波把提高质量、加强内涵建设作为宁波高等教育工作的重心。在提高人才培养质量方面,宁波各高校坚持以人为本的教学理念,以培养高素质的复合型人才为依托,不断创新育人模式,探索创新人才培养的有效渠道和方法。

一、健全制度保障,完善组织架构,提供强有力的政策支撑

优良教育模式的形成,离不开顶层的精心设计、制度上的合理设置和机构的完备设立。如宁波大学在创新型人才培养过程中,始终重视教育创新与体制变革,早在2006年,宁波大学就发布了《关于进一步提高学校自主创新能力,建设创新型地方高校的若干意见》,明确提出要把创新型人才作为学校人才培养的目标,并根据社会经济发展需求,"培养面向地方经济社会发展需要的具有'人文精神、创新精神、实践应用能力、社会适应能力'的创新型人才"。2015年,宁波大学又印发了《关于进一步推进大学生创新创业工作的意见》,设定了创新创业工作的总体目标。目标规划为每年至少培育科研创新团队20支,创业团队100支,努力使大学生创业率达到5%,成立学校创新创业领导小组,成立创新创业学院,扩建创新创业孵化园,提供创新创业工作资金保障,多方式多渠道争取社会支持。同年,宁波大学创新创业学院正式建立。在提高对学生激励的同时,宁波大学也不断完善师资考核机制和奖励机制,将培育成果与教师工作量和绩效工资奖励直接挂钩,不断提升校内教师的凝聚力和向心力。

二、推行课程改革,创新教育模式,建构系统培养体系

新时代人才的最终培养要靠科学合理的课程设置来实现。如宁波大学进一步转变教育教学观念,根据学科特色、地方需求、资源共享的要求,组建跨学院的学科基础平台,进一步强化基础宽厚与学科交叉,更新理论课程,重视实践环节的课程设计,搭建起创新人才培养体系的基本框架。设立通识教育课程,

实现复合式发展。新时代人才需要具有强烈的好奇心和求知欲,具有极强的知识吸纳能力,能够适应新形势和任务的需要,在道德修养、心理素质、精神状态和社会责任感等方面表现优异。基于推进新时代人才培养和全面提高教学质量的考虑,宁波大学科学划分学科大类,合理设计人才培养计划,进一步完善学校基于"平台＋模块"课程结构体系的人才培养模式。此外,宁波大学还创新教育模式,设置阳明创新班和独具特色的学分制度。从2007年起,学校正式实施大学生创新创业训练计划,规定每位学生必须修满4个创新创业学分才能毕业,学分的获得涵盖了创新训练、创业训练、学科竞赛、人文素质拓展、职业技能提升等5个方面。学生参加创新创业实践、参加学科竞赛、获得创新创业奖项、进行工商注册等经过认定后,均可获相应的创新创业学分,计入成绩档案和学生总学分,从而推动和实现了"第一课堂实践化、第二课堂学分化"。

三、强化科研竞赛的育人功能,拓展创新实践培养渠道

新时代人才的重要特征之一是具有突出的创新能力。科研竞赛的开展,使得创新人才的动手能力得以在实践中增强。在宁波大学,学校在实施大学生创新创业训练计划时,十分注重学科竞赛的实践育人功能,在不断地探究摸索中,根据教育形势发展,逐渐建立起了以"挑战杯"为龙头,各专业学科竞赛为支撑的科研竞赛体系。由于许多竞赛活动比赛周期长、强度大、知识储备要求性高,学生在参加完相关赛事,不仅在个人知识的深度和广度获得扩充和增长,意志品质上得到磨砺,增强了抗击打能力,而且在团队协作意识和合作能力上也得到明显提升。因此,相关赛事受到了许多学生的关注和积极参与,各项赛事成果也层出不穷。如在作为目前国内环境设计专业最具影响力赛事之一的2015年亚洲设计学年奖中宁大学子取得了优异成绩。2016年,全球计算机界的顶级学科赛事——ACM国家大学生程序设计竞赛全球总决赛在泰国举行,共有来自六大洲102个国家2736所大学的40266名学生参与。宁波大学学生经过层层选拔,最终成绩名列全球第76名、中国内地高校第14位。"挑战杯"在高校科研竞赛中的位次和重要性无疑是最显著的。宁波大学十分重视挑战杯对学生

的帮助,从项目设置、团队组织、专家评审和激励政策上全面辅助。2015年,在"挑战杯"全国大学生课外学术科技作品竞赛中,宁大首次荣获特等奖。2016年,"创青春"全国大学生创业大赛,宁大囊获4金2铜,成为全国仅有的8所连续四年获得"挑战杯"、"创青春"系列赛事优胜杯高校之一。

在推进新时代人才培养的过程中,宁波高校结合地方经济社会发展需求,坚持"引进来"和"走出去"发展战略,让精英教育和创新教育符合时代要求,契合社会需求,打通新时代人才的社会培养通道,使其能有用,有大用。各高校大力推进与国内外高校、地方政府的沟通与合作,不断为新时代人才拓展国际视野,汲取前沿知识养分创造条件和平台。2018年2月12日,宁波市政府主要领导在宁波会见中国科学院副院长、中国科学院大学党委书记,共同为中国科学院大学宁波材料工程学院揭牌。该学院是中国科学院大学直属的二级学院,由宁波市和中国科学院大学合作共建,主要依托中国科学院宁波材料所现有的科研平台,整合、优化中国科学院院属研究单位材料化学等领域的科研资源,致力于建设成为"国际上有特色、国内一流的新材料产业创新创业人才培养的示范基地"。学院采取"小规模、国际化、有特色"的教育模式,办学层次主要以硕士和博士研究生为主,适当招收港澳台学生及留学生,办学规模逐年扩大,在校全日制研究生规模至2020年达到1200人,至2025年达到2000人,将为宁波材料领域的创新和产业的发展提供人才保障和智力支撑,对区域高等教育形成有益补充。

近年来,宁波市委、市政府认真落实省委、省政府推进名院大校建设的决策,不惜重金引进国内外优质资源,以迅速增强宁波高等教育实力。凭着"敢想、敢做、敢当"的实干精神,一大批稀缺资源纷纷落户宁波。宁波与北京电影学院签署战略合作协议,共建北影影视艺术学院;与大连理工大学签订协议,启动建设大连理工大学宁波研究院;与浙江大学签署协议,共建浙江大学宁波"五位一体"校区;与哈尔滨工业大学签订战略合作协议,共建宁波智能装备研究院;与西北工业大学签署战略合作协议,在宁波共建西北工业大学宁波研究院……2017年以来,十多所强校强院强所扎堆落户宁波,成就了高等教育发展的"宁波现象",为城市发展注入了新的活力。

　　"宁波正处于高质量发展阶段,迫切需要高水平研发机构和科研人才支撑。"以教师为主体的教育人才队伍,是教育事业发展的基础,是提高教育质量、办好人民满意教育的关键。打造一支高水平的高等教育人才队伍是建设高水平大学的内在要求,是提升高校核心竞争力的必由之路,宁波高等教育的高质量发展离不开师资队伍的建设。我国最早的一部教育专著《礼记学记》有云"建国君民,教学为先",意即治理国家、统治百姓,首要的就是推行道德教化。"百年大计,教育为本""教育大计,教师为本",这是当今教育领域的最强音,这是教师决定教育事业兴衰的最醒目注脚。教育的现代化落脚于教师的现代化,没有师资的现代化,一切于事无补。正如美国现代化研究专家阿历克斯·英格尔斯所言:"如果没有观念的现代化,那么再完美的现代制度和管理方式,再先进的技术工艺,也会在一群传统人的手中变成废纸一堆。"[①]何谓大学?清华大学"终身校长"梅贻琦先生作出了诠释:"所谓大学者,非谓有大楼之谓也,有大师之谓也。"[②]梅先生将清华大学的生存与发展寄予"大师们"身上。的确如此,大学的层次与社会公信力直接取决于大学教师的素质与社会影响力,一流高端的大学创建于一流高端的师资队伍之上。改革开放以来,宁波高等教育的快速发展,与重视师资队伍建设密不可分。

　　发展教育,人是第一要素,教师是第一战略资源。人才队伍的质量决定了教育的质量。近年来,宁波高度重视高等教育人才队伍建设工作,坚持党管人才和人才强校、人才强教战略,加大人才培养与引进力度,深化体制机制改革,优化人才发展环境,人才总量有所增长,结构持续优化,初步形成了一支师德高尚、业务精湛、结构合理、充满活力的高素质专业化教师队伍,有力地推动了高等教育内涵提升与发展。重视师资队伍建设,不是光喊口号,也绝非"发文"了事,而要落实到实际行动之中。

　　(1)提升教师的社会地位。新中国成立以来,对知识分子政策出现"钟摆"现象,极不稳定,政治运动危及教师利益。不少群众对教师的认识缺乏理性,

①[美]阿历克斯·英格尔斯.人的现代化——心理·思想·态度·行为[M].殷陆君编译.成都:四川人民出版社,1985:4.
②刘述礼,黄延复.梅贻琦教育论著选[M].北京:人民教育出版社,1993:24.

"迂腐""固执""老朽"是对教师评价常用的词汇,教师社会地位不高。宁波市把"科教兴市"理念真正融入社会实践之中,真切提高教师的社会地位,让"两个尊重"成为常态的社会氛围,让教师有"为师"的自豪感。目前,宁波全市全日制普通高校教职工总数1.15万人,其中,专任教师8292人。专任教师中,具有正高级职称的996人,占比12%,副高级职称的2511人,占比30%;研究生以上学历教师5071人,其中博士研究生2230人,硕士研究生2841人,占专任教师比例分别为27%、34%。宁波高校获得博士学位的教师无论数量还是比例都有较大幅度的提升,专任教师中博士数量比2011年增长81%。中青年教师已成为教师队伍的主要力量。40周岁以下专任教师4430人,占比53%;40至50周岁专任教师2324人,占比28%;50周岁以上专任教师1538人,占比19%。高层次人才总量持续增加。目前已拥有中科院院士(全职)1人,加拿大两院院士(全职)1人,国家"千人计划"专家6人,教育部"长江学者奖励计划"特聘教授4人,浙江省"千人计划"专家25人,浙江省"钱江学者计划"特聘教授17人,市"甬江学者计划"特聘教授21人、讲座教授19人,市"3315计划"专家25人,市高端创业创新团队10个。

(2)提高教师的经济待遇。在一个入不敷出、没有尊严生存的境况下,教师授课都不会上心,何谈敬业?在当今市场经济条件下,看得见的实惠比悦耳动听、高尚的道德说教更能留住在岗教师,更能吸引优秀人才加入教师队伍。毛泽东曾一针见血地指出:"一切空话都是无用的,必须给人民以看得见的物质福利。"[1]张闻天谈到物质利益和思想教育的关系时指出:"只进行思想教育,而不给物质利益,思想教育就没有具体内容,就成为'买空卖空'。"[2]应当说,近些年来,宁波高校教师的社会地位与经济待遇都有了较大提升。此外,宁波高校紧紧围绕服务宁波重大发展战略,对接区域产业发展需求,依托高校重点学科专业、重点实验室、高校协同创新中心等平台和国家、省级"千人计划"、市"3315计划"、"甬江学者计划"特聘教授和讲座教授等项目,广泛引进海内外高层次领

---

① 中央文献编辑委员会.毛泽东著作选读(下册)[M].北京:人民出版社,1986:563.
② 《张闻天选集》编辑组.张闻天文集(第四卷)[M].北京:中共党史出版社,1995:368.

军人才和创新团队。宁波市层面的"甬江学者计划",工科类、理科类、人文社科类特聘教授分别可获180万元、120万元、60万元专项建设经费,特聘教授、讲座教授在聘期内岗位津贴分别为每年20万元、每月2万元。

（3）加强教师的业务培训。现代科技的飞速发展,高等教育必然受到这种趋势的影响,客观上也要求高校教师能力的综合性发展。具体而言,目前宁波高校教师的培训有以下几种途径。其一,在培训时间上,有长期培训、中期培训、短期培训及不定期培训等方式。其二,在培训内容上,通过专业、外语、计算机应用技术等培训,提升教师的教学能力、网络资源教育能力、创新能力等。其三,在培训方式上,有在职进修、在职攻读学位、访问学者、出国深造等。通过以上措施,促使教师更新教学观念、不断提高教学能力。宁波各高校都充分意识到教师培养的重要性,从培养对象、培养内容和培养措施着手打造"立体化"的人才培养体系。宁波大学、宁波职业技术学院、宁波卫生职业技术学院等相继成立教师教学发展中心。浙江万里学院先后实施了"博士—教授"工程、青年教师国际化发展计划、人才工程培养计划、"双师型"队伍建设计划、创新团队培养计划等,针对青年教师建立了导师制;宁波职业技术学院实施"分类分层"教师培养模式,为教师提供多元化的培训培养平台,为不同类型和不同层次的教师服务;宁波工程学院加强中青年骨干教师培养,实施优秀创新学术团队和中青年学科带头人支持计划、优秀教学团队和首席教师支持计划、推进教师实践服务计划、研修访学计划等九大培养计划;宁波大学实施"浙东青年学者"培养计划,每年遴选10名左右青年学术精英作为培养对象,实施拔尖人才培养计划,通过5年培养,成为学校自己培养的领军人才。同时推进教师国际化的培养,出国进修人数成倍增长。2015年6月,在甬16所高校加盟的宁波市高校教师发展中心工作联盟成立,联盟致力于整合各校师资、培训空间、研究资料、外聘专家等资源,主动构建促进教师发展的工作研讨和资源共享平台。经宁波市高校教师发展联盟推荐,宁波市教育局确定了高校教师发展培训第一批67个示范项目,将培训方案统一汇总后供各高校及教师选择参加培训,以扩大示范辐射作用,提高培训质量。

（4）制度层面保障。为了让教师培养常态化、制度化,宁波市出台的《宁波市中长期教育改革和发展规划（2011—2020年）》提出："加快科技领军人才培养和创新团队建设,制定学科专业领军人才引进标准,健全高层次人才使用和奖励制度。"在宁波市教育规划的指引下,各高校相继制订本校教师队伍建设规划,明确师资队伍建设目标,建立经费保障机制,加大教师队伍建设力度。如宁波大学于2014年10月印发《关于进一步推进人才强校战略的若干意见》,把加快人才队伍建设作为学校发展的重中之重来抓,强化党委人才工作领导小组职能,实行人才工作目标责任制,增加人才专项资金投入,今后五年每年安排不少于1亿元经费用于人才引进和培养工作,确保人才队伍建设各项任务指标落实到位;浙江大学宁波理工学院制定出台了《关于加强人才队伍建设的若干意见》,明确人才队伍是学校推进内涵建设、提升核心竞争力的关键因素,是推进开放办学、实现跨越式发展的核心资源;宁波卫生职业技术学院成立了人才工作领导小组,出台了《关于加强师资队伍建设的若干意见》等10个文件,加强经费保障,在各类政府专业建设和培训项目资助经费的基础上每年单列师资队伍建设经费200万元。

第四节　政府主导,高校与城市良性互动

高校不是与外界隔绝的"象牙塔",应更多地融入社会、服务社会。高校为地方经济社会服务,是高等教育发展的重要任务之一。如何抢抓机遇,增强核心竞争力,提升服务地方发展能力是摆在宁波高校面前的一项重大任务。宁波地方高校作为区域教育产业,不仅是人才培养基地,也是科技成果的孵化站,其科技成果是区域经济建设社会发展的知识源和技术源。高校科技成果转化,是指将科研项目进行后续中试、应用和推广从而形成新产品,是科学技术转变为现实生产力的动态过程。科学技术是促进区域经济建设和社会发展的根本动力,区域经济社会发展借助地方高校的科技力量,为区域内企事业单位解决技术难题、提高生产效益,利用科技研发促进区域经济社会生产力提高,是地方高校社会服务的根本路径。

一、以行业为导向开展应用型研究

　　宁波地方高校具有较好的科研设备、高水平的科研队伍,通过科学研究活动,能够提供辐射整个区域的新知识、新型实用技术,推动和促进区域经济社会科技进步。地方院校科学研究只有与区域经济建设紧密结合,推进区域经济社会科技进步,其研究才能得到社会的支持,地方院校才能成为企业技术进步的后盾和依托。首先,区域资源是宁波地方高校科学研究、技术创新的基础,科研项目只有紧紧围绕"科教兴市"的区域发展战略,坚持区域经济社会发展需求导向,及时了解区域经济社会发展中的热点、难点和重点问题,依托自身在相关应用研究领域的优势参与课题研究,使立项课题与市场需求、企业需要相吻合,避免盲目跟风或贪大求全,找到相互发展的"耦合点",更好地为区域经济社会发展服务。

　　如纺织服装行业是宁波市的传统优势产业之一。宁波市纺织服装特色数字文献资源库(网址:http://www.zjff.net:81/homepage.jsp.以下简称"纺织服装特色库")属于宁波市数字图书馆的建设项目,是宁波市为加快建成数字文献信息资源共享服务体系,由政府主导院校承建的具有地区特色的专题数据库,由浙江纺织服装职业技术学院承建。该库的建设秉承了为宁波产业结构升级、提升传统优势产业服务的宗旨和原则,并力图体现学院的专业特色。自2008年该项目启动以来,至今已初步建成具有国内先进水平、功能齐全、资源丰富、可持续发展的开放式区域性纺织服装特色数据库。特色库的中心平台已有数据12万余条,点击率超过200万次,日均点击率5000次以上,为宁波纺织服装企业的产品开发提供了强大的资源支撑和技术服务,同时也是学院探索产学研结合的重要成功个案。[1]目前已投入的使用特色资源数据库的共建方式主要有产业主导方式、教学主导方式、联合开发方式、政府参与方式等,而宁波纺织服装特色

---

[1]陆丽君,张鸿雁,余秀琴.高校特色数据库建设与服务模式创新之案例研究[J].中国职业教育,2010(18):27-32.

库的建设适应了当前形势的多重需要,在建设过程中综合运用了以上几种模式,不仅提高了数据库质量,并使得数据库的使用达到较高的利用率。宁波特色库承建学院通过多方合作组建了特色库项目组,它是一支由纺织服装专业人员、图书情报专业人员、计算机专业人员、企业技术人员组成的多元化的专业队伍。在此基础上,共同构建了可满足特色库需求的中心平台。通过该专业门户,可提供包括数据浏览、下载、文献传递、参考咨询、用户培训等服务。在服务与更新阶段,由对接的企业指派专门联络员,与校方人员建立联系,及时了解企业需求,并随时完善补充数据库平台。

特色库项目组与宁波的纺织服装企业的产学研合作主要分为两块内容。其一是数字资源的推广与合作。在满足校内师生需求的基础上,将宁波市纺织服装产学研技术创新联盟作为重点服务对象,开展批量信息传送服务与个性化信息传送服务。项目组以资讯服务为纽带,发展了一批会员单位,以网络传输的形式,定期提供最新的流行趋势与产业信息。同时向会员单位提供专业培训与讲座服务,企业也将产品的最新资料授权于项目组,发布在纺织服装特色库平台。其二是技术、设计开发外包服务。项目组通过对大量企业的走访,发现企业对产品开发的重要性高度认同,但缺乏产品研发的技术力量。因此项目组开设的技术服务主要是针对企业产品研发而提供的设计外包工作,为重点合作的企业提供产品开发的一系列生产技术打包服务,包括款式图、生产工艺全套文件等。这种服务使得企业在这些技术文档的支持下可以直接到工厂下单生产,从而帮助企业解决产品设计缺乏技术力量的瓶颈问题,缩短了研发时间,节约了成本,直接增强了企业的竞争力。而设计外包的资料又可以同时反馈到特色库中,充实特色库的内容。截至2011年4月,特色库项目组成员主动走访服务了宁波市107家纺织服装企业。一方面,推介特色库的信息资源和使用方法,另一方面,专业老师与企业技术人员就品牌打造、服装设计、产品营销、生产管理及对人才的需求等进行交流。同时也根据企业的需求,推荐专业对口的学生,拓宽学生的就业面,从而获得双赢。纺织服装业以民营企业为主,中小型企业居多。这些企业的技术力量相对薄弱,产业结构调整与升级需求迫切。而特色数据库有助于培育创新资源、开发创新能力、建设创新环境。为此,项目组开展了针对纺织服装中小企业个性化特需定制的服务,助推企业创新水平的提升。浙江纺织服装职业技术学院专门设立了纺织服装特色库信息服务部,为企业提供解答和探讨等咨询服务。同时,项目组依托学校的培训机构,对来该院参加深造学习的宁波市纺织服装企业优秀青年员工进行纺织服装特色数据库的推广培训。特色库使得宁波纺织服装企业能在第一时间获得纺织服装类期刊、信息资源,了解技术发展前景、市场动态,从而做出符合市场需求的战略决策。特色库资讯的整合深度为专业师生在理论高度和设计方向的把握上提供了有力支撑。

宁波地方高校通过科技研发以解决区域内各企业单位相关领域的瓶颈问题,推进产学研合作,加强科技研发,推动科技成果与企业、产业对接,地方高校可以建立校企联合研发中心、组建产学研合作基地,将学校高新技术和人才引入企业,开展行业关键技术联合攻关,逐步形成稳固的产学研合作关系。宁波地方高校科研人员将科技成果和高新技术带到企业生产第一线,解决生产中的技术难题,企业也为科技成果的验证提供了条件,推动了高校科研与企业、产业的对接。宁波地方高校重点开展应用型研究,依托校内各实验室、工程研究中心等科研平台,加强学科交叉融合与协同创新,建立跨学科、跨学院的科技创新平台,致力于技术的前期研发。因此,要与区域内其他科研主体结盟,构建协同创新研究院,进行科学技术的开发、中试与推广,最大限度地激发协同创新研究院的科研活力,有针对性地解决区域内企业生产中的技术难题。

二、深化科技成果转化体制机制改革

宁波地方高校科研成果是解决区域科技问题、实现技术转移、提高区域经济社会生产效益的主力军,同时高效率的科研成果是一个区域竞争优势的主要来源。因此,必须完善制度、创新机制,加强科技推广和成果转化力度,增强高校科技创新活力,为提高区域经济社会生产效益做出贡献。

首先,重视互联网对地方高校科技成果推广的重要作用,发挥地方高校新产品、新技术推广与企业技术创新活动之间的媒介作用,加强网络信息服务平台建设,建立科技成果信息资源开发系统和科技成果数据库。如区域政府相关部门可以在网络上成立"科技成果信息服务平台",广泛发布区域内各个地方高校的科研成果以及企业的技术需求,努力实现网上信息共享。企业单位可以迅速找到自身发展所需的科技成果,同时地方高校的科技成果也能投向市场,帮助企业充分了解科技发展前沿,以便在生产实际中加以运用。因此,利用先进的网络信息技术,加强成果推广,以提高区域经济社会生产效益。

近年来,宁波积极探索技术转移服务新模式,于2008年投入运行的宁波市产学研创新服务平台是以网上交易平台为载体,科技合作活动为抓手,以健全技术转移和成果转化服务链,建立适应公益性服务与市场化服务相结合的运行机制,促进跨行业、跨部门、跨地区的技术交易与成果转化,形成体系健全、功能完善、运作规范、网上与网下服务相结合、网络化全覆盖的运行模式,使技术交易更高效、便捷,是目前宁波企业与各高校、研究院所实现技术转移的一个重要科技合作渠道。

宁波市产学研创新服务平台由网上技术交易平台、网下技术交易展示洽谈活动和产学研服务平台运行服务体系三部分组成。(1)网上技术交易平台。随着计算机技术和网络技术的发展,出现了许多为技术转移服务的Web网站——网上技术市场,这些网上技术市场最初表现为技术转移信息平台,随着软件技术的开发,平台支持数字化交易的功能加强,逐渐演变为技术交易支持平台和科技资源配置平台。网上技术市场已成为促进科技创新、技术交易、加快企业生产方式改进、产业转型升级的新兴生产要素市场。宁波市产学研创新服务平台吸收借鉴国内其他网上技术交易平台的优势,建立了宁波市产学研创新服务平台(网址 www.nbcxy.gov.cn),该网站是采用人工智能技术、互联网技术、现代通信技术等最新技术建设的支撑性公共服务平台。通过产、学、研各方在这一平台上的资源共享,解决了以往产学研结合中"信息不对称""资源不共享"等瓶颈问题,促进了科技与信息观念的转化和信用系统的建立,从而充分整合国内外科技资源,有效地释放广大科技人员,科研院校的创新潜能和智慧,积极引导和支持创新要素向企业集聚,对科技成果向现实生产力的转化,建设具有中国特色的技术创新体系,具有积极的、重要的促进作用和现实意义。(2)网下技术交易展示洽谈活动。网下技术交易展示洽谈活动主要通过举办各类科技合作交流活动,如中国(宁波)高新技术成果交易会、中国(宁波)新材料与产业化论坛、国内外"宁波周"等科技合作交流活动,依据网上交易洽谈进展,邀请国内外知名的高校、科研院所和专家开展成果与难题的有效对接,为技术供需双方开展面对面交流提供载体,从而实现各类成果在全市企业中的成功转化,是网上交易的重要补充。如2012年9月组织召开的"中国(宁波)高新技术成果交易会",就是根据网上技术交易平台上企业发布的技术需求,有针对性地邀请了华中科技大学、合肥工业大学、中国机械科学研究总院等36所国内外知名高校和科研机构的110位专家携科技成果参会,为企业"把脉诊断"。组织网上交易平台注册的800多家宁波企业参加高交会,与高校、科研院所专家进行对接洽谈。为使专家更深入地了解企业在生产过程中所遇到的难题,通过组织专家深入企业考察,为企业提供咨询服务、解决技术难题出谋划策。本次活动使在网上有意合作的项目通过网下进一步地洽谈与交流,提高了项目对接的成功率,共达成合作意向近50项。(3)产学研服务平台运行服务体系为进一步健全以网上技术市场为重要载体的产学研服务体系,建立了网上、网下的产学研合作运行管理机制,构建了技术转移的立体式服务网络。一是在宁波市生产力促进中心设立了市级市场,对平台实行统一运行管理。市级市场负责产学研平台的日常运行管理,组织开展各项合作活动,指导分市场工作的开展;做好平台运行维护,保障网络信息的通畅;大力发展会员,宣传技术交易政策法规;跟踪核实成交项目实施情况,做好统计分析;加强技术交易队伍的培训,推进技术交易市场信用体系建设,大力推广典型案例和成功经验。二是在各县(市)区设立了12个分市场,主要负责企业技术需求的挖掘、信息审核和管理,及时收集、准确发布需求信息,提高上网信息真实性;组织技术供需项目对接,推动科技成果转化。三是充分整合市内外技术转移服务机构的资源,发挥市外高校、研究院所在甬设立的技术转移服务机构如院士工作站、技术转移中心等以及市内科技中介机构等在经营、管理和服务手段上的优势,组建了一支专门从事技术转移服务的工作团队,建立了协同合作的机制,促进跨地区、跨部门、跨行业的技术转移。

其次,完善成果推广激励制度。鼓励和调动科研人员成果转化的创新热情,对科技成果推广有突出贡献的科研人员在社会地位、待遇上进行政策倾斜,在评优晋升时,将科技成果推广业绩作为衡量科研人才的标准之一;在技术职称评定时,以成果转化后的效益水平作为重点考核内容之一。鼓励地方高校科研人员以团队形式,通过创办企业、持有企业股权等方式开展科技成果转化,建立符合成果推广规律的管理机制,保障科研人员顺利进行成果推广工作。激励机制是在高校科技成果转化系统中,加强成果推广的重要手段。加大地方高校科技成果转化,提高区域经济社会生产效益,必须加强科技成果转化机制创新,激发开展科技成果转化为生产力的积极性和主动性。建立激励机制,完善成果评价、分配办法。健全科技成果转化评价体系,针对地方高校基础研究、应用研究和试验发展等不同阶段,建立不同的评价体系,确保科技成果推广活动顺利开展,并及时进行评估工作,使其尽快转化为生产力,提高社会生产效益。制定科学、公平的利益分配机制,能够有效促进成果转化。为适应成果推广,设立科技成果推广转化基金,促进科技成果转化为生产力。明确规定科技成果转化基金的用途、使用办法和相关条款,利用科技成果转化基金,资助科技项目进行推广和转化,并制定合理的收入分配制度。发明人、专利代理人、研究项目单位、大学、学院等各个主体按比例获取收益,如此,将会使科技成果更多地转化为现实生产力。

在成果转化过程中,高校科研管理机构在连接大学和企业中发挥着作用。建立多样化的成果验收审查与评估机制,完善审核标准,提升成果质量。学校成立科技成果管理机构,加强对成果创新性、市场应用性的审查,由第三方专业评估机构、高校、企业联合评价成果,切实注重成果数量与质量的同向增长。健全科技成果转化风险投资机制。风险投资作为重要的融资渠道,是成果转化的资金支撑,可以降低成果转化的实际风险。地方高校应完善风险投资的规避机制,建立以风投机构为主导的投资平台。加强自身筹资能力并重视市场调查,为成果的中试孵化提供资金支持。同时开展科技成果转化市场调研等活动,科学评估科技项目的实际还款能力与贷款风险,将投资风险进行合理分摊,最大程度弱化投资风险。

高校科技成果转化分配制度应平衡好学校和个人利益,建立以业绩贡献和能力水平为导向的教师激励机制,使成果具有应用价值并带来社会效益。在科研评价方面,应考虑不同学科的差异,防止"唯SCI、EI检索化",以及单纯以论文发表数量来评价学术水平,对科技人员制定分类、分层次的考评体系,在职称评审中努力做到"效益与论文同等",对在科研上有重大突破的人员予以政策倾斜。同时将成果转化项目进行量化并纳入高校教师职务晋升、考核的评价指标体系,激励科研人员投身产业化技术研究。在收益分配方面,科研奖励涉及多数人的利益,可根据科研人员在成果转化、推广的各个环节的贡献,对从事专利转移转化的科研人员或辅助人员,按转让收入实际到账经费给予一定比例的绩效奖励,并严格考核考评、保证公平、公正和透明。

三、完善科技成果服务保障体系

(一)大力推进产学研结合,形成合作联盟

合作联盟以共同利益为基础进行联合开发,紧密贴合市场需求,在成果转化资源整合方面针对性更强,"通过立法形成制度红利保障技术创新联盟健康发展,实现利益共享推动组织运行,营造良好的人际氛围推进有效沟通"。一是地方高校建立产业技术联盟立法保障,组建合作联盟须符合区域产业政策导向,地方高校科研遵循区域市场技术要求,明确项目成果和知识产权的归属、转化收益的分配办法。二是坚持风险与利益共享原则,合作联盟基于自愿的市场化机制,通过制定契约等运行规则明确科技成果资金投入、产权归属、转化效益分配等规则,促进市场秩序规范化,增强成员之间信任度使其获得平等地位。三是构建良好的信息交流、利益调节机制。合作联盟定期召开政策论坛及行业峰会,共同解决区域科技难题,并通过举办特色活动加强联盟成员间的交流互动,开放与共同任务相关的仪器设备等科技资源,以此互通有无、取长补短。

宁波物流产业产学研技术创新战略联盟成立于2012年4月。其战略目标是充分发挥物流产业链上政府部门、行业协会以及企业层面的政策和资源优势,重点发挥高等院校、科研院所的科技创新优势,以解决物流产业发展所面临

的前沿问题,抢占技术创新的制高点,创造新的商机和市场,创建"创新型城市"。联盟在宁波市科学技术局的支持与指导下,以宁波工程学院为依托,集结了一批物流领域的高校、科研单位和物流行业的骨干企业,目前会员单位已达62家,合作企业300余家。联盟建立以来,取得了突出的成绩。联盟理事长和秘书长单位——宁波工程学院成功获批中国物流学会产学研基地,2012、2014年度课题成果均荣获中国物流与采购联合会、中国物流学会优秀学术成果一等奖,2013年度课题荣获优秀成果二等奖;物流管理专业成为浙江省重点专业,以"物流"为核心的管理科学与工程学科被评为浙江省重点学科;造价600万元的智慧物流实验室项目获中央财政支持。近两年,物流学科到账横向科研经费500余万元,解决了联盟单位的一批技术难题,并与英国SCALA物流集团、俄罗斯莫斯科国立民航大学、乌克兰国立民航大学、波兰佛罗兹瓦夫国际交通与物流大学、保加利亚交通大学等单位的国际合作得到强化,获得国家科技部、外专局的中外合作项目4项。联盟在集聚各方面力量,为宁波物流产业的发展做出更大贡献。

(二)地方高校和地方政府联合成立中介机构

地方高校和政府应联合成立从事成果转化、推广的中介机构,从而提高成果转化率。首先,地方高校主动提升科技中介机构服务能力的专业性,充分参与企业研发过程,同时将服务范围向企业全方面发展延展,拓展专业化的增值服务,并由科技行政部门及行业协会组织对高校科技中介机构进行资格认证,促进其提高服务质量和水平。其次,建设集成果管理、展示、交易于一体的中介服务平台,加强高校与企业技术转移办公室间的联系,整合评估、风投等功能来解决交流不畅的问题。再次,培育技术转移服务人才,科技中介服务工作具有专业性,加强技术经纪人、科技评估师、咨询师等专业培训和执业资格的考核认定工作体系,加大技术经纪人队伍培训力度,培育技术与洞察力兼备的复合型的技术转移人才队伍。

首先,搭建工作平台。以宁波市为例,自2017年以来,宁波市建立和扶持了一批智能制造技术研究和智能制造产业服务平台。同时发展了一批公共服务机构,培育发展一批工程服务公司和系统集成商。2018年9月,在宁波召开的全球智能经济峰会上,北仑区人民政府、宁波职业技术学院与知名科学家李泽湘教授,达成三方协议,在宁波市建设"宁波智能技术研究院""宁波智能技术学院""清水湾(宁波)智能产业园"(简称"两院一园")的整体架构下,共建北仑区域合作中心——北仑智能技术产业应用中心和中德智能制造国际学院,着力于北仑区域智能技术人才培养、产业应用与推广和创新孵化等。这一案例是典型的具有孵化功能的产学研协同创新平台,根据三方协议,中心通过整合智慧分析与优化设计、数据交互与制造协同、智能传感与控制决策、智能化集成执行四大技术领域,打造全互联网络高速高精数控系统开发平台、模具设计加工与成型应用全生命周期协同制造平台、工艺复合化高端智能装备设计开发平台、新能源汽车关键零部件离散智能制造开发平台,进行产业应用与推广。

其次,组织召开大型研讨会,积极开展"双合作"活动。近几年来,宁波工程学院以产学研合作为主题,共组织了两次大型产学研合作研讨会,邀请工程教育界的专家,宁波市教育局、科技局的有关领导以及部分企业的代表,共同探讨产学研合作教育中存在的相关问题,聆听专家对产学研合作教育的最新看法,掌握行业内对工程院校培养人才的反馈意见和建议。研讨会中产学研三方就合作的重大问题、重要合作项目及有关政策的制定达成初步共识,改变仅仅以完成项目为重心的短期三方合作方式,建立以长期战略合作为依托的全面合作关系,创新合作内容,将学生培养纳入其中。同时由于"官"方的介入,使得三位一体的"产学研"变成了"官产学研",积极争取政府及有关部门出台加强和推进产学研合作教育的政策和措施,诸如财政补贴、税收优惠、学生工伤保险等,支持产学研合作培养工程人才,推动产学研合作不断深入开展。与宁波市海曙区政府共建的宁波市知识产业园就是学院实践"官产学研"共同培养学生的一个创新平台,经过一年多的建设,产业园已初具规模,中国网通集团与学院共建的重点实验室已初步建成;达内集团实训基地也已正式启动;安博教育集团、香港职业训练局、香港理工大学工业中心、新东方等引进项目正按计划建设中,这些对该校应用型人才的技能培养起到极大的促进作用。2008年宁波工程学院出台《关于进一步加强校地合作工作的若干意见》,并组织有关部门和各二级学院领导进行了以"服务创业创新,推进校地合作"为主题的调研活动,就此拉开了"双合作"活动的序幕。所谓"双合作",包括两个方面的合作,一方面是与国内外名校、科研院所(国际)的合作,另一方面是与地方政府、企业的合作。活动开展以来,学院与合作单位共建专业实验室1个,工程研究中心2个,生产(教学、实习)基地5个,人才培养项目5项,建立战略合作关系企业17家。同时利用"双合作"和战略合作关系企业平台,企业全方位、全程参与学生培养计划的制订和各个教学环节,积极开展培养新模式探索。如与镇海炼化股份有限公司合作的"3+1"培养模式、与宁波柯力集团合作的定向培养模式、与杰杰工具有限公司合作的课题培养模式等。

高校和宁波相融相生。2018年宁波顺应产业变革趋势,立足产业基础,谋划推进绿色石化、汽车制造等"246"万千亿级产业集群建设。为服务产业升级,宁波以"246"产业体系发展需求为导向,实施新一轮宁波市高校学科、专业能力提升计划和产教融合试点,投入1.87亿元对57个市级重点学科和86个市级重点专业予以重点建设。"我们力争通过4年左右时间,培育一批科研能力强、与宁波重大发展战略和产业契合度高的市级重点学科、专业。"宁波市教育局高教处处长董刚说。2018年以来,宁波大学化学、材料科学等5个学科,以及宁波诺丁汉大学的工程学学科已进入全球ESI(基本科学指标数据库)前1%。近年来,宁波不断强化行业指导办学,服务区域科技创新。行业主管部门牵头成立了宁波市知识产权学院、宁波市智能制造学院等7个行业特色学院和8个职业教育行业指导委员会,重点建设宁波财经学院大宗商品商学院等11个宁波市级试点特色学院,推动产教供需双向对接、精准服务,建成宁波大学港口经济协同创新中心等24个省市高校协同创新中心。在甬高校科技创新能力不断增强、科技创新成果不断涌现,先后获得国家自然科学二等奖等重要奖项,实现了国家科学技术三大奖的全面突破。在服务区域发展上,宁波还加强校企、校地合作,引导和推动在甬高校向经济发达的区县(市)、高新区和产业集聚区延伸,根据各区县(市)、功能区的产业发展规划和科技人才需求,优化高等教育资源布局,推进高等教育集聚区和环高校创新区建设。宁波大学海运学院落户梅山国际物流产业集聚区,宁波大学科技学院落户慈溪,浙江医药高等专科学校落户奉化,宁波工程学院汽车学院落户宁波杭州湾新区……宁波高校已在各区县(市)实现办学全覆盖,为当地经济社会发展提供了强大支撑。

参考文献

［1］ BILENKO M, BASU S, MOONEY R J. Integrating constraints and metric learn-
ing in semi-supervised clustering［C］// Proceedings of the Twenty-first Interna-
tional.

［2］ Conference on Machine Learning, July 4-8, 2004, Banff, Canada.

［3］ Knight G A.Cross-cultural Reliability and Validity of a Scale to Measure Firm
Entrepreneurial Orientation ［J］.Journal of Business Venturing, 1997.12.

［4］ 阿弗里德·马歇尔.经济学原理.廉运杰,译,北京:华夏出版社,2005.

［5］ 北京师范大学《中国教育制度发展史》编写组.中国教育制度发展史(初稿)
［G］.北京:北京师范大学《教育革命》发行组,1969.

［6］ 本刊编辑部.半个世纪的探索与辉煌——共和国高等教育发展历程回眸［J］.
中国高等教育,1999(18).

［7］ 别敦荣,杨德广.三十年中国高等教育改革与发展的成就——中国高等教育
改革与发展30年［M］.上海:上海教育出版社,2009.

［8］ 蔡克勇.高等教育简史［M］.武汉:华中工学院出版社,1982.

［9］ 蔡文芳.我国高等职业教育区域合作研究探索——以宁波为例［J］.中国成人
教育,2008(20).

［10］ 陈光.宁波市开展职业教育"牵手百家企业"活动［J］.中国职业技术教育,
2004(11).

［11］ 陈君静,吴莉.教会教育与近代宁波社会［J］.宁波大学学报(教育科学版),
2010(05).

［12］ 陈凯.当代中国教育思想史［M］.开封:河南大学出版社,1999.

［13］ 陈贤忠,程艺主编.安徽教育史(上下)［M］.合肥:安徽教育出版社,2006.

［14］ 陈新.构建高质量、大众化、服务型的区域高等教育体系——宁波高等教育
发展的战略思考［J］.中国高教研究,2010(1).

[15] 陈学询.中国近代教育大事记[G].上海:上海教育出版社,1981.

[16] 陈翼.教育产业的多元化需求与多元化供给互动[D].广州:华南师范大学.2007.

[17] 大卫·李嘉图.政治经济学与赋税原理[M].北京:商务印书馆,1972.

[18] 戴志伟.宁波人才竞争力的评价模型构建[J].商场现代化,2006(3).

[19] 邓小平.邓小平文选(第三卷)[M].北京:人民出版社.1993.

[20] 董宝良.中国近现代高等教育史[M].武汉:华中科技大学出版社,2007.

[21] 樊士德,沈坤荣,朱克朋.中国制造业劳动力转移刚性与产业区际转移:基于核心—边缘模型拓展的数值模拟和经验研究[J].中国工业经济,2015(11).

[22] 方惠坚,范德清.中国高等教育的改革与发展[M].北京:清华大学出版社,2001.

[23] 方惠坚.中国高等教育的改革与发展[M].北京:清华大学出版社,2001.

[24] 傅九大主编.甘肃教育史[M].兰州:甘肃人民出版社,2002.

[25] 傅璇琮.宁波通史(1—5卷)[M].宁波:宁波出版社,2009.

[26] 高平叔.蔡元培教育论著选[M].北京:人民教育出版社,1991.

[27] 高奇.新中国教育历程[M].石家庄:河北教育出版社,1996.

[28] 高奇.中国高等教育思想史[M].北京:人民教育出版社.1992.

[29] 高奇.中国教育史研究(现代分卷)[G].上海:华东师范大学出版社,1994.

[30] 高奇.中国现代教育史[M].北京:北京师范大学出版社,1985.

[31] 巩在暖,刘为民,雷新华.中国高等教育60年发展历程与成就[J].高等农业教育,2012(2).

[32] 辜筠芳.基于历史的宁波地区师范院校转型升级研究[J].宁波大学学报(教育科学版),2018(06).

[33] 辜筠芳.宁波教育史[M].杭州:浙江大学出版社,2011.

[34] 顾明远.传统与变革[M].北京:人民教育出版社,2004.

[35] 顾明远.跨世纪创新人才培养国际比较[M].北京:人民教育出版社,2000.

[36] 顾明远.中国教育的文化基础[M].太原:山西教育出版社,2004.

[37] 郝维谦,龙正中.高等教育史[M].海口:海南出版社,2000.

[38] 华长慧.教育的跨越:五年宁波教育发展报告(1998—2002)[M].人民出版社,2003.

[39] 黄炎培.清季各省兴学史.黄炎培著,中华职业教育社编.黄炎培教育文集(2),北京:中国文史出版社,1994.

[40] 季明明.中国高等教育改革与发展[M].北京:高等教育出版社,1994.

[41] 加里·S.贝克尔.人力资本:特别是关于教育的理论与经济分析[M].梁小民,译.北京:北京大学出版社,1987.

[42] 蒋洪平.职业教育课程改革"3W1H"法[J].职教通讯,2010(2).

[43] 金芳.国际分工的深化趋势及其对中国国际分工地位的影响[J].世界经济研究,2003(3).

[44] 靳宏斌.毛泽东同志教育思想研究[M].武汉:湖北教育出版社,1986.

[45] 璩鑫圭,唐良炎.中国近代教育史资料汇编(学制演变)[G].上海:上海教育出版社,1991.

[46] 孔令中主编.贵州教育史[M].贵阳:贵州教育出版社,2004.

[47] 雷晓云.中国高等教育制度变迁及其文化透视[M].武汉:华中科技大学出版社,2007.

[48] 李朝军.大学毕业生统一分配制度研究(1950—1965)——以上海为中心的历史考察[D].复旦大学,2007.

[49] 李东福,宋玉岫,杨进发主编.山西教育史[M].太原:山西人民出版社,2010.

[50] 李国钧主编.区域教育的历史研究[M].武汉:湖北教育出版社,2003.

[51] 李岚清.李岚清教育访谈录[M].北京:人民教育出版社,2003.

[52] 李敏谊.顾明远教育口述史[M].北京:北京师范大学出版社,2007.

[53] 李喜平主编.辽宁教育史[M].沈阳:辽海出版社,1998.

[54] 梁北汉.论高校的趋同发展与分类定位[J].深圳信息职业技术学院学报,2007(1).

[55] 刘道玉.高等教育改革的理论与实践[M].武汉:武汉大学出版社,1986.

[56] 刘海峰,史静寰.高等教育史[M].北京:高等教育出版社,2010.

[57] 刘力,张立红.丹尼森估算教育经济效益方法述评[J].探索,1985(2).

[58] 刘献君.论大学特色的创建[J].高等教育研究(武汉),2012(1).

[59] 刘小华.尊重式管理:大学教育意蕴的管理理念[J].大学教育科学,2011(5).

[60] 刘新同.我国企业加强研发能力的动因分析[J].河南师范大学学报(哲学社会科学版),2007(2):151-154.

[61] 刘旭.论我国地方高校的发展定位[J].现代大学教育,2005(1).

[62] 刘一凡.中国当代高等教育史略[M].武汉:华中理工大学出版社,1991.

[63] 刘英杰.中国教育大事典(上、下)(1949—1990)[M].杭州:浙江教育出版社,1993.

[64] 刘英杰.中国教育大事记(上、下)[M].杭州:浙江教育出版社,1993.

[65] 刘勇.企业人才竞争力研究[J].合作经济与科技,2009(8).

[66] 刘仲华,王岗.北京教育史[M].北京:人民出版社,2008.

[67] 罗惠桥.我当宁波市市长旧事[J].宁波文史资料,1985.

[68] 马天云.论产学研合作对促进企业技术创新的作用[J].研究与发展管理,1999(4)44-46,50.

[69] 毛礼锐,沈灌群.中国教育通史(第六卷)[M].济南:山东教育出版社,1989.

[70] 毛盛勇,刘一颖.高等教育劳动力与中国经济增长——基于1999—2007年的面板数据分析[J].统计研究,2010(5).

[71] 毛盛勇.中国高等教育与经济发展的区域协调性[J].统计研究,2009(5).

[72] 毛泽东.毛泽东选集(第二卷)[M].第2版.北京:人民出版社,1991.

[73] 梅贻琦.梅贻琦教育论著选[M].北京:人民教育出版社,1993.

[74] 宁波市海曙区教育志[M].杭州:浙江科学技术出版社,2012.

[75] 宁波市教育委员会编.宁波市教育志[M].杭州:浙江教育出版社,1996.

[76] 潘莉.近代以来的宁波职业技术教育[J].继续教育研究,2013(3).

[77] 潘懋元,刘海峰.中国近代教育史资料汇编(高等教育)[G].上海:上海教育出版社,2007.

[78] 潘懋元,邬大光,张亚群.中国高等教育百年[M].广州:广东高等教育出版社,2003.

[79] 逄先知,金冲及.毛泽东传[M].北京:中央文献出版社,2004.

[80] 彭拥军.高等教育发展的良性互动——宁波高教发展侧记[J].煤炭高等教育,2004(6).

[81] 戚庭跃.西南联合大学教学管理体制研究[D].东北师范大学,2008.

[82] 秦国柱,冯用军.中国高等教育的主要问题及其对策分析[J].教育与现代化,2005(3).

[83] 饶爱京.江西民办高等教育发展研究——经济欠发达地区的视角[D].厦门大学,2006.

[84] 人民教育出版社教育室.毛泽东、周恩来、刘少奇、邓小平论教育[M].北京:人民教育出版社,1994.

[85] 萨伊.政治经济学概论[M].北京:商务印书馆,1963.

[86] 邵祖德.浙江教育简志[M].杭州:浙江人民出版社,1988.

[87] 师玉生,林荣日,安桂花.地方本科院校教师科研产出影响因素的分析框架——先赋性因素、制度性因素和自致性因素的影响[J].现代教育科学,2019(05).

[88] 石维军.1977年恢复高考制度研究——以江苏省为个案[D].南京师范大学2008.

[89] 宋红霞.论我国高等职业教育发展的瓶颈与对策[J].安阳师范学院学报,2009(1).

[90] 苏联大百科全书选译:教育学和教育史(第三辑)[G].北京:人民教育出版社,1957.

[91] 苏渭昌.中国教育制度通史(第8卷)[M].济南:山东教育出版社,2000.

[92] 汤蓉,尹辉的《地方行业特色型高校工程教育国际化问题研究——以宁波市为例[J].浙江海洋学院学报,2018(2).

[93] 陶锦莉,郑洁.长三角地区人才竞争力的比较研巧[J].南京社会科学,2007(9).

[94] 田正平,商丽浩.中国高等教育百年史论[M].北京:人民教育出版社,2006.

[95] 涂红星.高新技术企业研发能力的综合评价研究[J].湖北理工学院学报(人文社科版)2012,29(5):37-40.

[96] 王宾齐.迷失在大众化进程中:中国高校趋同化原因探析[J].中国高教研究,2010(7).

[97] 王炳照,苏渭昌.中国教育思想通史(第8卷)[M].长沙:湖南教育出版社,1994.

[98] 王洪才,张静.中国高等教育30年改革历程回顾[J].复旦教育论坛,2008(2).

[99] 王雪华.晚清两湖地区的教育改革[J].江汉论坛,2002(7).

[100] 王英杰,刘宝存主编.中国教育改革30年(高等教育卷)[C].北京:北京师范大学出版社,2009.

[101] 威廉·配第.赋税论[M].北京:商务印书馆,2006.

[102] 吴洪成,李定开,唐智松.重庆教育史(1—3)[M].重庆:西南师范大学出版社,2006.

[103] 吴莉.基督教和宁波教育卫生事业研究(1842—1949)[D].宁波大学,2010.

[104] 吴玉金等.改革和发展中的中国高等教育[M].沈阳:辽宁大学出版社,1996.

[105] 西奥多·W.舒尔茨.论人力资本投资[M].吴珠华,等译.北京:北京经济学院出版社,1990.

[106] 西蒙·库兹涅茨.各国的经济增长[M].北京:商务印书馆,2005.

[107] 向冠春,刘娜.我国高等教育与社会流动关系嬗变[J].现代教育管理,2011(1).

[108] 萧允徽.中国高等教育十年改革发展回顾与思考[J].重庆大学学报:社会科学版,2005,11(6).

[109] 谢秀琼.近代宁波职业教育的发展历程及其特征[J].职教论坛,2017(28).

[110] 熊俊顺.企业职工养老保险基金支付能力预警模型及应用分析[J].数量经济技术经济研究,2001(3)

[111] 熊明安.中国高等教育史[M].重庆:重庆出版社,1983.

[112] 熊贤君主编.湖北教育史[M].武汉:湖北教育出版社,1999.

[113] 许小青.从东南大学到中央大学——以国家、政党与社会为视角的考察(1919—1937)[D].华中科技大学,2004.

[114] 许秀梅.企业研发能力影响因素分析[J].财会通讯,2015(11).

[115] 亚当·斯密.国民财富的性质和原因的研究:上卷[M].北京:商务印书馆,1972.

[116] 阎国华,安效珍.河北教育史[M].石家庄:河北教育出版社,2003.

[117] 杨德广.高校必须树立正确的定位观与质量观[J].高等教育研究,2005(2).

[118] 杨东平.现有评估方式还需完善[N].科学时报,2008-01-21(6).

[119] 杨河清,吴江.区域人才竞争力评价指标体系构建的几点思考[J].人口与经济,2006(4).

[120] 杨新益,梁精华,赵纯心.广西教育史[M].南宁:广西人民出版社,1997.

[121] 杨颖斐.宁波地方高校教育国际化问题研究[J].文学教育,2018(5).

[122] 叶庆科.毛泽东教育思想初论[M].南宁:广西教育出版社,1990.

[123] 鄞县地方志编纂办公室.鄞县志[M].北京:海洋出版社,1996.

[124] 鄞县教育志编纂办公室.鄞县教育志[M].北京:海洋出版社,1993.

[125] 鄞州教育志(1978—2008)[M].北京:中国文史出版社,2016.

[126] 应望江.中国高等教育改革与发展30年(1978—2008)[M].上海:上海财经大学出版社,2008.

[127] 余斌.宁波高等教育研究[D].厦门大学,2006.

[128] 余起声.浙江省教育志[M].杭州:浙江大学出版社,2004.

[129] 余小波.当前我国社会分层与高等教育机会探析——对某所高校2000级学生的实证研究[J].现代大学教育,2002(2).

[130] 余姚市地方志编纂委员会.余姚市志[M].杭州:浙江人民出版社,1993.

[131] 俞福海.宁波市志[M].宁波市地方志编纂委员会.北京:中华书局,1995.

[132] 俞松坤.宁波高等教育发展特色及成因探析[J].国家教育行政学院学报.2007(10).

[133] 袁澎.新疆教育近代化的转型与整合[J].新疆教育学院学报,2003(1).

[134] 约翰·斯图亚特·穆勒.功利主义[M].叶建新,译.北京:中国社会科学出版社,2009.

[135] 詹姆斯·索罗维基.群体的智慧:如何做出最聪明的决策[M].北京:中信出版社,2010.

[136] 张彬.浙江教育史[M].杭州:浙江教育出版社,2006.

[137] 张楚廷,刘欣森,孟湘破,周秋光,莫志斌等主编.湖南教育史(1—3)[M].长沙:岳麓书社,2002.

[138] 张传保.鄞县通志[M].宁波:宁波出版社,2006.

[139] 张华星.新时期我国高等教育改革与发展研究[J].新疆大学学报,2012(5).

[140] 张健.毛泽东的教育实践[M].北京:北京教育出版社,1993.

[141] 张菊霞.近代宁波职业教育发展嬗变及其特征研究[J].职教通讯,2014(31).

[142]《张闻天文集》编辑组.张闻天文集(第四卷)[M].北京:中共党史出版社,1995.

[143] 张雪蓉.建国60年中国高等教育历史变迁述评[J].现代大学教育,2010(2).

[144] 张羽琼.论清末贵州教育改革及其影响[J].贵州师范大学学报(社会科学版),2003(3).

[145] 章兢.人才特色是高校办学特色的集中体现[J].中国高教研究,2005(10).

[146] 赵宝琪,张凤民.天津教育史[M].天津:天津人民出版社,2002.

[147] 赵风波,沈伟其.构建学业评价体系:跨境高等教育发展的关键——基于宁波诺丁汉大学的案例[J].黄河科技大学学报,2014(5).

[148] 赵俊芳.中国高等教育改革发展六十年的历程与经验[J].中国高教研究,

2009(10).

[149] 镇海县志编纂委员会.镇海县志[M].上海:中国大百科全书出版社上海分社,1994.

[150] 郑登云.中国高等教育史(上册)[M].上海:华东师范大学出版社,1994.

[151] 政协浙江省委文史资料研究委员会.浙江百年大事记(1840—1945)[M].杭州:浙江人民出版社,1986.

[152] 中共宁波市委党史研究室.中共宁波党史(第1卷)[M].北京:中共党史出版社,2001.

[153] 中共中央文献编辑委员会.毛泽东著作选读(下册)[M].北京:人民出版社,1986.

[154] 中共中央文献研究室.周恩来年谱(上卷)[M].北京:中央文献出版社,2007.

[155] 中国大百科全书:教育[G].北京:中国大百科全书出版社,1985.

[156] 中国教育年鉴(1949—1984)(地方教育)[G].长沙:湖南教育出版社,1986.

[157]《中国教育年鉴》编辑部中国教育年鉴(1949—1981)[G].北京:中国大百科全书出版社,1984.

[158] 中华人民共和国教育部计划财务司.中国教育成就(1949—1983)[G].北京:人民教育出版社,1984.

[159] 中央教育科学所.中华人民共和国教育大事记(1949—1982)[G].北京:教育科学出版社,1983.

[160] 中央教育科学研究室编.周恩来教育文选[M].北京:教育科学出版社,1984.

[161] 中央人民政府高等教育部办公厅.高等教育文献法令汇编(1949—1952年)[G].1958:2.

[162] 中央人民政府高等教育部办公厅.高等教育文献法令汇编(第二辑)[G].1955:7.

[163] 中央人民政府高等教育部办公厅.高等教育文献法令汇编(第一辑)

[G].1954:6.

[164] 周洪宇,申国昌.我国考选历史的回顾与反思——兼谈我国重点高校录取名额投放问题[J].教育研究,2006(4).

[165] 周远清. 大改革 大发展 大提高——中国高等教育30年的回顾与展望[J].中国高教研究,2008,(1).

[166] 朱有瓛、高时良.中国近代学制史料(四)[G].上海:华东师范大学出版社,1993.

[167] 庄丹华.民国时期金贸产业发展对宁波职业教育的影响——以宁波公立甲种商业学校为例[J].宁波职业技术学院学报,2016(6).

图书在版编目（CIP）数据

改革开放以来中国高等教育发展研究：以宁波为例 /
陈园园著. — 杭州：浙江大学出版社，2021.3
ISBN 978-7-308-20862-8

Ⅰ.①改… Ⅱ.①陈… Ⅲ.①地方教育–高等教育–发
展–研究–宁波 Ⅳ.①G649.285.53

中国版本图书馆 CIP 数据核字（2020）第 240582 号

改革开放以来中国高等教育发展研究

——以宁波为例

陈园园　著

责任编辑　赵　静
责任校对　董雯兰
出版发行　浙江大学出版社
　　　　　（杭州市天目山路148号　邮政编码310007）
　　　　　（网址：http://www.zjupress.com）
封面设计　林智广告
排　　版　杭州兴邦电子印务有限公司
印　　刷　杭州良诸印刷有限公司
开　　本　710mm×1000mm　1/16
印　　张　19.5
字　　数　300千
版 印 次　2021年3月第1版　2021年3月第1次印刷
书　　号　ISBN 978-7-308-20862-8
定　　价　78.00元